Jürgen Ehlers
Der Wolf von Hamburg

Bisher vom Autor bei KBV erschienen:

»Mann über Bord«
»Mitgegangen«
»Neben dem Gleis«
»Die Nacht von Barmbeck«
»In Deinem schönen Leibe«
»Der Spion von Dunvegan Castle«
»Blutrot blüht die Heide«
»Nur ein gewöhnlicher Mord«

Jürgen Ehlers wurde 1948 in Hamburg geboren und lebt heute mit seiner Familie auf dem Land. Seit 1992 schreibt er Kurzkrimis, die in verschiedenen Verlagen im In- und Ausland veröffentlicht wurden, und ist Herausgeber von Krimianthologien. Er ist Mitglied im »Syndikat« und in der »Crime Writers' Association«. Sein erster Kriminalroman »Mitgegangen« wurde in der Sparte Debüt für den Friedrich-Glauser-Preis nominiert.

Jürgen Ehlers

Der Wolf
von Hamburg

1. Auflage März 2015
2. Auflage Dezember 2015

© 2015 KBV Verlags- und Mediengesellschaft mbH, Hillesheim
www.kbv-verlag.de
E-Mail: info@kbv-verlag.de
Telefon: 0 65 93 - 998 96-0
Fax: 0 65 93 - 998 96-20
Umschlaggestaltung: Ralf Kramp
unter Verwendung von:
© artworks-photo und © serge-b · www.fotolia.de
Redaktion: Volker Maria Neumann, Köln
Druck: CPI books, Ebner & Spiegel GmbH, Ulm
Printed in Germany
ISBN 978-3-95441-227-3

Wut

Montag, 17. November 2014

Kein Zweifel, das war Sylvia. Sie sah älter aus als ihre 14 Jahre. Er hatte sie sogleich wiedererkannt. Vor acht Jahren hatte er sie zuletzt gesehen. Er hätte sie normalerweise nie gefunden, aber Facebook hatte ihm ein aktuelles Foto beschert. Genau wie ihre Mutter hatte Sylvia ihn weder besucht noch ihm geschrieben. Anfangs hatte er gehofft, dass sie sich melden würden, aber als nicht einmal zu Weihnachten eine Karte gekommen war, da wusste er, dass sie ihn aus ihrem Leben gestrichen hatten. Erst war er traurig gewesen, dann mehr und mehr zornig geworden. Sie hatten ihn verraten, genau wie all die anderen. Aber irgendwann würde die Stunde der Abrechnung kommen. Acht lange Jahre hatte er auf diesen Moment gewartet. Nun war es so weit.

Gesa hatte die Wohnung gewechselt, das wusste er schon. Aber Sylvia ging nach wie vor zur selben Schule, zur Stadtteilschule Wilhelmsburg. Und er – er hatte alle Zeit der Welt. Er hatte beim Schultor auf sie gewartet – nicht direkt gegenüber, sondern etwas abseits, damit er nicht auffiel. Und tatsächlich war Sylvia am Nachmittag aus dem Tor gekommen, hatte sich von ihren Freundinnen verabschiedet und war dann nach links gegangen, ohne sich noch einmal umzusehen. Er war ihr gefolgt. Sylvia würde ihn zu ihrer Mutter bringen.

Jedenfalls hatte er das geglaubt. Aber Sylvia ging stattdessen zu einem Spielplatz. Trotz der Kälte waren zwei kleine Jungen damit beschäftigt, auf dem Klettergerüst herumzusteigen. Das Gerüst sah aus wie ein Spinnennetz. Sylvia beachtete die anderen nicht. Sie ging zur Mitte der Sandkiste, entnahm ihrer Tasche ein Schulheft und begann damit, Seiten herauszureißen. Sie zerriss das ganze Heft, zerknüllte das Papier, nahm ein Feuerzeug aus der Tasche und zündete den Haufen an.

»He, was machst du denn da?« Eine der beiden Mütter, die mit den Jungen gekommen waren, war aufmerksam geworden.

Sylvia blickte kurz auf, antwortete aber nicht.

»Das geht doch nicht! Du kannst doch nicht einfach deine Schulhefte verbrennen!«

Doch, Sylvia konnte das. Sie war genauso dickköpfig wie er. Er grinste. Das Papier wollte nicht brennen in der feuchtkalten Witterung. Sylvia musste es ein zweites Mal anzünden, und diesmal gelang es. Kleine Flammen züngelten in die Höhe, und Rußpartikel stiegen auf und wehten davon. Die Jungen hatten ihr Spiel unterbrochen und sahen zu, was das Mädchen machte. Die Mutter, die protestiert hatte, war inzwischen aufgestanden, aber sie schritt nicht ein. Es wäre ohnehin zu spät gewesen.

Die Reste des Schulheftes waren verbrannt. Sylvia trat mit den Stiefeln darauf, bis auch die Ascheflocken zu Staub zerkleinert waren. Sie gab dem Karussell einen Tritt, sodass es schwerfällig zu kreisen begann. Dann nahm sie ihre Tasche und machte sich auf den Heimweg. Sie ging nach Norden, in Richtung *Neuhöfer Straße*, vorbei an dem alten Flakbunker. Der Betonklotz hatte einen neuen Anstrich bekommen und hieß jetzt Energiebunker, und in einem der Flaktürme war angeblich ein Café untergebracht. Wilhelmsburg hatte sich verändert, seit er zuletzt hier gewesen war.

Sylvia ging auf der *Neuhöfer Straße* ein kleines Stück nach links und bog dann in die *Veringstraße* ein. Er folgte ihr in sicherem Abstand und sah zu, wie sie in ein Haus auf der linken Straßenseite verschwand. Wohnte sie hier oder war sie zu Besuch zu einer Freundin gegangen? Nein, sie wohnte hier. Ihr Name stand neben einem der Klingelknöpfe. Früher hatten sie in der *Georg-Wilhelm-Straße* gewohnt, keinen Kilometer entfernt. Die Menschen neigten dazu, sich wenig zu verändern. Das kam ihm entgegen. Sylvia und ihre Mutter konnten ihm nicht mehr entkommen.

Wolf

Dienstag, 18. November 2014

»Du kommst spät«, sagte Vincent.

Sie gaben sich die Hand.

»Schon alles gelaufen?«, fragte Bernd.

»Fast alles.«

»Schneller ging's nicht.« Hauptkommissar Bernd Kastrup trug einen Schutzanzug, genau wie die anderen. Er sah sich um. Am Tatort sah es aus, als hätte sich ein halbes Dutzend weißer Gespenster um die Leiche versammelt. Eine nächtliche Geisterparty bei flackerndem Blaulicht in der dunklen Speicherstadt. Was sollte er hier? Hatte er nicht frei? »Wieso haben die uns überhaupt gerufen? Ich denke, wir sind gar nicht dran! Ich denke, Wilfried ist dran mit der Mordbereitschaft.«

»Die haben uns gerufen, weil der Mord vor deiner Haustür passiert ist, Bernd. Die haben natürlich geglaubt, dass du bloß die Treppe herunterlaufen müsstest, und schon wärst du da!«

»Ich war aber nicht zu Hause.«

»Macht nichts. Wir kommen schon klar.« Alexander und Vincent hatten getan, was sie tun konnten. Die Spurensicherung war schon wieder abgerückt. Jetzt warteten sie darauf, dass der Mediziner mit seiner Untersuchung fertig wurde. »Jedenfalls sieht es nach einem interessanten Fall aus.«

Interessant war ein anderes Wort für schwierig. »Wo ist Jennifer?«, fragte Bernd.

»Die versucht, irgendwelche Zeugen aufzutreiben.« Vincent Weber hielt einen Styroporbecher mit heißem Kaffee in der Hand. »Willst du auch einen?«

»Jetzt nicht.«

Alexander trat von einem Bein auf das andere; es war ganz offensichtlich, dass er fror. Er hatte wie meistens bei solchen Gelegenheiten sein iPad in der Hand und tippte irgendwelche Dinge ein. Schließlich fragte er den Mediziner nach der Herzfrequenz der Wanderratte.

»Was?« Irritiert hob Dr. Beelitz den Kopf.

»Du bist doch Arzt, du musst so was wissen!«

»Wieso muss ich das wissen?«

»Weil du ... Ach, Scheiße, jetzt ist es sowieso zu spät! Merk dir das fürs nächste Mal: 300-400 Schläge pro Minute.«

»Was?« Beelitz verstand noch immer nicht.

»Quizduell«, sagte Vincent. »Das ist so ein Computerspiel.«

»Es ist eine App«, erläuterte Alexander. »Zwanzig Millionen Leute spielen das in Deutschland!«

»Mein Gott!«, sagte Beelitz. Er war kein Spieler. Er hielt nichts von Spielern.

»Das ist sie?« Bernd deutete auf den Leichnam einer Frau, der auf dem vom Regen der Nacht noch nassen Kopfsteinpflaster lag.

Vincent nickte. Die Tote hatte schwere Bissverletzungen im Kopf- und Halsbereich. Die Oberlippe war aufgerissen, die linke Wange war regelrecht zerfetzt worden, sodass das Jochbein freilag.

»Scheiße«, sagte Bernd.

Dr. Beelitz blickte auf. »Hallo Bernd. Hab gar nicht gemerkt, dass du gekommen bist. In diesen Schutzanzügen seht ihr alle gleich aus.«

Sie gaben sich die Hand. »Wie ist denn das passiert?«

»Sie ist totgebissen worden«, sagte der Mediziner. »Jedenfalls sieht es so aus. Zahlreiche Bisse in Gesicht und Hals. Hier,

hier hat er ihre Kehle erwischt, das hat ihr den Rest gegeben. Einzelheiten später.«

Bernd schluckte. Er hatte so etwas schon einmal gesehen, vor vielen, vielen Jahren, als ein kleines Kind auf einem Spielplatz von einem Kampfhund angefallen worden war. Obwohl sofort Hilfe zur Stelle gewesen war, hatten sie das Kind nicht retten können. Einige Tatorte waren schlimmer als andere. »Und sie hat so dagelegen?«

»Nein, natürlich nicht. Sie hat auf dem Bauch gelegen. Wir haben sie umgedreht.«

Bernd betrachtete die Verletzungen. Eine Bissspur lief schräg über das Gesicht. »Ein Hund?«

»Möglich. Irgendein ziemlich großer Hund, würde ich vermuten. Er hat die Frau offenbar überraschend angegriffen.«

»Überraschend?«

Der Mediziner wies auf die Hände der Toten. »Keine Abwehrverletzungen. Bis auf diese Schramme hier an der linken Hand, aber die ist lächerlich. Die stammt nicht von einem Kampf auf Leben und Tod.«

»Und du bist dir sicher, dass das ein Hund gewesen ist?«

Der Mediziner sah sich suchend um. »Wo ist Vincent? – Vincent, erzähl du es ihm.«

Vincent seufzte. »Wir haben einen Anruf gekriegt. Jemand hat behauptet, er würde hier in der Speicherstadt von einem Wolf verfolgt.«

»Von einem Wolf? Blödsinn!«

»Ja, das haben die Kollegen auch gedacht. Aber sie haben vorsichtshalber einen Streifenwagen losgeschickt. Und die Polizisten haben dann die tote Frau entdeckt.«

»Wer hat angerufen? Diese Frau?«

»Nein, ein Mann. Er hat seinen Namen nicht genannt.«

»Seltsam.«

»So seltsam nun auch wieder nicht. Die Kollegen von der Rathauswache sagen, der Mann sei ziemlich in Panik gewesen.«

»Es gibt keine Wölfe in Hamburg«, sagte Bernd.

»Nein, natürlich nicht. Jedenfalls haben wir das bisher alle gedacht. Aber diesen Zettel haben wir in der Tasche der Toten gefunden.« Vincent hielt einen durchsichtigen Plastikbeutel hoch.

Der Zettel war eine Eintrittskarte zum Tierpark Hagenbeck. Das aufgedruckte Foto zeigte zwei Giraffen, darunter stand in Druckbuchstaben nur ein einziges, mit Filzstift geschriebenes Wort: *Wolf*.

»Was soll das heißen?«

»Das heißt Wolf«, sagte Vincent.

»Das sehe ich. Aber wo kommt diese Eintrittskarte her? Warum hat die Frau sie in der Tasche? Warum hat sie *Wolf* geschrieben?«

»Das weiß ich nicht. Ich weiß nicht, warum sie das geschrieben hat. Ich weiß nicht einmal, ob sie das geschrieben hat. Und wer diese Frau ist, das weiß ich auch nicht. Sie hat keine Papiere bei sich«, sagte Vincent.

Dr. Beelitz erhob sich. »Sie ist schätzungsweise 30 Jahre alt. Dass sie so unvorteilhaft aussieht, das liegt an den Verletzungen und daran, dass sie hier im Dreck liegt. Soweit ich das beurteilen kann, ist das eine, die auf ein gepflegtes Äußeres Wert gelegt hat. Also vermutlich keine Obdachlose.«

»Und was hat sie hier nachts in der Speicherstadt gemacht?«, fragte Bernd.

»Woher soll ich das wissen? Vielleicht wohnt sie hier?«

»Hier wohnt niemand«, warf Dr. Beelitz ein.

»Da wäre ich mir nicht so sicher«, entgegnete Alexander. »Fragen Sie mal unseren Chefermittler!«

Bernd warf ihm einen ärgerlichen Blick zu. »Ich wohne hier nicht. Ich habe lediglich ein kleines Büro in der Speicherstadt, das ist alles. – Aber die tote Frau kann natürlich irgendwo da drüben aus diesen neuen Häusern in der Hafencity kommen. Oder sie hat jemanden besucht, der da wohnt.«

Vincent sagte: »Es wird allmählich hell. Wir sollten sehen, dass wir hier wegkommen. – Und kein Wort an die Presse!«

»Wieso nicht? Wir werden das ganz normal melden«, sagte Bernd.

Vincent hob die Augenbrauen. »Den Todesfall ja, aber mehr nicht. Kein Wort über die Art der Verletzungen. Kein Wort vom Wolf, das gibt nur Ärger!«

»Ärger?«

»Denk an Ferrières-en-Brie.«

»Was?« Bernd wusste nicht, wovon die Rede war.

»War das lange Wochenende so schön?«, spottete Vincent. »So unglaublich schön, dass du keine Zeitung gelesen, kein Fernsehen geguckt und keine Nachrichten gehört hast?«

Bernd hatte die letzten Tage bei seiner Freundin Antje in Rissen verbracht, aber er war nicht gewillt, darüber irgendwelche Auskünfte zu geben. Er sagte: »Was war los?«

»Der Tiger war los«, sagte der Arzt.

»Unsinn!«

»Doch, ganz im Ernst. Jedenfalls hat die Presse das behauptet. Er ist gesehen worden, in der Nähe von Paris. Am Donnerstag. Erst hatten sie nur seine Fußspuren im Dreck, und dann haben irgendwelche eifrigen Bürger das Tier fotografiert. Aus großer Entfernung, versteht sich, und wie immer bei solchen Gelegenheiten haben sie natürlich vergessen, die Schärfe richtig einzustellen.«

Und Vincent ergänzte: »Daraufhin ist die Polizei mit einem Großaufgebot auf Tigerjagd gegangen, und Posten mit Maschinenpistolen haben dafür gesorgt, dass die Bestie nicht etwa eine Schule überfällt oder gar in einen Kindergarten eindringt.«

»Im Ernst?«

»Im Ernst. Aber natürlich gab es gar keinen Tiger. Jedenfalls wurde nirgendwo ein Tiger vermisst. Die Fußspuren waren die Spuren einer ganz normalen Katze, und auch das unscharfe Foto zeigte mit ziemlicher Sicherheit nichts anderes als eine Hauskatze.«

Bernd schwieg. Dies hier ist anders, dachte er. Wolf oder nicht – hier gab es nicht nur Gerüchte, hier gab es ein Todesopfer.

* * *

Bernd Kastrup nippte vorsichtig an seiner Tasse. Der Kaffee, den sein Chef brauen ließ, war wie immer zu stark und zu heiß.

Kriminaloberrat Thomas Brüggmann war der Leiter des Fachkommissariats LKA 41 Tötungsdelikte. Er sagte: »Ganz gleich, wie du dich entscheidest, ich stehe in jedem Fall voll hinter dir.«

Bernd nickte. Sie kannten sich seit undenklichen Zeiten. Sie waren beide gleich alt, waren sogar zusammen bei der Bundeswehr gewesen. »Wozu neigst du?«, fragte er.

»Ich denke, wir erwähnen den Wolf nicht.«

»Es ist eine verrückte Geschichte«, sagte Bernd. »Dieser Wolf – kein Mensch würde auf den Gedanken kommen, dass jemand mitten in Hamburg von einem Wolf angefallen worden ist. Wenn der Anruf nicht wäre ...«

»Und die Tote.«

»Ja.«

»Und was hältst du von der Geschichte?«

»Ich halte das Ganze für einen Mord.«

»Ein Mord mit Wolf?«

»Ein Mord ohne Wolf. Der Wolf ist nur dazu da, um uns in die Irre zu führen.«

»Aber warum? Wozu soll das gut sein?«

Bernd zuckte mit den Achseln. »Vielleicht glaubt der Täter – oder die Täterin –, dass wir uns auf eine groß angelegte Wolfsjagd einlassen und dabei die eigentliche Straftat aus den Augen verlieren. Vielleicht ist der Mörder aber auch so eine Art Trittbrettfahrer, der diese Geschichte von dem Tiger in Frankreich gelesen hat und annimmt, so etwas könnte man hier auch aufziehen.«

»Glaubst du wirklich?«

»Ich habe keine Ahnung, Thomas. Im Augenblick können wir im Grunde nur abwarten, was der Rechtsmediziner sagt. Und spätestens morgen weiß ich auch, was es mit den Wölfen auf sich hat – in Hamburg, in Deutschland oder sonst irgendwo auf der Welt.«

»Wisst ihr schon, wer die Tote ist?«

»Leider nein. Es gibt bis jetzt keine Vermisstenmeldung.«

»Und der anonyme Anrufer?«

»Ebenfalls Fehlanzeige.«

»Ist das Gespräch wenigstens aufgezeichnet worden?«

»Nein. Der Anruf ist nicht über die Notrufnummer erfolgt, sondern der Mann hat direkt bei der Rathauswache angerufen. Kommissariat 14. Das heißt, dass wir den Anruf auch nicht zurückverfolgen können.«

»Aber der Anrufer war ein Mann?«

»Ja, daran besteht kein Zweifel.«

* * *

»Wie stellst du dir das vor, jetzt mitten im Semester?« Seine Freundin sah Bernd Kastrup missbilligend an. Sie sah süß aus, wenn sie sich ärgerte. Aber es war gefährlich, sie zu ärgern. Antje Breckwoldt schätzte es nicht, wenn er sie im Institut aufsuchte, und schon gar nicht, wenn er mit komplizierten Wünschen kam.

»Es geht um Mord. Und es geht darum, dass jemand uns einreden will, dass in Hamburg ein Wolf sein Unwesen treibt.«

»Nur einer? Ich denke, in unserer hoch geschätzten Freien und Hansestadt laufen Tausende von Wölfen herum, die nichts Besseres zu tun haben, als sich gegenseitig an die Gurgel zu gehen. *Homo homini lupus*. Der Mensch ist des Menschen Wolf.«

»Hör auf!« Bernd erklärte Antje, was sie bisher in Erfahrung gebracht hatten und was die offenen Fragen waren. »Was ich von dir wissen möchte, das ist Folgendes. Erstens: Ist es möglich, dass in Hamburg ein Wolf frei herumläuft und Leute anfällt? Und zweitens: Wenn das so sein sollte – wo kommt dieser Wolf dann her?«

»Fangen wir mit der letzten Frage an: Wenn hier in Hamburg ein Wolf frei herumläuft, dann kann der nur bei Hagenbeck ausgebrochen sein.«

Bernd schüttelte den Kopf. »Bei Hagenbeck haben wir schon angerufen. Hagenbeck hat keinen Wolf.«

»Ja, jetzt nicht mehr, weil er ihnen ausgebüxt ist!« Antje lachte.

Bernd Kastrup verzog keine Miene. »Hagenbeck hat seit Jahrzehnten keine Wölfe mehr.«

»Das ist bedauerlich. – Wo könnte man sonst einen Wolf herkriegen? Aus einem Zirkus vielleicht? Gastiert zurzeit irgendein Zirkus in Hamburg?«

»Nein, wir haben keinen Zirkus in Hamburg. Und schon gar keinen, der einen oder mehrere Wölfe hat.«

»Schade. Es gibt aber auch Leute, die sich Tiere zum Betteln ausleihen. Hast du daran schon gedacht? In Thailand werden zum Beispiel Elefanten dazu eingesetzt. Das habe ich selbst erlebt, als ich mit Klaus in Bangkok gewesen bin. Hier in Deutschland sind es wahrscheinlich meistens etwas kleinere Tiere. Kamele habe ich schon gesehen, Ponys auch – und natürlich Hunde. Von da wäre es nur noch ein kleiner Schritt bis zum Wolf.«

Bernd blieb fest. »Hunde gibt es im Tierheim, Wölfe nicht.«

»Schade. Jetzt aber mal im Ernst: Ich weiß nicht, wie ich dir da weiterhelfen kann.«

»Ich schon«, sagte Bernd. »Du schaltest ganz einfach deinen Computer ein, und dann suchst du alles zu den Fragen heraus, die ich dir eben genannt habe.«

»Bernd, tut mir leid, aber die Zeit dafür habe ich einfach nicht.«

»Schade.«

Antje Breckwoldt zuckte mit den Schultern, während Bernd Kastrup sie mit seinen großen Hundeaugen ansah. Schließlich sagte sie: »Ich habe keine Ahnung von Wölfen. Dies ist ein Job, den wahrscheinlich dein Assistent oder – was habt ihr sonst noch für Leute? – deine Sekretärin genauso gut oder besser machen könnte.«

»Ich brauche jemanden, der nicht nur einen Computer bedienen kann, sondern jemanden, der obendrein noch Verstand besitzt.«

Antje seufzte. »Also gut, ich mach das.«

»Danke!«

»Aber es wird ein Weilchen dauern.«

»So schnell wie möglich, Antje!«

»So schnell wie möglich. Ich melde mich.«

* * *

Als Bernd zurückkam, hatte sich nicht viel getan. Sie wussten noch immer nicht, wer die Tote war. Das Tier, das die Unbekannte getötet hatte, war nicht wieder aufgetaucht. Der anonyme Anrufer hatte sich nicht gemeldet. Die Rechtsmedizin hatte sich auch nicht gemeldet.

Was bedeutete der Zettel in der Tasche der Toten? Es war eine Eintrittskarte für Erwachsene für den Tierpark Hagenbeck, laut Aufdruck kostete sie 20 Euro, und sie war am 10. August 2014 um 11.20 Uhr ausgegeben worden. Der 10. August war ein Sonntag gewesen, ein warmer Sommertag. Die maximale Temperatur hatte 25,9° C betragen, und die Sonne hatte gut vier Stunden lang geschienen. Ein idealer Tag, um in den Zoo zu gehen. Aber wer war im Zoo gewesen? Der Täter oder das Opfer?

Und warum hatte jemand *Wolf* auf die Eintrittskarte geschrieben? Ging es wirklich um das Tier oder war Wolf vielleicht der Name der Toten? Im Hamburger Telefonbuch gab es allein 619 Einträge mit dem Namen Wolf. Hinzu kamen noch 393 Wölfe mit Doppel-Eff und obendrein all die Wölfe, die nicht im Telefonbuch standen. Es gab bei solchen Ermittlungen immer viele Spuren, die ins Nichts führten.

Alexander Nachtweyh bemühte sich indessen, aus den Tatortfotos der Toten aus der Speicherstadt ein Bild zusammenzubasteln, das sie an die Presse weitergeben konnten. Eigentlich hätten sie diese Aufgabe an das LKA 38 weitergeben können, aber es ging schneller, wenn Alexander das machte. Alexander war fit in der Bildbearbeitung. Als Bernd Kastrup ihm über die Schulter blickte, sah er, wie auf wundersame Weise die schweren Verletzungen der Toten nach und nach verschwanden.

»Wir sind übrigens im Rundfunk«, sagte Vincent plötzlich.
»Was?«
»Mach mal lauter«, rief Alexander.

»... *Mit einer neuen Förder- und Entschädigungspraxis will das Land den niedersächsischen Weidetierhaltern die Angst vor Wölfen nehmen. Laut der sogenannten ›Richtlinie Wolf‹, die das Umweltministerium am Mittwoch vorgestellt hat, stehen zunächst insgesamt 100.000 Euro pro Jahr zur Verfügung ...«*

Vincent nahm den dicksten Filzstift, den er finden konnte, und schrieb in großen, roten Druckbuchstaben auf die Tafel: *Richtlinie Wolf.*

Alexander lachte.

Der Nachrichtensprecher erklärte, dass zusätzliche Mittel bereitgestellt würden, falls der Betrag nicht ausreichen sollte. Wie allgemein bekannt, seien auch bisher schon Landwirte entschädigt worden, die Nutztiere durch den Angriff eines Wolfes verloren hatten. Neu sei jedoch, dass der Staat auch Maßnahmen zum Schutz der Herden mitfinanzieren wolle.

»Wer hat sich denn das ausgedacht?«, brummte Bernd. Zum Glück waren sie nicht wirklich im Rundfunk; der NDR hatte nur das Thema »Wölfe« aufgegriffen.

»Das war das Umweltministerium.«

»Die Hendricks?«

»Nein, Niedersachsen.«

Der Nachrichtensprecher sagte: »*Hilfe für Hobbytierhalter schließt die Richtlinie gänzlich aus. Grundsätzlich würden die Präventionsmaßnahmen zum Schutz von Schafen, Ziegen und Gatterwild mit bis zu 80 Prozent gefördert, so das Ministerium. Kann aber ein Wolfsangriff auf Rinder und Pferde amtlich bestätigt werden, können auch deren Besitzer eine Förderung beantragen ...«*

»Und was ist mit Menschen?«, wollte Alexander wissen. »Wo bleiben die Elektrozäune um Kindergärten und Altersheime?«

»Der Mensch gehört nicht in das Beuteschema des Wolfes.«
»Erzähl das mal der jungen Frau, die jetzt in der Rechtsmedizin in irgendeinem Schubfach liegt.«

* * *

Endlich zu Hause! Bernd Kastrup hatte sich ein Glas Wein eingeschenkt und schickte sich an, den Kater zu füttern, der ihm um die Beine strich. »Und was sagst du zu unserem neuen Fall, Watson?«

Der Kater gab keine Antwort. Ihm lag nichts an einem Gespräch unter vier Augen, sondern es ging ihm schlicht und ergreifend ums Fressen. Bernd öffnete die Dose Katzenfutter und schüttete den Inhalt auf den Teller. Er sah zu, wie sich Dr. Watson darüber hermachte.

Bernd wusste nicht, wo der Kater hergekommen war. Er war eines Abends einfach da gewesen, hatte an seiner Tür gekratzt, und als Bernd geöffnet hatte, war er hereinspaziert – mit hoch erhobenem Schwanz – und war im Zimmer herumstolziert, als ob er sich Bernds Ausstellung ansehen wollte. Der Kommissar hatte seine Ravioli mit ihm geteilt, und seitdem war der Kater regelmäßig gekommen. Mittlerweile wohnte er hier. Bernd hatte ein Katzenklo besorgt, und als klar war, dass der Kater bleiben wollte, hatte er ein Loch in die Tür gesägt und eine Katzenklappe angebracht.

Dr. Watson beendete seine Mahlzeit. Er warf Bernd einen fragenden Blick zu. Der schüttelte den Kopf. Mehr gab es nicht. Der Kater ging betont langsam hinüber zu dem alten Sessel, den sich der Kommissar vom Sperrmüll besorgt hatte.

»Kommt jetzt der gemütliche Teil des Abends?«, fragte Bernd.

Dr. Watson schien dieser Ansicht zu sein. Jedenfalls sprang er auf den Sessel und machte es sich auf der Sitzfläche bequem. Bernd schüttelte den Kopf. Er nahm den Kater behutsam hoch, ließ sich selbst auf dem Sessel nieder und setzte Dr. Watson auf seinen Schoß. Der Kater ließ es sich gefallen.

»Nun sag schon, was hältst du von der Geschichte?«

Dr. Watson antwortete nicht.

»Ja, du hast recht, in diesem Fall geht es überhaupt nicht um Katzen. Wahrscheinlich eher um Hunde oder gar um Wölfe, und die interessieren dich nicht.«

Watson schnurrte leise.

»Trotzdem würde ich gern wissen, was du davon hältst. Erst dieser seltsame Anruf bei der Rathauswache, dann die unbekannte Frau, die ganz offensichtlich von einem großen Tier totgebissen worden ist, und der Zettel, den sie in der Tasche hatte …«

Dr. Watson schien das nicht zu beeindrucken. Er sah Bernd an. Er wollte gekrault werden.

»Das ist alles schon ungewöhnlich genug. So etwas hatten wir noch nicht in Hamburg. Merk dir, Watson, Mord ist meistens ziemlich gewöhnlich.«

Der Kater schwieg.

»Ja, ich weiß, wenn du jemanden tötest, eine Maus zum Beispiel, dann machst du das nicht so primitiv wie die meisten Menschen. Du spielst deine Opfer zu Tode. Wenn du ein Mensch wärst, würde man dich dafür lebenslänglich einsperren, aber als Kater hast du Narrenfreiheit.«

Dr. Watson würdigte Bernd keines Blickes.

»Genauso ist es hier auch gewesen. Derjenige, der diese Frau getötet hat, der hat mit seinem Opfer gespielt. Er hat die Frau in seine Gewalt gebracht, und er hat ein Tier auf sie gehetzt, und wahrscheinlich hat er voller Freude zugesehen, wie das Tier sie getötet hat. Aber als Mensch hat der Täter keine Narrenfreiheit. Wir werden ihn jagen, bis wir ihn haben.«

Dr. Watson schnurrte zustimmend, aber wahrscheinlich bezog sich die Zustimmung vor allem darauf, dass Bernd inzwischen begonnen hatte, ihn zu kraulen.

»Es ist schon ein ungewöhnlicher Fall, Watson«, fuhr Bernd fort. »Das Ungewöhnlichste aber ist der Ort, an dem die Leiche gefunden wurde. Hamburg hat knapp 9000 Straßen. Guck nicht so ungläubig; ich hab das vorhin nachgeschlagen. Wenn wir davon ausgehen, dass jede dieser Straßen im Schnitt mindestens einen halben Kilometer lang ist, dann ergibt sich daraus eine Länge von ca. 5.000.000 Metern. Unser Haus ist ungefähr zehn Meter breit. Die Chance, dass eine beliebige Leiche zufälligerweise genau vor unserem Haus abgelegt wird, beträgt also 1:500.000.«

Dr. Watson schnurrte lauter.

»Und was schließen wir daraus, mein lieber Watson? Daraus schließen wir, dass das Ganze kein Zufall ist. Dass jemand diese Leiche mit voller Absicht genau vor unserer Haustür abgelegt hat. *Elementary*, würde Sherlock Holmes in einem solchen Fall sagen.«

Der Kater schnurrte jetzt so laut, dass kein Zweifel daran bestehen konnte, dass er mit Bernd in jeder Beziehung einverstanden war. Aber Bernd war nicht Sherlock Holmes, er sagte nicht *Elementary*, sondern er sagte so laut »Scheiße!«, dass Watson erschrocken von seinem Schoß sprang.

Das Leck

Mittwoch, 19. November 2014

Bernd Kastrup stand in seinem Büro und musterte die Truppe, die ihm zur Verfügung stand. Da war zunächst einmal Vincent Weber, sein ältester und erfahrenster Mitarbeiter. Er hatte eine wechselhafte Karriere hinter sich, in deren Verlauf er unter anderem als Illusionist gearbeitet hatte. Seine Kollegen nannten ihn den Zauberer, was sich weniger auf seine Kartentricks bezog als darauf, dass er in der Lage war, sich in andere Menschen hineinzudenken und auf diese Weise Erfolge zu erzielen, wo andere vor ihm gescheitert waren. Weber war erst mit 35 Jahren zur Polizei gekommen. Vor zwölf Jahren war das gewesen; jetzt war er Hauptkommissar, genau wie Bernd. Sie hatten schon vor der Neugliederung der Kripo zusammengearbeitet, im alten LKA 411, der Mordkommission.

Kriminaloberkommissar Alexander Nachtweyh, sieben Jahre jünger als Weber, stammte aus Osterode am Harz. Vor seiner Polizeiausbildung hatte er ein Germanistik-Studium abgebrochen. Er war einsatzfreudig und zupackend, andererseits aber auch leicht ablenkbar und verspielt. Computer waren seine Leidenschaft. Bernd wusste, dass Nachtweyh in seiner Freizeit irgendeine Kampfsportart trainierte. Bei der Zusammenlegung von LKA 411 (Mordkommission) und LKA 417 (Todesermittlungen) waren Nachtweyh und Ladiges ihm zugeteilt worden. Die beiden waren erst vor sechs Monaten zu ihnen gestoßen.

Jennifer Ladiges war 29. Sie hatte ihr dreijähriges Studium an der Akademie der Polizei Hamburg mit Auszeichnung bestanden und war jetzt »Bachelor of Arts«, eine Bezeichnung, die Bernd jedes Mal ein spöttisches Lächeln entlockte, wenn davon die Rede war. Dabei gab es an Jennifers Leistung nichts zu bemängeln. Es war nur die für ältere Kollegen wie ihn ungewohnte Laufbahn, bei der er jedes Mal an die *Police-Academy*-Filme denken musste, von denen er jeden einzelnen auf DVD besaß und mit großer Freude viele Male gesehen hatte. Jennifer war Kriminalkommissarin.

Zu jedem seiner Mitarbeiter hatte er volles Vertrauen. Umso stärker beunruhigte es ihn, dass auf irgendeine Weise Informationen über ihre Arbeit an die Öffentlichkeit gelangt waren, die normalerweise die Diensträume nicht hätten verlassen dürfen. Irgendwo gab es eine undichte Stelle. Eine Zeit lang hatte Bernd sich eingeredet, dass dieses Leck nicht in ihrer Abteilung zu finden sein konnte, sondern dass sich möglicherweise irgendein Pressevertreter bei Hintergrundgesprächen nicht an die vereinbarte Vertraulichkeit gehalten hatte. Die Art der Informationen, die nach außen durchgesickert waren, deutete allerdings darauf hin, dass dies eine Illusion war. Die undichte Stelle lag hier bei ihnen.

Bernd räusperte sich. »Ich nehme an, ihr habt alle die heutige Zeitung gelesen.«

Jennifer Ladiges nickte, die anderen zeigten keine Reaktion. Es gehörte seit Langem zur Routine, dass jeder von ihnen morgens die Zeitungen zumindest daraufhin durchblätterte, ob es irgendwelche Meldungen gab, die ihre Arbeit betrafen.

»Wir haben verabredet, über bestimmte Aspekte des aktuellen Falles Stillschweigen zu wahren. Dennoch schreiben die Zeitungen heute, dass angeblich ein Wolf in Hamburg sein Unwesen treibt.«

Vincent zuckte mit den Achseln. »Was willst du damit sagen?«

»Ich will damit sagen, dass jemand Informationen weitergegeben hat, die er nicht weitergeben sollte. Ich habe mir unseren Bericht für die Presse ausgedruckt. Hier – das ist alles, was wir herausgegeben haben. In dem Text steht, dass gestern früh eine unbekannte Frau mit schweren Verletzungen im Kopf- und Halsbereich in der Speicherstadt tot aufgefunden worden ist. Warum lautet dann die Schlagzeile hier in dieser Zeitung *Der Wolf von Hamburg*?«

Vincent antwortete: »Das weiß ich nicht. Vielleicht hat der anonyme Anrufer sich an die Presse gewandt? – Übrigens ist mir aufgefallen, dass dieser ›Wolf von Hamburg‹ nur in einer einzigen Zeitung auftaucht. Bisher jedenfalls.«

Ja, natürlich war Bernd das auch aufgefallen.

»Du glaubst doch nicht etwa, dass einer von uns mit diesen Leuten geredet hat?«

»Ich weiß nicht, was ich glauben soll, Vincent. Ich bin eigentlich der Meinung, dass keiner von uns so was tun würde. Aber andererseits sind vertrauliche Informationen nach außen gedrungen; daran gibt es nichts zu deuten. Und dies ist nicht das erste Mal, dass das passiert ist. Ich kann mir nur vorstellen, dass irgendjemand im privaten Gespräch Dinge gesagt hat, die besser nicht gesagt werden sollten. Ich möchte euch deshalb alle bitten, mit euren Äußerungen noch vorsichtiger zu sein als bisher.«

»Wir werden uns bemühen«, sagte Alexander leichthin.

»Das ist gut. Ich versuche inzwischen herauszufinden, woher dieser Reporter seine Informationen hat. Ich werde mit dem Mann reden, der den Artikel verfasst hat.«

»Wenn er mit dir redet«, wandte Alexander ein.

»Wenn er mit mir redet«, bestätigte Bernd. Aber er war sich sicher, dass der Journalist mit ihm reden würde.

* * *

Der Artikel war mit dem Kürzel *pt* gekennzeichnet. Ein Anruf bei der Redaktion klärte, dass *pt* das Kürzel des Journalisten Peter Tornquist war. Tornquist gehörte zum Bereich Lokales. Ja, er sei bereit, sich mit Bernd zu treffen. In einer halben Stunde bei *Schweinske* im Hauptbahnhof, schlug er vor. Bernd bat um etwas mehr Zeit für die Anreise. Das Landeskriminalamt lag einfach zu weit von der Innenstadt entfernt.

Als Bernd Kastrup am Hauptbahnhof eintraf, saß der Journalist schon an einem Zweiertisch. Er war nicht zu verfehlen. Neben seiner Tasse Espresso lagen Kamera und Notizblock.

»Bitte keine Fotos.«

Der Mann verstaute die Kamera in seiner Aktentasche.

»Schön, dass Sie gleich Zeit für mich gefunden haben.«

»Ist doch selbstverständlich.«

Kastrup bestellte sich einen Kaffee.

»Ja, das war früher einfacher, als Sie noch alle am Berliner Tor saßen«, philosophierte der Journalist. Er roch nach Zigarettenrauch. »Alles wird schwieriger. Und jetzt kommt zu allem Ärger auch noch die Umorganisation des Landeskriminalamtes hinzu …«

Das war ein Punkt, über den Bernd nicht diskutieren wollte. »Manches war früher besser«, räumte er ein. »Aber ich will nicht über die Vergangenheit mit Ihnen reden. Es geht um die Gegenwart.«

»Genau. Sie sind derjenige, der bei dem gegenwärtigen Mordfall den ›Ersten Angriff‹ geleitet hat.«

Bernd schüttelte den Kopf. »Wir sind hier nicht bei den *Sturmtruppen*. Die Streifenpolizisten haben die Tote gefunden, und die haben uns dann informiert.«

»Aber wenn ich richtig informiert bin, dann spricht man doch in einem solchen Fall von einem ›Ersten Angriff‹, auf den dann weitere Angriffe folgen. Der ›Sicherungsangriff‹ ...«

»Bei mir nicht«, beharrte Bernd. Ihm missfiel die Verwendung militärischer Begriffe für die Polizeiarbeit. Er würde diese Ausdrücke nicht benutzen.

»Nun gut. Sie haben mich um dieses Gespräch gebeten. Was kann ich für Sie tun?«

»Eine ganze Menge. Es hat in der letzten Zeit Berichte über unsere Arbeit gegeben, die uns nicht gefallen haben«, sagte Bernd.

Der Journalist hob die Augenbrauen. »Es ist nicht die Aufgabe der Presse, allen Bürgern zu gefallen. Im Gegenteil. Ein wesentlicher Punkt unserer Arbeit besteht darin, Dinge ans Licht zu bringen, die einem Teil der Bevölkerung ganz und gar nicht gefallen.«

»Verstehen Sie mich bitte nicht falsch. Ich bin ein großer Freund der Pressefreiheit ...«

»Davon gehe ich aus. Immerhin ist die Pressefreiheit unseres Landes an prominenter Stelle im Grundgesetz verankert.«

»Ja, das ist richtig. Aber die Freiheit darf nicht grenzenlos sein ...«

»Darf sie das nicht? Ich bin anderer Ansicht. Ich bin ein großer Freund der grenzenlosen Pressefreiheit.«

»Das sind schöne Sprüche, Herr Tornquist. Aber die helfen uns nicht weiter. Bei der Suche nach dem Täter sind wir auf die Unterstützung der Presse angewiesen. Aber es ist keine Hilfe, wenn die Presse Dinge veröffentlicht, die wir aus ermittlungstechnischen Gründen für uns behalten wollen.«

»Sie meinen den Wolf?«

»Ja, ich meine den Wolf. Den sogenannten Wolf. Es gibt keine Hinweise darauf, dass die junge Frau, die gestern tot in der Speicherstadt lag, von einem Wolf getötet worden ist. Und es hilft uns keineswegs, wenn die Presse eine Wolfs-Hysterie entfacht. Um es vereinfacht auszudrücken: Niemand soll ›Wolf!‹ schreien, wenn es gar keinen Wolf gibt.«

»Das haben Sie schön gesagt, Herr Kommissar.« Der Journalist trank seine Tasse leer und rief quer durch den Raum: »Noch einen Espresso, bitte!« Dann wandte er sich wieder seinem Gegenüber zu und sagte mit gedämpfter Stimme: »Nun ist es allerdings so, dass wir in diesem Fall eindeutige Hinweise darauf haben, dass die besagte Frau eben doch durch einen Wolf getötet worden ist.«

»Unsinn!« Bernd schüttelte den Kopf.

»Das brauchen Sie nicht zu bestreiten, Herr Kommissar. Wir haben sehr gute Informationen, und Sie müssen nicht denken, dass wir leichtfertig damit umgehen. Wir wissen sehr viel mehr, als wir veröffentlicht haben. Wir wissen zum Beispiel, dass es einen Zeugen gibt, der den Wolf gesehen hat. Wir wissen zum Beispiel, dass in der Tasche der toten Frau ein Zettel gefunden worden ist ...«

Bernd erschrak. Es waren viel mehr Informationen nach draußen gelangt, als er geahnt hatte. »Hören Sie auf«, sagte er.

»Darf ich diese Äußerung als Bestätigung dafür werten, dass unsere Informationen richtig sind?«

»Dazu kann ich mich nicht äußern. Ich möchte Sie nur ernsthaft bitten, die junge Frau nicht weiter auszuhorchen.«

»Jung? Frau?« Der Journalist lachte. »Wir geben unsere Quellen nicht preis. Und ich werde Ihnen nicht verraten, ob es sich um einen Mann oder eine Frau handelt, und ob derjenige oder diejenige jung oder alt ist. Wer weiß – vielleicht haben wir ja sogar mehrere Informanten?«

»Bitte gefährden Sie nicht unsere Arbeit.«

»Wir sind uns unserer Verantwortung bewusst. Wir werden den besagten Zettel nicht erwähnen.«

»Das ist wunderbar, aber das reicht nicht aus. Ich möchte Sie bitten, die Wolfsjagd zu stoppen. Sie entfesseln damit eine Jagd auf ein Phantom, die mit Sicherheit starke Kräfte der Polizei binden wird, und wir können es uns nicht leisten, nach etwas zu suchen, was es gar nicht gibt. So viele Leute haben wir nicht.«

Der Journalist lächelte überlegen. »Das haben Sie sehr schön gesagt, Herr Kommissar, aber ich glaube Ihnen nicht. Ich weiß, dass in Ihrem Hause davon ausgegangen wird, dass es diesen Wolf gibt, und ich halte es für meine Pflicht, die Bevölkerung entsprechend zu warnen. Ich halte es für falsch, dass die Polizei die Bevölkerung in einer solchen Angelegenheit nicht informiert.« Er lehnte sich in seinem Stuhl zurück und fixierte Bernd. »Wie wollen Sie das rechtfertigen, wenn noch jemand getötet wird? Ein Kind zum Beispiel. Was werden Sie dann sagen?«

»In unserem Hause wird davon ausgegangen, dass es diesen sogenannten Wolf nicht gibt«, beharrte Bernd.

»Herr Kommissar, kann es sein, dass Sie über die Dinge, die in Ihrem Hause ablaufen, schlechter informiert sind als ich?«

Das war eine Unverschämtheit, aber bevor Bernd darauf reagieren konnte, setzte der Journalist noch einen drauf: »Ich weiß so gut wie alles, was bei Ihnen abläuft. Ich weiß zum Beispiel, dass in Ihrem Büro ein Spruch an der Wand hängt, der lautet: *Vor dem Betreten dieser Räume ist das Hirn auszuschalten!* Kann es sein, dass Sie und Ihre Kollegen diesen Ratschlag allzu ernst genommen haben?«

* * *

Er hatte den Vormittag damit zugebracht, noch einmal durch Wilhelmsburg zu gehen, um sich mit der Örtlichkeit vertraut zu machen. Es war ein gewisses Risiko. Er konnte nicht ausschließen, dass irgendwer ihn von früher kannte, aber dieses Risiko musste er eingehen. Er hatte Glück gehabt. Er hatte keine Bekannten getroffen, und jetzt saß er im Sessel in seinem Wohnzimmer, hatte die kalten Füße gegen die Rippen der voll aufgedrehten Heizung gelegt und dachte darüber nach, wie es weitergehen sollte.

Bis jetzt war alles nach Plan gelaufen. Er war sich nicht sicher gewesen, ob die Presse wirklich auf diese Geschichte mit dem Wolf eingehen würde, aber die Journalisten hatten alles geschluckt. Sein anonymer Anruf hatte tatsächlich gewirkt. Und offenbar hatte die Polizei ungewöhnlich viele Einzelheiten an die Presse weitergegeben. Jetzt wusste ganz Hamburg, dass ein Wolf unterwegs war! Ein großartiges Gefühl!

Der heutige Tag war ein Ruhetag gewesen. Morgen würde er wieder aktiv werden müssen. Zehn Personen standen auf seiner Liste, und er hatte nur ungefähr zwei Wochen Zeit. Länger würde es nicht dauern, bis die Polizei ihm auf die Spur kam. Er hatte zwar keine hohe Meinung von der Polizei, aber ihm war klar, dass sie sich auf die Dauer nicht an der Nase herumführen lassen würde. Aber noch fühlte er sich völlig sicher. Noch konnte niemand wissen, wer er war.

Morgen würde der nächste Schlag erfolgen. In Wilhelmsburg. Die Karolin, die Tote aus der Speicherstadt, war nur eine Randfigur gewesen. Zum Üben sozusagen. Aber morgen würde er sich jemanden vornehmen, dessen Tod ihm wirklich am Herzen lag.

* * *

Bernd Kastrup verbrachte den Rest des Tages im Präsidium. Er wartete auf den Anruf des Rechtsmediziners, aber ganz offensichtlich zogen sich die Untersuchungen in die Länge. Vincent Weber und Jennifer Ladiges waren in der Speicherstadt unterwegs. Sie sollten noch einmal versuchen, irgendwelche Zeugen aufzutreiben. Als sie schließlich am späten Nachmittag zurückkamen, brauchte Bernd nur in ihre Gesichter zu sehen, um zu wissen, dass sie keinen Erfolg gehabt hatten.

Alexander Nachtweyh hatte versucht, im Internet Informationen über Wölfe zu finden. Er hatte außerdem versucht, vergleichbare Fälle aus anderen Bundesländern oder anderen Staaten der Europäischen Union heranzuziehen. Es gab keine vergleichbaren Fälle. Alexander hatte lediglich herausgefunden, dass der Wolf im Jahre 2003 zum »Tier des Jahres« gewählt worden war.

Bernd schnauzte Alexander an, als er feststellte, dass dieser schon wieder Quizduell spielte. Dabei gab es im Augenblick nichts, was er sonst hätte tun können. Alexander schaltete den Computer aus und begann stattdessen, den *Werwolf* von Christian Morgenstern aufzusagen. Bernd Kastrup schickte ihn aus dem Zimmer.

Als sich bis 18.00 Uhr immer noch nichts getan hatte, rief Bernd in der Rechtsmedizin an. Tatsächlich kam Dr. Beelitz fast sofort ans Telefon.

»Wie sieht's aus?«, fragte Bernd. »Wie kommst du voran?«

»Ich komme schlecht voran, wenn ich, statt meine Arbeit zu tun, irgendwelche sinnlosen Anrufe beantworten muss!«, erwiderte Beelitz.

Bernd Kastrup gab es auf. Er verabschiedete sich von Vincent und Jennifer, die versprachen, bis Mitternacht die Stellung zu halten, und die zusagten, ihn sofort anzurufen, falls es irgendetwas Neues gab. Dann fuhr er mit der U-Bahn nach Hause.

* * *

Feierabend. Bernd Kastrup ging in seiner provisorischen Wohnung auf dem obersten Boden des Hauses in der Speicherstadt auf und ab. Dr. Watson hatte sich verzogen, als er bemerkte, dass Bernd schlechte Laune hatte. Da war es lustiger, irgendwo eine Maus zu jagen!

Vor dem Betreten dieser Räume sei das Hirn auszuschalten, hatte der Journalist behauptet. Das stimmte zwar nicht, aber es war ungeheuerlich, dass jemand von der Presse Einzelheiten aus seinem Büro kannte. Kein Journalist hatte dieses Zimmer je betreten, und es gab überhaupt nur wenige Leute, mit Ausnahme der Kollegen, die diesen Raum von innen gesehen hatten. Der Spruch, den er an die Wand geheftet hatte, lautete in Wirklichkeit: *Vor dem Betreten dieser Räume ist das Hirn einzuschalten!* Das war das genaue Gegenteil von dem, was dieser Tornquist zu wissen glaubte. Aber – ganz gleich, wie man es drehte und wendete – der Mann wusste viel mehr, als er wissen durfte. Und es waren aktuelle Informationen. Der Spruch hing dort erst seit letzter Woche.

Nach wie vor ging Bernd davon aus, dass keiner seiner Mitarbeiter absichtlich geplaudert hatte. Aber natürlich ließ es sich nicht vermeiden, dass zu Hause nach Feierabend über Dinge geredet wurde, die eigentlich nicht weitergetragen werden sollten. Da war zum Beispiel Vincent. Verheiratet mit einer Frau, die aus dem Irak stammte. Oder aus dem Libanon? Egal, jedenfalls irgendwo aus dem Nahen Osten. Sie hatten einen gemeinsamen Sohn, der inzwischen auch schon fast erwachsen sein musste. Bernd dachte: Wer weiß, was dort beim Abendbrot so alles erzählt wird.

Und Alexander? Bei seinen rasch wechselnden Freundinnen hatte Bernd Kastrup den Überblick verloren. Er konnte sich gut vorstellen, dass Alexander Nachtweyh alles Mögliche von seiner Arbeit zum Besten gab, wenn er seinem jeweils neuesten Mädchen damit imponieren konnte.

Über Jennifers Privatleben wusste er so gut wie gar nichts. Sie hatte auf Alexanders Annäherungsversuche so abweisend reagiert, dass Bernd eine Weile geglaubt hatte, sie sei lesbisch. Aber das stimmte nicht. Er hatte sie am Wochenende an der Alster Hand in Hand mit einem jungen Mann gesehen. Kein Polizist, niemand von denen jedenfalls, mit denen sie routinemäßig zu tun hatten.

Bernd betrachtete die Stellwände mit seinen Fotos und Texten. Hier hatte er in mühevoller Kleinarbeit Katastrophen der Weltgeschichte dokumentiert und zu verstehen versucht, wie es dazu kommen konnte. Viele waren auf menschliches Versagen zurückzuführen. Häufig bestand der Fehler darin, dass irgendjemand zu viel redete. Der Code der deutschen Unterseeboote war nur geknackt worden, weil zu viel gefunkt worden war. Und die japanische Katastrophe bei Midway ...

Plötzlich wusste Bernd Kastrup, was er tun musste. Ja, das war die Lösung seines Problems. Auf dem Höhepunkt des Pazifik-Krieges hatten die Amerikaner nicht gewusst, was ihre Gegner als Nächstes tun würden. Wollten die Japaner in Australien landen? Wollten sie die Aleuten angreifen? Oder wollten sie in Richtung Hawaii vorstoßen und auf dem Wege dorthin die Midwayinseln erobern? Die amerikanischen Kräfte reichten nicht aus, um alle Objekte gleichzeitig zu schützen. Deshalb war es erforderlich, zu wissen, was der Gegner vorhatte. Zwar hatten die Amerikaner den japanischen Code geknackt, aber ihre Gegner waren vorsichtig und sprachen in ihrem Funkverkehr von dem nächsten Angriffsziel nur von dem »Objekt«. Daraufhin hatten die Amerikaner für alle drei Angriffsziele unterschiedliche Fehlinformationen im Klartext durchgegeben, die wichtig genug sein mussten, dass der Gegner sie weitergab. Und die Japaner fielen darauf herein. Sie funkten: Das Objekt hat Wassermangel. Damit war klar: Das Ziel hieß Midway. Die Amerikaner zogen ihre Kräfte bei Midway zusammen und brauchten nur noch auf den Gegner zu warten.

Das Telefon klingelte.

Bernd Kastrup zog das Handy aus der Tasche. »Kastrup?« Nur wenige Personen kannten die Nummer seines Anschlusses. Die meisten davon Polizisten. Konnten sie ihn nicht nach Feierabend in Ruhe lassen?

»Bernd, bist du das?« Das war Antje.

»Ja, ich bin das. Was hast du denn gedacht, wer das sein könnte?«

»Deine Stimme klang so – so anders.«

»Ach, entschuldige, ich habe mich geärgert, das ist alles.«

»Weswegen ich anrufe – hast du ein bisschen Zeit? Kannst du vielleicht vorbeikommen?«

»Für dich habe ich immer Zeit«, log Bernd.

»Ja, ich weiß, immer, wenn gerade kein neuer Mord passiert ist oder wenn gerade keine wichtige Besprechung im Präsidium ist oder wenn du niemanden verhören musst oder wenn du nicht mit deinen Kollegen zusammen in die Kneipe willst ...«

Bernd sagte so sanft wie möglich: »Ich bin Polizist, Antje. Wir befassen uns mit Tötungsdelikten. Ich würde gern jeden Abend um 16:30 Uhr nach Hause gehen, aber die Mörder halten sich einfach nicht an die Dienstzeiten.«

Antje lachte. Sie war so unkompliziert. Das war das Gute an ihr. Weniger gut war, dass sie verheiratet war und dass sie sich nur sehen konnten, wenn ihr Klaus auf Geschäftsreise war. Sie sagte: »Ja, es ist ganz offensichtlich, dass du schlechte Laune hast. – Du darfst dich nicht ärgern, Bernd! Das ist schlecht für die Gesundheit. – Weißt du was? Wir gucken uns gemeinsam an, was ich herausgesucht habe, und wenn du nichts damit anfangen kannst, dann schalten wir den Laptop aus und machen etwas anderes. Ich könnte uns was zum Essen kochen, und dann könnten wir vielleicht zusammen eine Flasche Wein aufmachen, und dann gucken wir mal, wie sich der Abend so entwickelt.«

»Das hört sich gut an«, sagte Bernd. Er war sich ziemlich sicher, wie der Abend sich entwickeln würde.

* * *

Antje Breckwoldt war fleißig gewesen. Sie hatte mehr Material über die Wölfe zusammengetragen als Alexander und Jennifer. Jetzt lag Bernd Kastrup zusammen mit ihr auf dem Teppich im Breckwoldt'schen Wohnzimmer, der Kamin brannte, und es war angenehm warm. Bernd schätzte die Wärme. Das war einer der größten Mängel seiner provisorischen Wohnung in der Speicherstadt, dass es nie richtig warm wurde. Die Fenster waren alt und undicht, und der Speicherboden war viel zu hoch, als dass man ihn hätte ausreichend heizen können.

In Hamburg gab es keine freilebenden Wölfe. In Schleswig-Holstein waren gelegentlich einzelne Wölfe gesichtet worden. Die Wölfe in Niedersachsen lebten bevorzugt im Bereich der Truppenübungsplätze. Das wusste Bernd bereits. Nirgendwo sonst waren wilde Tiere so ungestört. Seit 2012 gab es ein Wolfsrudel im Bereich von Munster-Nord und Munster-Süd, und seit 2013 war auch auf dem etwas weiter südwestlich gelegenen Übungsplatz Bergen ein Wolfspaar ansässig. Die Wölfe fühlten sich offenbar wohl und vermehrten sich reichlich. Das Wolfspaar von Munster hatte in drei Jahren 16 Junge zur Welt gebracht, das Wolfspaar in Bergen in zwei Jahren neun Junge. Die anderen Wolfsvorkommen in Niedersachsen waren weiter von Hamburg entfernt und daher zunächst einmal ohne Belang.

»Glaubst du denn wirklich, dass es ein Wolf ist, der jetzt in Hamburg sein Unwesen treibt?«, wollte Antje wissen.

Bernd schüttelte den Kopf. Die Informationen über die Wölfe dienten nicht zur Jagd auf den Speicherstadt-Mörder, sondern einzig und allein dazu, der Presse in Bezug auf die Wölfe einen Schritt voraus zu sein.

Dass auch in Jägerkreisen zum Teil geradezu hysterisch reagiert wurde, belegte eine Information der Bundespolizei. Eine Jagdzeitschrift hatte geschrieben, dass im letzten Winter ein polnischer VW-Bus mit Wölfen an der Grenze gestoppt worden sei; die Tiere sollten angeblich nach Deutschland gebracht werden. Das war völliger Unsinn. Zwar wurde ein entsprechendes Fahrzeug an der deutsch-polnischen Grenze gestoppt, und auf der Ladefläche fand sich in der Tat ein »Steppenwolf«. Dabei handelte es sich aber nicht um ein Tier, sondern um ein Fahrrad, und das sollte nicht von Polen nach Deutschland gebracht werden, sondern von Deutschland nach Polen. Es war zuvor in Deutschland gestohlen worden.

Antje lachte, als sie das las. Auch Bernd verzog das Gesicht zu einem Grinsen, aber er fand diese Meldung nicht besonders lustig. Gerüchte und Vorurteile, dachte er. Warum waren die Menschen so leichtgläubig? Warum waren die Menschen so dumm?

Die Webseite der Landesjägerschaft ging auf den Schaden ein, den die Wölfe anrichteten. Es gab eine ganze Reihe von Berichten, nach denen angeblich Nutztiere von Wölfen gerissen worden waren. Aber keine der Meldungen stammte aus der Umgebung von Hamburg.

»Bist du zufrieden mit meiner Arbeit?«, wollte Antje wissen.

»Ich bin immer zufrieden mit dir«, sagte Bernd.

»Komm, dann lass uns jetzt etwas anderes machen!«

Bernd wollte die Landesjägerschaft ausschalten, als er etwas entdeckte, das er fast übersehen hätte. Der letzte Punkt in der Rubrik »Öffentlichkeitsarbeit« lautete: *Auf folgenden Veranstaltungen können Sie unseren Wolfsinfostand besuchen: 22.3.2014 Wolfstag Wildpark Schwarze Berge …*

Jagd

Donnerstag, 20. November 2014

»Verdammte Sauerei!« Bernd war außer sich. Er hatte die erste S-Bahn ab Rissen genommen, war seit 5:15 Uhr im Amt und hatte sofort die Kollegen herbeitelefoniert.

»Tut mir leid«, brummte Vincent. »Das haben wir einfach übersehen.«

Auf dem Bildschirm sah man die Homepage des Wildparks *Schwarze Berge*.

»Das liegt im Landkreis«, sagte Alexander. Aber das war eine schlechte Entschuldigung.

»Herrgott noch mal, ich weiß, wo das liegt. Der Landkreis Harburg ist nicht auf der Rückseite des Mondes, sondern genau südlich der Freien und Hansestadt Hamburg, und der Wildpark *Schwarze Berge* ist zufälligerweise genau der nördlichste Teil des Landkreises Harburg. Der Wildpark ragt wie ein Keil nach Hamburg hinein. Wie weit ist der Park von der Speicherstadt entfernt? Zehn, zwölf Kilometer vielleicht. Das schafft selbst ein fußkranker Wolf innerhalb von zwei, drei Stunden. Selbst wenn er nur noch drei Beine hat!«

»Ich verstehe nicht, warum du dich aufregst«, sagte Alexander.

»Das verstehst du nicht? – Ein ganzes Wolfsrudel haben die im Wildpark! Hier, hier steht es: *Bei den Futtertouren, die von März bis Oktober jeden Sonntag um 13:00 Uhr stattfinden, lernen die Teilnehmer das Wildpark-Rudel kennen und erfahren viel Wissenswertes über dieses soziale Tier, welches nun auch in unsere Wälder zurückkehrt.*«

»Ja, gut, da hätten wir drauf kommen müssen. Aber ich habe da ja nun inzwischen angerufen, und keiner der Wölfe aus dem Wildpark ist, wie sie so nett schreiben, in unsere Wälder zurückgekehrt. Alle Wölfe sind nach wie vor hinter Gittern.«

»Ist das sicher?«

»Ja, natürlich ist das sicher.«

»Haben sie nachgesehen?«

»Nachgesehen?«

»Also nicht. – Alexander, würdest du bitte sofort im Wildpark anrufen und veranlassen, dass sie ihre Wölfe zählen. Wenn die ein ganzes Rudel haben, dann können sie doch gar nicht so ohne Weiteres behaupten, dass wirklich alle Tiere da sind. Ich will, dass sie nachzählen.«

Es war Alexander deutlich anzusehen, dass er diese Anweisung für übertrieben hielt. Aber um weiteren Streit zu vermeiden, griff er zum Telefon.

Vincent sagte: »Du kannst übrigens eine Patenschaft für einen Wolf übernehmen, Bernd. Das steht auch hier im Internet. Das kostet 500 Euro. Pro Jahr natürlich. Dann hast du eine viel bessere Kontrolle darüber, was dein Tier so treibt, und kannst notfalls in die Erziehung eingreifen.«

Bernd riss sich zusammen. Er sagte: »Vincent, das ist kein Scherz, was wir hier machen. Wir sind auf der Suche nach einem gefährlichen Mörder, und ich möchte, dass wir die Geschichte ernst nehmen.«

»Ich nehme die Geschichte ernst. Ich nehme sie so ernst wie jeder von uns. Das weißt du. Aber du, du nimmst diesen Fall ein bisschen zu ernst. Es ist ein Fall wie jeder andere.« Vincent unterbrach sich, sah seinen Vorgesetzten an. »Oder täusche ich mich? Ist das womöglich kein Fall wie jeder andere? Bist du persönlich betroffen, Bernd?«

Bernd schüttelte unwillig den Kopf.

»Du schüttelst den Kopf, aber bist du dir dabei so sicher? Die tote junge Frau wurde vor deiner Haustür gefunden. Am Anfang haben wir geglaubt, dass das ein reiner Zufall gewesen ist und dass dieser angebliche Wolf sie durch die Speicherstadt gejagt hat, bis er sie am Ende gekriegt hat. Aber inzwischen wissen wir, dass das nicht so war. Inzwischen wissen wir, dass jemand die Tote genau dort abgelegt hat, wo wir sie gefunden haben.«

»Das ist ein Zufall. Ich kenne die Frau nicht.« Während er das sagte, fragte sich Bernd, ob er wirklich an den Zufall glaubte.

»Übrigens – du denkst an unsere Verabredung?«

»Verabredung? – Ach ja, natürlich.« Vincent und seine Frau hatten Bernd Kastrup zum Mittagessen eingeladen.

Alexander hatte sein Telefonat beendet. Er sagte: »Sie haben nachgezählt. Alle Wölfe sind noch da.«

In diesem Augenblick klingelte das Telefon.

»Alle Wölfe bis auf einen«, unkte Vincent.

Aber es war nicht der Wildpark *Schwarze Berge*, der seine Aussage korrigierte.

Am Telefon war ein aufgeregter Mann, den man offenbar zu ihnen durchgestellt hatte. »Ich hätte gern den Sachbearbeiter, der für die Jagd nach dem Wolf von Hamburg zuständig ist.«

Alexander reichte den Hörer an Bernd weiter. »Hauptkommissar Kastrup. Mit wem spreche ich?«

»Hier ist Biermann. Christoph Biermann.«

»Was kann ich für Sie tun, Herr Biermann?«

»Ich bin Jäger, und als ich gehört habe, dass dieser Wolf in Hamburg eine Frau gerissen hat ...«

»Das schreibt die Presse, aber bis jetzt wissen wir nicht, ob es wirklich ein Wolf gewesen ist«, unterbrach ihn Bernd.

»Jedenfalls habe ich mich daran erinnert, dass ich vor gut einer Woche Spuren gefunden habe. Draußen im Wald. Das war, als es in der Nacht so geregnet hatte. Da war ich hinterher draußen, und da habe ich dann diese Pfotenabdrücke gesehen. Und ich habe gleich gedacht: Das sieht aus wie die Fußspur von einem Wolf.«

Alexander verdrehte die Augen. Der Mann sprach so laut, dass jeder im Raum mithören konnte.

Bernd blieb ernst. »Wo haben Sie diese Spuren gefunden?«

»Na, hier im Wald natürlich. In den Schwarzen Bergen. – Und da die Wölfe ja schon seit Längerem in Niedersachsen heimisch geworden sind …«

»Herr Biermann, bevor Sie weiterreden, lassen Sie mich bitte eines klarstellen: Wir wissen nicht, ob wir es wirklich mit einem Wolf zu tun haben. Und der Pfotenabdruck eines Wolfes ist, soweit ich weiß, nicht wesentlich anders als der Pfotenabdruck eines Hundes.«

»Ja, das ist richtig. Aber ich habe das Tier gesehen. Vor zwei Tagen. Und heute wieder. Und diesmal, diesmal hatte ich mein Gewehr dabei. Und ich habe den Wolf geschossen.«

»Was?«

»Ich habe den Wolf geschossen«, wiederholte Biermann. »Das heißt, ich habe auf den Wolf geschossen, und ich habe ihn auch getroffen. Aber ich habe ihn nicht richtig getroffen. Er ist davongerannt.«

* * *

Bernd und Alexander waren auf dem Weg in die Schwarzen Berge. Bernd fuhr. Er kam sich vor wie jemand, der Nessie suchen sollte. Es gab kein Ungeheuer von Loch Ness, und es gab auch keinen »Wolf von Hamburg«.

»Das führt alles zu nichts«, sagte Alexander plötzlich. »Wir treten auf der Stelle.«

Das war die Gelegenheit, auf die Bernd gewartet hatte. Operation Midway, dachte er. »Es gibt etwas Neues«, sagte er. »Das Labor hat unter den Fingernägeln der Toten grüne Mikrofasern festgestellt.«

»War der Wolf grün?«

»Der Wolf nicht, aber sein Besitzer hat möglicherweise irgendein grünes Kleidungsstück getragen«, improvisierte Bernd. »Einen Pullover oder so was.«

»Pullover? Bei diesem Wetter würde ich nicht ohne Anorak vor die Tür gehen!«

»Vielleicht ist es eine falsche Fährte«, gab Bernd zu. »Wir werden sehen.«

Eine Weile fuhren sie schweigend durch den grauen Novembertag.

Alexander studierte den Stadtplan. »Rechts abbiegen!«, sagte er. Im nächsten Moment meldete sich das Navi: »Bitte in 300 Metern rechts abbiegen!«

Bernd bog rechts ab. Er fuhr die Straße *Beim Bergwerk* bis zum Ende, dort wartete der Jäger mit seinem Hund. Er begrüßte die beiden Polizisten mit Handschlag. Anschließend führte Biermann sie zu der Stelle, an der er dem Wolf begegnet war. Bernd war klar, wo sie jetzt standen, waren sie nur wenige Hundert Meter von der Landesgrenze entfernt. Auf der anderen Seite lag der Wildpark *Schwarze Berge*. Kam der Wolf am Ende doch von dort? War es überhaupt ein Wolf? Sie würden sehen.

»Was sind Sie von Beruf, Herr Biermann?«, fragte Bernd.

Biermann war Landwirt. Er kam aus Neugraben.

»Landwirt?«, fragte Alexander Nachtweyh. »So was gibt's noch hier in Hamburg?«

Nun ja, das meiste Land hatte Biermann inzwischen als Bauland verkauft. Das Geld hatte er in Häuser investiert.

»So, hier war das.« Biermann zeigte den beiden Polizisten, wo er gestanden hatte. »Und da drüben bei den Kiefern, da war der Wolf!«

Die Entfernung betrug vielleicht dreißig Meter. Bernd war sich ziemlich sicher, dass er einen Wolf auf diese Entfernung mit seiner Dienstpistole würde erlegen können, aber er äußerte sich nicht. Sicher hatte Biermann nie zuvor auf einen Wolf geschossen. Sicher war er aufgeregt gewesen.

»Eigentlich ...«, Biermann zögerte.

»Eigentlich?«, fragte Bernd.

»Eigentlich ist es ja verboten, auf Wölfe zu schießen.«

»Machen Sie sich keine Sorgen. In diesem Fall haben Sie richtig gehandelt. – Sind Sie sich sicher, dass Sie das Tier auch getroffen haben?«

»Hier vorn!« Biermann ging ein paar Schritte. »Sehen Sie?«

Biermann wies auf einen dunkelbraunen Fleck am Waldboden. Blut. Der Jagdhund nahm die Witterung auf und führte die kleine Gruppe zielstrebig in Richtung Osten. Weit würden sie nicht kommen, dachte Bernd. Ein großer Teil der Schwarzen Berge war mit Einfamilienhäusern bebaut, und er rechnete damit, jeden Augenblick gegen einen Zaun zu laufen, aber das geschah nicht. Der Wolf hatte offenbar gewusst, was er tat. Er war hangabwärts gelaufen, an den Häusern vorbei, und er hatte schließlich die Straße überquert.

»Das ist der *Ehestorfer Heuweg*«, sagte Biermann.

Bernd nickte. Er kannte alle größeren Straßen innerhalb Hamburgs.

Die Polizisten wollten die Straße überqueren, aber der Jäger zögerte.

»Was gibt's?«, fragte Bernd.

»Hier darf ich nicht weiter. An der Straße endet der Gemeinschaftsjagdbezirk. Auf der anderen Seite, das ist alles Staatsforst. Das gehört zur Revierförsterei Hausbruch. Wenn wir hier weitermachen, dann müssen wir erst einmal beim Förster ...«

Bernd schüttelte unwillig den Kopf. »Müssen wir nicht. Hier ist Gefahr im Verzug, wir machen weiter.«

Die Schwarzen Berge waren steiler, als Bernd sie in Erinnerung hatte. Der Hund führte sie geradewegs hangaufwärts. Bernd registrierte mit Befriedigung, dass auch Alexander Nachtweyh ins Schnaufen kam. Man sollte mehr Sport treiben, dachte er, aber er wusste, dass er das auch in Zukunft nicht tun würde.

Schon seit einiger Zeit hatte Bernd keine Blutstropfen mehr gesehen. Der Hund schien sich dennoch sicher zu sein, dass er auf der richtigen Fährte war. Womöglich war das Wild nur leicht verletzt. Bernd bereitete sich geistig darauf vor, in Kürze einem kampfbereiten Wolf gegenüberzustehen, der seine Verfolger ohne zu zögern angriff. Er fragte sich, ob er seine Dienstwaffe ziehen sollte. Er entschied sich dagegen.

Das Ende kam völlig überraschend. Der Hund blieb plötzlich stehen und sah sich zu seinem Herrchen um.

»Da ist er«, sagte Biermann.

Ja, da war der Wolf. Er lag zusammengerollt unter einer verkrüppelten Buche und rührte sich nicht. Bernd stieß das Tier kurzentschlossen mit dem Fuß an. Es rührte sich noch immer nicht. Das Tier war tot.

»Der Wolf zahlt Steuern«, bemerkte Alexander trocken.

Jetzt entdeckte auch Bernd die Steuermarke, die das Tier am Hals trug. Der tote Wolf war ein Schäferhund. Gut, dachte Bernd, der Punkt war erledigt. Schnell zurück zum Präsidium. Wenn er sich beeilte, würde er noch rechtzeitig nach Barmbek kommen. Vincent und seine Frau warteten sicher schon auf ihn.

* * *

Vincent Weber wohnte in der *Semperstraße*. Bei den Webers zu Hause war Bernd Kastrup noch nie gewesen, aber das war kein Wunder; keiner seiner Kollegen war jemals bei ihm zu Hause zu Besuch gewesen. Sein Privatleben und das Privatleben seiner Mitarbeiter waren Privatsache. Bernd fragte sich, ob es wirklich richtig war, von dieser Linie abzuweichen. Aber ein kleines bisschen neugierig war er schon.

»Das ist Aisha«, stellte Vincent seine Frau vor. »Sie hat das Mittagessen gemacht. Ich hoffe, du hast nichts gegen ein etwas ungewöhnliches Essen?«

»Nein, ganz und gar nicht«, sagte Bernd. Was sein Magen davon halten würde, war eine andere Frage.

Die kleine, dunkelhaarige Frau mit den braunen Augen sagte: »Vincent macht Witze. Er nennt mich immer Aisha, aber in Wirklichkeit heiße ich Lana.«

»Aisha war die Lieblingsfrau des Propheten«, sagte der junge Mann, der Bernd jetzt die Hand gab.

»Das ist Lukas, unser Sohn«, sagte Weber.

»Mohammed«, korrigierte Lukas.

»Er hat zwei Namen«, sagte Lana, »Lukas und Mohammed. Wir finden Lukas besser, aber er zieht Mohammed vor.« Lukas-Mohammed mochte vielleicht 17 Jahre alt sein.

»Du bist jedenfalls meine Aisha«, sagte Vincent.

»Bin ich nicht«, widersprach Lana. »Aisha war viel jünger als ihr Ehemann, und ich bin viel älter als du!«

»Die paar Jahre! Wir sind praktisch gleich alt. Und du bist meine Lieblingsfrau.«

»Dazu gehört nicht viel, denn soweit ich weiß, bin ich deine einzige Frau.«

»Ach, Aisha, du weißt nicht alles!«

Lana lachte.

Bernd hielt es für ausgeschlossen, dass Vincent irgendeine Beziehung neben seiner Ehe unterhielt. Er redete dauernd von seiner Frau und seinem Sohn, auf dessen schulische Leistungen er so stolz war. Lukas würde sein Abitur machen, und er würde es weiter bringen als sein Vater.

»Willst du ein Bier?«, fragte Vincent.

»Bier? Ich denke, ihr seid Moslems.«

»Das heißt aber doch nicht, dass wir es nicht aushalten können, wenn unser Besuch Bier trinkt. Mohammed, holst du mal bitte …«

Mohammed ging zum Kühlschrank und kam mit einer Flasche Flens zurück.

Vincent fragte: »Gibt es irgendetwas Neues?«

»In Sachen ›Wolf von Hamburg‹? Nein, eigentlich nicht. Der angebliche Wolf, den dieser Jäger geschossen hat, ist in Wirklichkeit ein Schäferhund. Er ist tot. Wir haben ihn ins Labor gebracht. Die prüfen, ob der Speichel mit den Proben übereinstimmt, die wir an unserem Opfer sichergestellt haben.«

»Glaubst du daran?«

»Nein. Aber überprüfen müssen wir es natürlich. Ach ja, das Labor hat übrigens unter den Fingernägeln der Leiche blaue Mikrofaserreste festgestellt. Von einem Pullover oder so. Aber das hilft uns natürlich auch nicht viel weiter.«

»Blaue Mikrofasern?« Damit konnte Vincent offenbar auch nichts anfangen.

»Das Essen ist zu scharf, oder? Ich hätte es nicht so stark würzen sollen«, sagte Lana.

Bernd schüttelte den Kopf. Er war wegen der Lüge rot geworden, nicht wegen des Essens.

Vincent sah seinen Sohn an. »Du siehst unzufrieden aus«, stellte er fest.

Mohammed nickte. »Ja, ich bin unzufrieden.«

»Mit mir?«

»Nein. Ganz allgemein. Vorhin, als ich mit Lana beim Einkaufen war, da waren wieder Frauen im Laden, die Mama blöd angeguckt haben. Nur weil sie ein Kopftuch trägt.«

»Kümmere dich nicht darum«, sagte Lana. »Dumme Menschen gibt es immer und überall.«

»Jeder kann tragen, was er will«, bestätigte Bernd Kastrup. Auch wenn Antje gelegentlich murrte – er würde sich seine Baskenmütze nicht verbieten lassen.

* * *

Gesine Schröder war beunruhigt. Um diese Zeit hätte ihre Tochter eigentlich längst zu Hause sein sollen. Sylvia musste doch noch Schularbeiten machen. Ob sie wieder bei ihrer Freundin war, bei dieser Leonie? Gesine griff zum Telefon. Am anderen Ende wurde nach dem vierten Läuten abgenommen.

»Leonie Mertens, wer ist dort bitte?«

»Leonie, hier ist Gesine Schröder, Sylvias Mutter. Ich wollte mal fragen, ob Sylvia bei dir ist.«

»Sylvia? Nein, die ist nicht hier.«

»Ach. Und du weißt nicht zufällig, wo sie hingegangen ist? Ich meine, sie müsste doch längst zu Hause sein!«

»Nein, tut mir leid, keine Ahnung.«

»Danke.«

Gesine Schröder legte den Hörer auf. Warum hatte sie das Gefühl, dass Leonie sie belogen hatte? Sollte sie einfach hingehen und nachsehen? Sie verwarf den Gedanken. Sylvia war 14, sie war kein kleines Kind mehr, und es war völlig normal, dass sie ihrer Mutter nicht alles erzählte. Wahrscheinlich spielten die beiden Mädchen wieder eines von diesen schrecklichen Computerspielen, von denen Gesine nichts hielt. Sie würde ihre Tochter darauf ansprechen – nachher, wenn sie wieder da war.

Gesine setzte sich in den Sessel und las in der Fernsehzeitschrift. Aber es gelang ihr nicht, sich zu entspannen. Dabei gab es überhaupt keinen Grund zur Unruhe. Ihre Tochter würde spätestens in zwei oder drei Stunden nach Hause kommen, wenn es dunkel wurde. Und dass sie vorhin beim Einkaufen geglaubt hatte, Wolfgang gesehen zu haben, das konnte nur ein Irrtum gewesen sein. Der Mann hatte sie nicht beachtet. Er war auch viel zu weit weg gewesen, als dass sie ihn hätte sicher erkennen können. Nein, das war nicht Wolfgang gewesen. Wolfgang würde ihr nicht irgendwo im Einkaufszentrum auflauern. Wenn er wirklich noch einmal wiederkäme, dann würde er sie direkt besuchen. Irgendwann würde er ganz überraschend vor ihrer Haustür stehen, und davor hatte sie Angst. Sie bekam eine Gänsehaut, wenn sie nur daran dachte.

***

Sylvia war auf dem Weg nach Hause. Sie hatte den Nachmittag bei ihrer Freundin zugebracht. Angeblich hatten sie zusammen Hausaufgaben machen wollen, aber dazu war es nicht gekommen. Sie hatten Musik gehört und ein Computerspiel gespielt. Leonie hatte schon *Warlords of Draenor*, die neueste Erweiterung für *World of Warcraft*, und es wäre vollkommen unmöglich, dieses Spiel zu Hause zu spielen. Das würde ihre Mutter niemals zulassen.

Sylvia war in Gedanken noch mit dem Spiel beschäftigt. Sie dachte an den geflüchteten Garrosh und an das, was sich jetzt auf dem Planeten Draenor abspielen würde. Eine spannende Geschichte, aber nichts davon war wahr. Sie fürchtete sich nicht vor den dämonischen Mächten, mit denen sie am Bildschirm gekämpft hatte, und selbstverständlich hatte sie keine Angst, im Dunkeln nach Hause zu gehen.

Es war ein reiner Zufall, dass sie sich irgendwann umdrehte und bemerkte, dass jemand hinter ihr herging. Es war ein Mann, so viel stand fest, und er führte einen großen Hund an der Leine. Es war nichts Ungewöhnliches, dass Menschen ihre Hunde ausführten, und Sylvia dachte sich nichts dabei. Erst als sie in die *Veringstraße* einbog und der Mann mit dem Hund ihr weiterhin folgte, bekam sie ein ungutes Gefühl. Natürlich war es möglich, dass der Mann zufällig genau in dieselbe Richtung wollte wie sie, aber etwas ungewöhnlich war es schon. Und obwohl sie schnell ging, kam der Mann ihr immer näher.

Kurz entschlossen bog Sylvia bei der nächsten Gelegenheit nach links ab. Aus den Augenwinkeln sah sie, dass der Mann ebenfalls links abbog. Sie beschleunigte ihre Schritte. Der Mann ging ebenfalls schneller. Und sein Hund – sein Hund sah aus wie ein großer Schäferhund. Oder wie ein Wolf.

Sylvia begann zu rennen. Der Mann rannte auch. Was jetzt? Sollte sie bei einem der Häuser klingeln und hoffen, dass sie jemand hineinließ? Das erschien ihr zu unsicher, und außerdem würde natürlich der Mann sie längst eingeholt haben, bevor jemand die Tür öffnen könnte. Sie rannte weiter.

Sie rannte inzwischen so schnell, wie sie nur rennen konnte. Der Abstand zwischen ihr und ihrem Verfolger war jetzt etwas größer geworden. Sylvia bog in die *Bauwiesenstraße* ein, da war der Graben, auf dem sie als Kind mit den Schlittschuhen eingebrochen war. Und da war die Stelle, wo der Graben die Straße unterquerte. Es platschte, als Sylvia in das Wasser sprang. Es war zum Glück ganz flach, aber es war eisig kalt, und es roch eklig. Als Sylvia in das linke der beiden Rohre hineinkroch, sah sie gerade noch, wie der Mann hinter ihr den Hund losließ.

Das Mädchen kroch auf allen vieren in die dunkle Betonröhre hinein, aber schon war der Hund hinter ihr. Oder war es doch ein Wolf? Sylvia hatte keine Zeit, darüber nachzudenken. Bevor das Tier sie erreicht hatte, hatte sie schon das Feuerzeug gezückt, das ihr Vater ihr damals geschenkt hatte. Es zündete sofort, und die große Flamme bewirkte, dass das Tier eine Sekunde lang innehielt. Aber im nächsten Moment schnappte es nach ihr.

Es war ein Wolf. Es musste einfach ein Wolf sein, kein Hund hatte solch grauenhaft große Zähne! Noch einmal ließ Sylvia die Flamme aufblitzen, und als das nichts mehr half, streckte sie ihren linken Arm vor und hielt das Feuerzeug an ihre Jacke. Im Nu brannte der Ärmel lichterloh. Sylvia schlug damit nach dem Tier; das jaulte auf, wandte sich um und rannte davon.

Sylvia war gerettet. Nein, sie war nicht gerettet. Ihr Ärmel brannte, und sie sah mit Entsetzen, wie das Feuer an ihrem Arm hochkroch. Sie warf sich auf den Boden. Ihr Arm brannte, es tat höllisch weh, aber schon lag sie im Wasser, und die Flammen erstickten. Und der Wolf – nein, der Wolf kam nicht zurück. Sie hatte den Wolf vertrieben. Aber ihr Arm – was war mit ihrem Arm? Solange er im eiskalten Wasser lag, spürte sie keinen Schmerz. Nein, das war falsch. Sie spürte doch den Schmerz. Es war nur der Schock gewesen, ein kurzer Moment, in dem sie das Gefühl gehabt hatte, alles sei in Ordnung, aber es war nicht in Ordnung, ganz und gar nicht.

Sylvia biss die Zähne zusammen und kroch aus dem Rohr heraus, so schnell sie nur konnte. Es war ihr ganz egal, was draußen auf sie wartete, Wolf oder Mensch, sie musste hier raus, sie musste zu ihrer Mama nach Hause.

Als sie sich aufrichtete, sah sie, dass der Mann mit der Bestie verschwunden war. Es war überhaupt niemand auf der Straße. Sie begann, in die Richtung zurückzulaufen, aus der sie gekommen war. Ihre Beine fühlten sich an wie Eis, ihr rechter Arm auch, und der linke Arm schmerzte unerträglich. Sylvia heulte vor Schmerzen. Sie rannte weiter. Sie hoffte, dass die Qualen nachlassen würden, aber es wurde immer schlimmer. Sie wusste nicht mehr, was sie tat. Sie merkte nicht einmal, dass sie in die falsche Richtung lief – dorthin, wo sie früher gewohnt hatten. Schließlich schrie sie vor Schmerzen. Sie konnte nicht mehr weiter. Sie nahm kaum noch wahr, dass ein Auto neben ihr anhielt.

* * *

»Diese Mokkatorte ist ganz ausgezeichnet«, sagte Beelitz. Sie hatten sich in der Cafeteria des Universitätskrankenhauses getroffen.

»Danke, ich bleibe bei meinem Kaffee.« Bernd Kastrup hatte reichlich zu Mittag gegessen und keinen Hunger.

Er wusste, dass es nicht gern gesehen wurde, dass die Mitarbeiter der rechtsmedizinischen Abteilung hier herumsaßen; die Cafeteria war für Kranke und ihre Angehörigen gedacht, und Beelitz gehörte ganz offensichtlich zu keiner dieser Kategorien. Beelitz kümmerte sich nicht darum. Eine ältere Dame warf ihm einen merkwürdigen Blick zu und rückte ein Stück weiter von ihm ab.

»Es ist der Geruch«, sagte Bernd.

»Welcher Geruch? Ach, das meinst du! Nein, es ist nicht mehr so schlimm wie früher, aber ganz lässt es sich nicht vermeiden. Aber du hast recht, wenn es die Leute stört, können wir uns natürlich auch bei mir unterhalten ...«

Bernd winkte ab; er war froh, dass sie sich hier trafen und nicht drüben, wo Beelitz seine Untersuchungen durchführte. »Du hast also deine Ergebnisse«, sagte er.

»Ja, ich habe meine Ergebnisse. Und du? Was hast du herausgefunden?«

Bernd musste zugeben, dass sie bisher so gut wie gar nichts herausgefunden hatten. Die Tote war nach wie vor nicht identifiziert. Auch die Untersuchung der Kleidung hatte ihnen nicht weitergeholfen. Der Mantel war ein außergewöhnlich schönes und sicher auch teures Stück; die Nachfrage in den Bekleidungsgeschäften hatte jedoch nichts erbracht. Möglicherweise hatte die Tote ihn nicht in Hamburg gekauft.

»Das ist wenig«, sagte Beelitz.

»Aber du hast mehr?«

»Ja, ein bisschen mehr habe ich schon.« Der Mediziner sah den Kommissar über den Rand seiner Brille hinweg an.

Bernd fand, dass er sehr selbstzufrieden aussah. »Spann mich nicht auf die Folter.«

»Also, um mit dem Wichtigsten anzufangen: Das Tier ist nur als Werkzeug benutzt worden. Jemand hat diese Frau außer Gefecht gesetzt und dann das Tier auf sie gehetzt.«

»Außer Gefecht gesetzt? Du denkst an Benzodiazepine oder Temazepam oder irgend so etwas?«

»Ich denke an Alkohol.«

»Die Frau war betrunken?«

»Ja, die Frau war betrunken«, bestätigte Beelitz. »Sie war so betrunken, dass sie zwar noch aufrecht stehen konnte, dass sie aber dem Angriff des Tieres – was immer das gewesen sein mag – vollkommen hilflos gegenübergestanden hat. Sie war nicht in der Lage, sich zu wehren. Sie hat sich nicht gewehrt.«

»Was ist mit der Schramme an ihrer Hand?«

»Das ist eine Schürfwunde, die sie sich wahrscheinlich beim Sturz zugezogen hat, als das Tier sie angesprungen hat.«

Bernd schluckte. Es fiel ihm schwer, zu begreifen, dass Dr. Beelitz ihm diese unglaublichen Dinge erzählen konnte und nebenbei ein Stück Torte aß. »Das Tier«, sagte er. »Du sprichst immer nur von dem Tier. Was für ein Tier ist es denn nun, mit dem wir es hier zu tun haben?«

»In der Zeitung steht, dass es ein Wolf sein soll«, stellte Beelitz fest.

»Karl, es interessiert mich nicht, was in der Zeitung steht. Ich will wissen, was du dazu sagst!«

»Ich würde sagen, es kann ein Wolf gewesen sein.«

»Blödsinn!«

»Ein Wolf oder ein großer Hund. Vielleicht ein Schäferhund. Der sieht aus wie ein Wolf und kann beinahe so gut zubeißen wie ein Wolf.«

»Aber jedenfalls bist du dir sicher, dass es keine Katze gewesen ist«, bemerkte Bernd ärgerlich.

»Keine Katze. Auch kein Löwe oder Tiger oder Leopard oder so etwas. Die Bissspuren eines Hundes – oder eines Wolfes – sind sehr charakteristisch. Ich habe dir hier einen Aufsatz aus dem *International Journal of Legal Medicine* kopiert, da steht das alles drin. In dem Falle war es ein sechsjähriges Mädchen, das von den drei Rottweilern ihres Vaters getötet worden ist. Die charakteristischen Bissverletzungen am Kopf und im Nacken sind einfach klassisch ausgebildet. Und das typische Zahnbild der Hunde lässt keinen Zweifel übrig. Wenn du dir die Bilder ansiehst ...«

Bernd Kastrup schüttelte den Kopf. Er hatte nicht die Absicht, sich die Bilder eines zerfleischten Kindes anzusehen, solange das nicht unbedingt nötig war.

»Was unseren Fall angeht, so ist die Lage nahezu identisch. Auch hier hast du die spektakulären Verletzungen im Gesicht, und auch hier hast du die tödlichen Bisse im Halsbereich. Nur dass in diesem Fall der Hund von vorn gekommen ist, nicht von hinten.«

»Es war also ein Hund«, sagte Bernd.

»Es war *wahrscheinlich* ein Hund«, schränkte Beelitz ein.

»Nehmen wir einfach einmal an, dass es ein Hund gewesen ist!«

»Von mir aus. – Nach allem, was wir bisher wissen, hat die Frau eine größere Menge Alkohol konsumiert, warum auch immer, dann hat der Täter seinen Hund auf sie gehetzt, und anschließend hat er die tote oder sterbende Frau in den Kofferraum gepackt, in die Speicherstadt gefahren und dort abgelegt.«

»Und wo ist das passiert?«

»Die Tat selber?«

Beelitz zuckte mit den Schultern. »Das weiß ich nicht, das musst du herausfinden. – Warte einen Moment, ich hole mir schnell noch ein Stück Kuchen. Soll ich dir etwas mitbringen?«

»Nein danke.« Bernd hatte bis dahin nur an seinem Kaffee genippt. »Und ich wollte eigentlich sowieso jetzt gehen.«

»Du willst gehen? Dabei habe ich dir das Interessanteste noch gar nicht erzählt!«

Bernd musste sich gedulden, bis der Mediziner endlich an der Reihe war und mit seinem Stück Kuchen an ihren Tisch zurückkam.

»Das ist Apfelkuchen«, sagte er. »Die haben hier einen ganz hervorragenden Apfelkuchen. Mit Sahne, wenn du willst. Soll ich dir nicht doch ein Stück holen?«

Nein, Bernd wollte keinen Kuchen. »Du wolltest mir noch etwas erzählen«, erinnerte er Beelitz.

»Ja, natürlich. – Hier, guck dir das einmal an!« Der Arzt griff in seine Tasche und zog mehrere Fotografien heraus, die er vor Bernd auf den Tisch legte. Die Bilder zeigten die nackten Beine einer Frau.

»Ist das unsere Unbekannte?«, fragte Bernd.

Beelitz nickte. »Hier«, sagte er. »Siehst du das? Da, am rechten Unterschenkel?«

»Ist das eine Schussverletzung?«, fragte Bernd.

Beelitz nickte. »Ja, das ist eine Schussverletzung. Eine ziemlich alte Schussverletzung, würde ich sagen. Nicht besonders gut verheilt. Möglicherweise gar nicht medizinisch behandelt.«

Beelitz berichtete, was er sonst noch herausgefunden hatte. Die Frau war knapp 30 Jahre alt, keine Jungfrau, hatte aber keine Kinder und nach der Leber zu urteilen auch kein Alkoholproblem. Bernd hörte nur mit einem Ohr zu. Ihn interessierte vor allem die Schussverletzung. In Hamburg wurde selten geschossen. Wenn jemand angeschossen worden war, dann musste das normalerweise in den Akten stehen. Schussverletzungen gab es eigentlich nur bei Auseinandersetzungen zwischen rivalisierenden Banden – oder aber bei Auseinandersetzungen mit der Polizei, zum Beispiel bei einem missglückten Überfall.

»Kannst du dich an irgendeine Schießerei erinnern, bei der eine Frau eine Kugel ins Bein gekriegt hat?«, wollte Beelitz wissen.

Bernd schüttelte den Kopf. »Möglicherweise ist der Fall nicht gemeldet worden.«

In diesem Augenblick vibrierte Bernds Handy. »Entschuldige bitte.«

Beelitz winkte ab. Es war nicht das erste Mal, dass ein Gespräch zwischen Bernd Kastrup und ihm durch einen Anruf unterbrochen wurde.

Alexander Nachtweyh war am Telefon. »Bist du noch in Eppendorf?«

»Ja. Was gibt es?«

»Gut, dass du noch da bist. Wir haben ein zweites Opfer. Der Wolf hat erneut zugeschlagen. Die Nachricht ist gerade reingekommen. Ein Mädchen diesmal.«

Bernd erschrak. Das war genau das, wovor dieser Journalist ihn gewarnt hatte. Und jetzt war es eingetreten. »Ist sie ...?«

»Nein, sie lebt. Jedenfalls hat sie gelebt, als sie ins Krankenhaus eingeliefert wurde. Mehr weiß ich auch nicht.«

Gesche

Freitag, 21. November 2014

»Sie spricht nicht«, sagte Bernd Kastrup.

Jennifer Ladiges sah ihn an, als hätte er den Verstand verloren. »Das gibt's nicht«, sagte sie.

»Jedenfalls nicht mit mir.«

Bernd hatte das Mädchen im Krankenhaus besucht. Sie war bei Bewusstsein gewesen, und der Arzt hatte ihm versichert, dass es ihr den Umständen entsprechend gut gehe, sie habe nur Verbrennungen zweiten Grades davongetragen. Aber sie war nicht bereit, auf seine Fragen zu antworten. Sie hatte ihn nicht einmal angesehen, als er mit ihr sprach.

Jennifer schüttelte den Kopf.

»Und was ist nun eigentlich passiert?«, wollte Alexander Nachtweyh wissen.

»Das weiß keiner. Der Autofahrer, der sie eingesammelt hat, der hat nichts gesehen. Er hat nur das schreiende Mädchen entdeckt, auf der *Georg-Wilhelm-Straße* ist das gewesen, er hat angehalten, und als er gemerkt hat, dass sie ernsthaft verletzt ist, da hat er sie nach Eppendorf ins Krankenhaus gebracht.«

»Nach Eppendorf? Warum nicht nach Groß-Sand? Das ist doch nur um die Ecke ...«

»Ja, das UKE war sicher nicht das nächstgelegene Krankenhaus, aber egal, er kannte sich nicht aus in Hamburg, glaube ich, jedenfalls hat er sie ins Krankenhaus gebracht, sie ist medizinisch versorgt worden, und eigentlich ist alles in Ordnung.«

»Aber?«

»Aber in Wirklichkeit ist nichts in Ordnung. Wir haben lediglich ein neues Problem. Außer unserer Toten, von der wir nicht wissen, wer sie ist, haben wir jetzt auch noch ein Mädchen, das zwar lebt, aber nicht mit uns spricht, und auch von dem Mädchen haben wir bisher nicht einmal den Namen. Sie ist circa 14 bis 16 Jahre alt.«

»Vermisstenmeldung?«, fragte Alexander.

»Nein, bisher nicht.«

»Und wieso glaubst du, dass sie von unserem Wolf angefallen worden ist?«

»Das hat sie selbst gesagt. Im Auto, da hat sie noch geredet. Angeblich ist sie von diesem Wolf verfolgt worden, hat sich in irgendeinen Bach gerettet und hat sich dann offenbar selbst in Brand gesetzt, um das Untier zu vertreiben.«

»Mutig«, sagte Alexander.

Vincent schüttelte den Kopf. »Mit Mut hat das nichts zu tun«, sagte er. »Sie war in Panik, das ist alles.«

»Ja, gut, akzeptiert. Sie war in Panik. – Vielleicht wäre es am besten, wenn du, der du alles weißt, einmal mit ihr sprechen würdest.«

»Wahrscheinlich wäre es sinnvoller, wenn eine Frau mit ihr spricht«, erwiderte Vincent.

Jennifer nickte.

Ja, das wäre eine schöne Aufgabe für Jennifer, dachte Vincent.

Aber Bernd hatte andere Vorstellungen. »Du kannst zaubern«, sagte er zu Vincent. »Du bist der Einzige von uns, der zaubern kann. Wenn es einer schafft, sie zum Reden zu bringen, dann bist du das!«

»Ich kann es versuchen«, hörte Vincent sich sagen. Im nächsten Moment schalt er sich dafür, dass er auf diesen Vorschlag seines Vorgesetzten eingegangen war. Wieder einmal hatte Bernd ihn bei seiner Eitelkeit gepackt. Vincent Weber, der Zauberer! Dabei war er kein Zauberer. Er fühlte sich überfordert. Mit allem. Aber er würde tun, was er konnte. Er machte sich auf den Weg nach Eppendorf.

* * *

Die Krankenschwester, sie hieß Hilda, war bereit, Vincent Weber dem Mädchen vorzustellen. Die junge Patientin lag in ihrem Bett und blickte zur Wand.

»Du hast Besuch«, sagte Hilda.

Das Mädchen antwortete nicht. Ihr bandagierter linker Arm lag auf der Bettdecke.

»Das ist der Herr Weber«, sagte Hilda. »Er möchte sich gern mit dir unterhalten.«

Keine Reaktion.

Vincent hatte nicht die Absicht, dem Mädchen etwas vorzuschwindeln. »Ich sage es lieber gleich: Ich bin von der Polizei. Aber du brauchst dir deswegen keine Sorgen zu machen. Wenn du nicht mit mir reden willst, dann brauchst du das nicht zu tun. Jeder kann, wie es so schön heißt, die Aussage verweigern, und das kannst du auch.«

Das Mädchen schwieg.

»Du musst nicht mit mir reden, aber vielleicht könntest du mich ja wenigstens ansehen?«

Nein, sie sah ihn auch nicht an.

»Ich habe etwas mitgebracht«, fuhr Vincent unbeirrt fort, »was ich euch beiden gern zeigen möchte. Ich bin nämlich nicht nur Polizist, sondern ich bin auch Zauberer, und ich kann Dinge machen, von denen andere Menschen glauben, dass sie unmöglich sind.«

»Es gibt keine Zauberer«, murmelte das Mädchen leise.

»Wir werden sehen. – Was ich hier in meiner Jackentasche habe, das ist ein ganz gewöhnliches Kartenspiel.« Vincent zog einen Packen Karten aus der Tasche. Hilda inspizierte sie, fand nichts Überraschendes, es sah aus wie ein ganz normales Kartenspiel.

Das Mädchen reagierte nicht.

Vincent fuhr unbeirrt fort. »Schwester Hilda, ich möchte Sie jetzt bitten, eine Karte aus diesem Stapel auszuwählen.«

»Irgendeine Karte?«, fragte Hilda.

»Ja, irgendeine ganz beliebige Karte.«

Hilda besah sich die Karten von allen Seiten; schließlich nahm sie eine Karte ungefähr aus der Mitte des Packens. Es war die Pik Neun. Das Mädchen im Krankenbett tat so, als ob sie das Ganze nichts anginge, aber aus den Augenwinkeln schielte sie doch zu den Karten, die der Magier in den Händen hielt.

Vincent nahm die Pik Neun und legte sie als oberste Karte mit dem Bild nach oben auf den Stapel der übrigen Karten. Er starrte die Karten einen Moment lang an, dann bewegte er seine Hände über der Pik Neun hin und her und murmelte etwas, das sich anhörte wie ein lateinischer Zauberspruch.

Hilda schrie überrascht auf. Das Mädchen im Bett schreckte hoch. Beide sahen zu ihrer Verblüffung, dass die Pik Neun plötzlich über den anderen Karten schwebte und immer höher stieg, bis schließlich eine Lücke von mehreren Zentimetern entstanden war.

»Das ist ein Trick!«, rief das Mädchen. »Das geht gar nicht, das kann gar nicht gehen! Das hat irgendetwas mit der Karte darunter zu tun!«

Vincent lächelte. Er nahm die oberste Karte vom Stapel; die Pik Neun schwebte nach wie vor über dem Stapel, senkte sich schließlich wieder und lag auf den anderen Karten wie zu Beginn der Darbietung.

»Wie geht das? Wie haben Sie das gemacht?«

Jetzt war es Vincent Weber, der keine Antwort gab. Er lächelte, sammelte seine Karten ein und ließ sie wieder in seiner Jackentasche verschwinden.

»Das habe ich noch nie gesehen«, sagte Hilda.

»Das will ich gern glauben«, erwiderte Vincent. Dies war einer der neueren Kartentricks, den die Firma Tenyo erst vor vier Jahren auf den Markt gebracht hatte, aber der Polizist hatte nicht vor, diese Information preiszugeben.

»Aber Sie erzählen uns vermutlich nicht, wie Sie das gemacht haben, oder?«, fragte Schwester Hilda.

Vincent schüttelte den Kopf. »Wir Zauberer verraten unsere Tricks nicht.«

»Noch mal!«, verlangte das Mädchen.

Doch Vincent Weber war nicht bereit, den Trick zu wiederholen. »Es gibt etwas anderes«, sagte er, »was genauso aussieht wie Zauberei und was ich dir zeigen kann. Es ist ein Kartentrick, den man zum Beispiel auf Geburtstagen vorführen kann, und es dauert lange, bis jemand begreift, wie das funktioniert. Wollt ihr das sehen?«

Ja, seine beiden Zuschauer wollten das sehen.

Der selbsternannte Zauberer nahm ein Kartenspiel aus der Tasche – es war nicht dasselbe wie beim vorhergehenden Trick – und legte neun Spielkarten auf die Bettdecke, drei Reihen zu je drei Karten. Vincent betrachtete die Karten, verschob sie noch ein bisschen, bis sie seiner Meinung nach richtig lagen, und dann schickte er Hilda aus dem Raum.

»Du kannst dir jetzt eine der Karten aussuchen«, sagte Vincent. »Wie heißt du überhaupt?«

»Sylvia«, sagte Sylvia.

»Also pass gut auf, Sylvia. Du wählst jetzt eine der Karten aus ...«

Sylvia entschied sich für die Herzdame, die oben links lag.

»Jetzt merkst du dir gut, für welche Karte du dich entschieden hast, aber du verrätst es nicht. Und Hilda soll erraten, welche Karte du gewählt hast.«

»Wie soll sie das erraten?«, wunderte sich Sylvia.

»Das weiß ich auch nicht«, behauptete Vincent. »Mal sehen, ob das Erraten von Spielkarten zur Ausbildung von Krankenschwestern gehört.« Hilda wurde hereingerufen. Vincent sagte: »Liebe Schwester Hilda, unsere Sylvia hat eine dieser neun Karten«, bei diesen Worten tippte er kurz auf die mittlere Karte, »ausgewählt, und Ihre Aufgabe ist es jetzt, uns zu sagen, für welche Karte sie sich entschieden hat.«

Nun stellte sich heraus, dass in der Tat das Raten von Spielkarten zum Allgemeinwissen einer gut ausgebildeten Krankenschwester gehörte. Hilda lächelte verschmitzt und zeigte dann ohne zu zögern auf die Herzdame.

Sylvia war fassungslos. »Das geht doch gar nicht! Wie haben Sie das gemacht? Das können Sie doch gar nicht wissen! Das war – das war reiner Zufall, dass Sie die richtige Karte getroffen haben!«

Das Experiment wurde wiederholt, und auch dieses Mal gelang es der Krankenschwester ohne Mühe, die richtige Karte zu identifizieren.

Es dauerte fast eine halbe Stunde, bis Sylvia schließlich den Trick durchschaute. Sie war begeistert. Schwester Hilda verabschiedete sich; sie sagte, sie müsse sich jetzt um das Essen kümmern, sonst müssten sie alle verhungern. Vincent Weber blieb allein mit der jungen Patientin zurück.

»Sylvia«, sagte er, »ich habe dir vorhin gesagt, dass ich nicht nur Zauberer bin, sondern auch Polizist. Und als Polizist möchte ich gern wissen, was dir gestern passiert ist, denn ich möchte dafür sorgen, dass so etwas niemals wieder passieren kann.«

Das Mädchen zögerte. »Ich möchte nicht darüber sprechen.«

»Du musst nichts sagen, was du nicht sagen möchtest«, versprach ihr Weber. »Aber wahrscheinlich gibt es doch Dinge, die harmlos sind und über die wir zusammen reden können.«

Sylvia sah ihn zweifelnd an.

»Ich denke, eines der harmlosen Dinge, die du mir erzählen kannst, das ist dein Name. Du hast mir schon verraten, dass du Sylvia heißt. Könntest du mir nicht auch noch deinen Nachnamen verraten?«

»Schröder«, sagte sie.

»Sylvia Schröder. Und du wohnst in Wilhelmsburg?«

Sie nickte.

»Willst du mir sagen, wo das ist, damit ich deinen Eltern Bescheid sagen kann? Die machen sich sicher inzwischen ...« Vincent hielt inne. Als er die Eltern erwähnt hatte, war das Mädchen zutiefst erschrocken.

»Ich möchte nicht darüber sprechen«, sagte Sylvia leise.

»Das brauchst du auch nicht«, versicherte Vincent Weber. »Wir können uns gleich weiter unterhalten, aber ich müsste jetzt zwischendurch mal – darf ich mal dein Klo benutzen?«

Sylvia nickte. Sie hatte ein Einzelzimmer bekommen, um sie vor neugierigen Fragen zu schützen, und sie hatte einen eigenen Waschraum. Als der Polizist darin verschwand, hatte Sylvia plötzlich das Gefühl, alles falsch gemacht zu haben. Der Mann hatte ihren Namen. Er würde sofort im Präsidium anrufen, und die Polizei würde bei ihnen zu Hause auftauchen, und das Ende vom Lied wäre dann, dass sie von ihrer Mutter getrennt und in irgendein Heim gesteckt würde. Scheiße!

Sie lauschte, was der Polizist im Waschraum machte. Die Wände waren dünn; man hörte jedes Geräusch. Der Mann pinkelte tatsächlich. Und er telefonierte nicht. Sylvia atmete auf. Dieser Polizist war jemand, dem man vertrauen konnte.

Vincent kam sich derweil vor wie ein Verräter. Er hatte nicht telefoniert; er hatte eine SMS an Bernd geschickt und ihm den Namen des Mädchens übermittelt. Es sollte keine Mühe bereiten, ihren Wohnsitz herauszufinden und ihre Angehörigen zu benachrichtigen. Das war wichtig. Sie wussten noch immer nicht, warum Sylvia überfallen worden war. War es reiner Zufall gewesen oder hatte sich der »Wolf von Hamburg« dieses Mädchen bewusst ausgesucht? – Ja, Vincent hatte alles richtig gemacht, aber dennoch kam er sich mies vor.

»Du hast nicht telefoniert?«, fragte Sylvia zur Sicherheit.

»Nein«, sagte Weber, »ich habe nicht telefoniert.«

»Musst du jetzt weg?«

»Nein. Ich bleibe, solange du willst.«

Sylvia sagte nichts.

»Ich würde gern noch länger mit dir reden. Wenn du nicht über deine Familie reden möchtest – vielleicht können wir über etwas anderes reden.«

»Sind Sie ein richtiger Zauberer?«, fragte Sylvia.

»Richtige Zauberer gibt es nicht. Wir sind Illusionisten, keine Zauberer.«

»Ja, klar. Ich meine, ob Sie mit Ihren – mit Ihren Zaubertricks auch schon mal aufgetreten sind.«

»Ja, bin ich.« Das war ein Teil seines Lebens, über den Vincent nicht gern redete. Aber nun gab es kein Zurück; wenn er Offenheit erwartete, musste er selbst offen sein.

»Was können Sie alles machen? Haben Sie schon mal eine Jungfrau zersägt?«

»Ich habe es versucht«, sagte Weber, ohne mit der Wimper zu zucken. »Ich habe es versucht, aber es hat nicht geklappt. Sie hat geschrien, und da habe ich aufgehört.«

Sylvia lachte. Sie konnte nicht wissen, dass es tatsächlich einen Unfall gegeben hatte. Zum Glück war alles glimpflich abgegangen, aber Weber hatte danach die berufsmäßige Zauberei endgültig an den Nagel gehängt.

»Und – Feuerschlucken? Können Sie das auch?«

»Feuerschlucken und Feuerspucken. Ja, das kann ich auch. Feuerspucken ist das Interessantere. Aber das darf ich hier im Krankenhaus nicht machen.«

»Und wie geht das?«

»Es gibt verschiedene Möglichkeiten«, sagte Weber. »Die meisten davon sind höllisch gefährlich. Wenn du Alkohol oder Petroleum nimmst, schädigst du deine Gesundheit, und obendrein ist die Gefahr riesengroß, dass die Flamme zurückschlägt und du dir das Gesicht verbrennst.«

»Aber das, was man da in die Luft pustet, das muss doch leicht brennen, und da sind Sachen wie Petroleum doch sicher besonders gut ...«

Weber registrierte, dass das Mädchen sich offenbar zumindest in Gedanken schon mit dieser Materie befasst hatte. Er sagte: »Das ist falsch. Zum Feuerspucken nimmt man nichts, was besonders gut brennt, sondern etwas, was besonders schlecht brennt.«

»Das verstehe ich nicht.«

»Das Feuer, das du erzeugst, das ist keine richtige Flamme, sondern eine Art Feuerball. Der kommt dadurch zustande, dass du eine Staubexplosion erzeugst. Das geht mit ganz normalem Mehl, aber besser geeignet sind die Sporen von Bärlapp.«

»Von Bärlapp? Und woher kriegt man die?«

Vincent erzählte es ihr. Sylvia ließ sich von ihm in die Geheimnisse des Feuerspuckens einweihen. Eigentlich waren es keine großen Geheimnisse, und es konnte nicht viel schiefgehen, solange man sich an die Sicherheitsregeln hielt. Vincent verschwieg, dass er selbst sich nicht daran gehalten hatte. Bärlapp war sicherer, aber Petroleum gab die bessere Flamme.

»Du hast ja selbst einige Erfahrung mit Feuer hinter dir«, sagte Weber schließlich. »Und du weißt, wie gefährlich Feuer ist und wie leicht etwas schiefgehen kann. – Wie ist das denn nun eigentlich genau gewesen?«

Vincent registrierte, dass eine schlagartige Veränderung mit dem Mädchen vorging. Hatte sie eben noch ganz offen mit ihm über seine Zauberei geredet, so war sie jetzt plötzlich wieder verschlossen wie eine Auster.

»Möchtest du nicht darüber reden, was gestern passiert ist?«

Sylvia schwieg.

»Du hast dem netten Mann, der dich gefunden und der dich hierher ins Krankenhaus gebracht hat, erzählt, dass ein Wolf dich überfallen hat.«

»Es war ein Hund«, sagte Sylvia leise. »Es gibt keine Wölfe in Hamburg.«

»Und wie ist das mit deinem Arm passiert?«

»Der Hund – er wollte mich beißen. Er wollte über mich herfallen. Und ich – ich habe das Feuerzeug genommen und ihn damit erschreckt. Aber das hat nicht ausgereicht. Da habe ich meinen Ärmel angezündet und bin damit auf ihn losgegangen. Und da ist der Hund weggelaufen.«

»Hast du diesen Hund vorher schon einmal gesehen?«

»Nein.«

»Und warum hast du gestern gesagt, dass das ein Wolf gewesen ist, der dich angegriffen hat?«

Sylvia schüttelte den Kopf. »Das habe ich nicht gesagt.«
»Aber der Mann hat behauptet ...«
»Der Mann hat das missverstanden.«
»Wieso missverstanden? Das verstehe ich nicht.«
Sylvia Schröder sah den Polizisten ängstlich an. »Mehr sage ich nicht«, sagte sie.

* * *

»Sylvia Schröder«, sagte Bernd Kastrup. »Das ist der Name des Mädchens. Jetzt kommen wir endlich einen Schritt weiter!«

»Jetzt kommen wir sogar zwei Schritte weiter«, ergänzte Jennifer. Soeben war eine Vermisstenmeldung eingegangen, und die Beschreibung der Person passte genau auf die unbekannte Tote, die sie vor Bernds Haustür gefunden hatten. »Die Tote aus der Speicherstadt heißt Karolin Meister«, sagte sie.

»Karolin Meister.« Der Name sagte Bernd nichts. Und auch von einer Sylvia Schröder hatte er noch nie etwas gehört. Er war erleichtert. Dieser Fall betraf ihn nicht persönlich, er brauchte nicht zu befürchten, dass ihn irgendjemand wegen Befangenheit von der Bearbeitung abziehen würde, sondern er konnte ganz normal weiterarbeiten.

Während Jennifer weitere Informationen über das erste Opfer des »Wolfs von Hamburg« einholte, hatte Alexander über das Melderegister herausgefunden, wer Sylvia Schröder war. »Sie wohnt mit ihrer Mutter in der *Veringstraße*«, sagte er.

»Was ist mit dem Vater?«, wollte Bernd wissen.

»Keine Ahnung. Hier sind nur diese beiden Personen gemeldet. Das Mädchen ist übrigens 14 Jahre alt und geht in Wilhelmsburg zur Schule.«

»Fein«, sagte Bernd. »Versuch mal, die Frau Schröder ans Telefon zu kriegen.«

»Schon versucht«, erwiderte Alexander. »Aber sie steht nicht im Telefonbuch. Wahrscheinlich hat sie überhaupt gar keinen Festnetzanschluss.«

»Gut, dann fahrt ihr eben hin und stattet der Dame einen Besuch ab.«

»Wer fährt?«

»Vincent und Jennifer. Vincent muss jeden Moment zurück sein. – Was hast du gesagt, wie heißt die Frau?«

»Schröder.«

»Das weiß ich. Aber wie mit Vornamen?«

»Gesine. Gesine Schröder. Das hört sich an, als ob sie mindestens 100 Jahre alt ist.« Alexander lachte.

Bernd lachte nicht. Schlagartig war ihm klar geworden, dass er diese Frau doch kannte. Aber nicht als Gesine. Gesche hatte er zu ihr gesagt. Und Schröder hatte sie auch nicht geheißen. Das war unendlich lange her. Ein Vierteljahr hatten sie zusammen ausgehalten; dann hatte er sie aus den Augen verloren.

Bernd nippte an seinem Kaffee. Wenn Gesche im Spiel war, dann war er auch im Spiel. Dann ging es in diesem Fall wirklich um ihn. Aber keiner der Kollegen konnte das wissen. Höchstens Vincent, der war damals schon mit dabei gewesen. Aber nein, Vincent wusste auch nichts. Und wenn er etwas wusste, würde er nicht darüber reden.

Das Telefon klingelte.

»Kastrup?«

»Ich habe inzwischen noch mehr über die Wölfe herausgefunden«, sagte Antje.

»Ja.« Die Wölfe hatte Bernd inzwischen geistig bereits abgehakt. Aber es wäre grob unhöflich gewesen, die Ergebnisse nicht entgegenzunehmen, die bei ihrer Recherche herausgekommen waren. »Wo wollen wir uns treffen?«

»Wir sind erwachsene Menschen, Bernd. Wir können uns überall treffen«, sagte Antje.

»Im Prinzip ja«, gab Bernd zu. Aber eben nur im Prinzip. Das Thema hatten sie schon wiederholt bis zur Erschöpfung diskutiert. »Wo also soll es diesmal sein?«

»Kennst du das kleine Café in den *Colonnaden*?«

* * *

»Ich habe Glück gehabt«, sagte Antje. »NINA hat eine wunderschöne Ausarbeitung zu diesem Thema gemacht.«

»Nina?« Bernd runzelte die Stirn. Wen hatte Antje da zurate gezogen? »Du solltest doch niemandem …«

Antje lachte. Nina war das *Norsk institutt for naturforskning*, und das hatte eine umfangreiche Studie veröffentlicht zum Thema *The fear of wolves: A review of wolfs attacks on humans*. Antje hatte alles ausgedruckt, sie überreichte Bernd den Stapel DIN-A4-Seiten.

»Danke«, murmelte Bernd. Die Norweger hatten freundlicherweise ihren Text auf Englisch verfasst. 67 Seiten. Schade war nur, dass Bernds Fremdsprachenkenntnisse zu wünschen übrig ließen.

»Was steht drin?«, fragte er.

»Alles.«

»Wunderbar. Aber kannst du mir den Inhalt vielleicht etwas ausführlicher zusammenfassen?«

»Am besten ist es, wenn du dir das alles selbst durchliest!«

»Bitte«, beharrte Bernd.

»Also gut. In dem Text steht, dass die Einstellung des Menschen zum Wolf äußerst emotional ist. Es gibt geradezu eine hysterische Angst vor Wölfen. Dabei ist bekannt, dass durch Bären wesentlich mehr Menschen zu Tode kommen als durch

Wölfe. Aber die Menschen nehmen das nicht wahr. Sie wollen das nicht wahrnehmen, und durch die Wolfshysterie ist es äußerst schwierig, ein vernünftiges Management der Wölfe zu planen.«

Bernd interessierte sich nicht für das Management von Wölfen. Er sagte: »Bei uns gibt es keine Bären, bei uns gibt es nur Wölfe. Also haben unsere braven Bundesbürger keine Angst vor Bären, sondern höchstens vor Wölfen.« Er überflog die Seiten, die Antje ihm kopiert hatte. Zweispaltig gedruckter Text, schwer zu verstehendes Englisch. Er würde die Kopien an Alexander weitergeben. Bei einer Tabelle im Anhang blieb Bernds Blick hängen. »Und das hier?« Er wies auf die Zahlen.

Es ging um Angriffe von Wölfen in Schweden. Die Zahlen stammten aus der ersten Hälfte des 19. Jahrhunderts. Da stand:

1820	Junge, 3,5 Jahre	getötet
1821	Junge, 7,5 Jahre	angegriffen
1821	Junge, 6,5 Jahre	angegriffen
1821	Junge, 6,5 Jahre	getötet
1821	Junge, 12 Jahre	angegriffen
1821	Junge, 7 Jahre	getötet

Und so weiter.

»Das klingt aber nicht so beruhigend«, sagte Bernd.

Antje zuckte mit den Achseln. »Das sind natürlich ganz alte Zahlen, und die Genauigkeit der Angaben ist schwer zu überprüfen. Fest steht jedenfalls, dass die meisten nachgewiesenen Angriffe in jüngerer Zeit auf Tollwut zurückzuführen sind. Tollwütige Wölfe sind in der Tat sehr gefährlich, aber wie du weißt, ist die Tollwut im Bereich der Bundesrepublik Deutschland aufgrund der Schutzimpfungen im Prinzip ausgestorben.«

»Was meinst du mit ›im Prinzip‹?«

»Zwischen 1977 und 2000 hat es in Deutschland nur fünf Fälle von Tollwut bei Menschen gegeben; drei davon gehen auf eine Infektion im Ausland zurück.«

»Ich rede nicht von Menschen, ich rede von Tieren. Von Wölfen zum Beispiel.«

»Darüber weiß ich nichts«, musste Antje zugeben.

»Was machen tollwütige Wölfe?«, wollte Bernd wissen.

»Wenn die Krankheit ernsthaft ausbricht, beißen sie wie wild um sich. Einen Tag lang. In diesem Bericht steht, dass in Indien ein tollwütiger Wolf im Laufe eines Tages zwölf Menschen gebissen hat. Die meisten Opfer haben überlebt, aber einige sind auch gestorben. Es gibt bis heute kein wirksames Mittel gegen Tollwut.«

Bernd Kastrup fragte sich, ob es wirklich eine gute Idee war, ein potenziell so gefährliches Tier in Deutschland wieder heimisch zu machen. Für den Schutz des Tigers traten nur die Leute ein, die sich ganz sicher sein konnten, dass er ihre Kinder jedenfalls nicht fraß. Bei den Wölfen war es wohl nicht anders.

* * *

»Da brennt Licht«, sagte Jennifer. Bei Schröders schien jemand zu Hause zu sein.

»Wunderbar«, brummte Vincent. Er hatte die ganze Zeit schon ein ungutes Gefühl. Warum hatte die Mutter sich nicht längst bei der Polizei gemeldet? Irgendetwas war hier nicht in Ordnung. Es hatte eine ganze Weile gedauert, bis Alexander die richtige Adresse herausgesucht hatte. Sylvia Schröder aus Wilhelmsburg – im Melderegister stand noch ihr alter Wohnsitz.

Jennifer klingelte. Es tat sich nichts. Jennifer klingelte noch einmal. Die beiden Polizisten warteten vergeblich auf eine Reaktion.

»Lass mich mal«, sagte Vincent schließlich. Er drückte den Daumen mit großer Kraft mindestens eine Minute lang auf den Klingelknopf, dann wartete er. Nichts.

Jennifer lief über die Straße und versuchte von der anderen Seite in die Wohnung hineinzusehen. Aber es gab nichts Besonderes zu sehen. Jedenfalls bewegte sich dort niemand, und es stand auch niemand hinter der Gardine und versuchte, sie zu beobachten.

Vincent klingelte im Erdgeschoss. Der Türöffner summte, und jetzt konnten sie wenigstens in das Haus hinein.

In der Tür zu der Wohnung rechts unten stand ein kleiner, dicker Mann, der sie misstrauisch ansah: »Zu wem möchten Sie?«

»Kriminalpolizei. Wir möchten zu Frau Gesine Schröder.«
»Polizei? Kann ich mal bitte Ihren Ausweis sehen?«
Vincent Weber zeigte ihm seinen Ausweis.
»Und warum klingeln Sie bei mir, wenn Sie zu der Frau Schröder wollen?«

»Frau Schröder macht nicht auf.« Jennifer erläuterte, dass sie unbedingt mit Frau Schröder sprechen müssten und dass sie vermuteten, dass die Frau da sei, weil oben in der Wohnung Licht brenne.

»Sie sind nicht zufällig der Hausmeister, oder?«, wollte Vincent wissen.

Der Mann schüttelte den Kopf. »Nee, so was gibt's hier nicht.«
»Schade.«

Vincent und Jennifer gingen nach oben; der kleine Mann sah ihnen neugierig nach. Es war offensichtlich, dass er am liebsten mitgekommen wäre, aber er traute sich nicht.

»Und jetzt?«, fragte Jennifer.

Weber horchte an der Wohnungstür. Drinnen war kein Geräusch zu hören. Er fasste den Türknopf. Die Tür war verschlossen. Er hatte nichts anderes erwartet. »Wir müssen da rein«, sagte er. »Gefahr im Verzug.«

Während die Haustür unten ein modernes Sicherheitsschloss aufwies, war die Wohnung nur durch ein normales Schloss gesichert.

»Kriegst du das auf?«, fragte Weber.

Jennifer nickte. Sie hatte gelernt, wie man Schlösser aufbekam. Es dauerte keine Minute, bis sie die Tür geöffnet hatte. »Voilà!«, sagte sie.

Sie traten ein. Niemand zu sehen. Sie öffneten alle Türen. Niemand zu Hause. Alles war aufgeräumt, und selbst in der Küche stand kein schmutziges Geschirr in der Spüle.

»Ist sie das?«, fragte Jennifer. Sie deutete auf ein Foto, das im Wohnzimmer an der Wand hing.

»Ja, das muss sie sein.« Es war eine ältere Aufnahme; die Farben waren verblichen. Das Bild zeigte Gesine Schröder, wie sie vor circa acht Jahren ausgesehen hatte.

»Sie heißt nicht Schröder«, sagte Weber.

»Bitte?«

»Ich kenne die Frau. Sie war in einen Fall verwickelt, den wir bearbeitet haben.«

»Davon weiß ich nichts.«

»Das war vor deiner Zeit.«

Jennifer nahm das Bild von der Wand. »Eine hübsche Frau«, sagte sie.

»Ja.« Damals war sie eine hübsche Frau gewesen. Gesche hatte Bernd sie genannt. Als sie sich unbeobachtet glaubten, hatte Bernd sie geküsst. Sie war verheiratet gewesen damals, und das Mädchen – von einem Kind war damals nicht die Rede gewesen. Die Aufnahme war quadratisch, und Vincent hatte das Gefühl, dass etwas nicht richtig war. Der Bildaufbau stimmte nicht.

»Was guckst du?«, fragte Jennifer.

»Irgendetwas ist falsch.«

»Das Kind«, sagte Jennifer, und dann sah Vincent es auch, was hier falsch war. Die Mutter hielt das Kind an der Hand. Das war völlig normal. Aber wenn man genau hinsah, dann konnte man ahnen, dass das Mädchen auch jemand an der anderen Hand hielt. Aber die rechte Hand ging ins Leere; man sah nicht, wer das war.

»An der anderen Hand war der Vater«, sagte Vincent. »Die Schröder hat ihn offenbar aus ihrem Leben getilgt. Sie hat ihn abgeschnitten.«

Vincent sah zu, wie seine junge Kollegin den Küchenschrank durchsuchte. In Gedanken war er weit weg. Er war sich sicher gewesen, dass diese Gesche gelogen hatte damals. Sie war mit einem Freispruch davongekommen, während ihr Partner ...

»Guck mal, was ich gefunden habe!« Jennifer hielt ein Sparbuch in die Höhe.

Der Inhalt bot keine Überraschungen. Das Buch war ausgestellt auf Gesine Schröder. Vor drei Jahren hatte jemand das Buch eingerichtet und 3000 Euro eingezahlt; danach war nichts mehr passiert. Niemand hatte sich die Mühe gemacht, die Zinsen nachtragen zu lassen.

Vincent überlegte. Es war ein Überfall gewesen. Er versuchte, sich an den Fall zu erinnern. Ein Überfall auf ein Juweliergeschäft, mitten in der Innenstadt. *Jungfernstieg*? *Neuer Wall*? Irgendwo dort jedenfalls. Und es war geschossen worden.

Ja, richtig, jetzt fiel es ihm wieder ein. Der Besitzer des Ladens, ein älterer Herr, hatte zunächst alles getan, was von ihm verlangt wurde. Aber dann, als eigentlich schon alles vorbei war und der Täter auf dem Weg nach draußen war, hatte er in die Schublade gegriffen, und darin lag eine Pistole. Er hatte geschossen; der Täter hatte zurückgeschossen, und als die Polizei schließlich am Tatort eintraf, war der Juwelier tot.

Es gab keine brauchbaren Zeugen, es gab keine Fingerabdrücke, und sie hatten schon geglaubt, dass der Fall nie geklärt werden würde, aber dann hatte sich ein junges Mädchen gemeldet, ganz schüchtern, und gesagt, dass der Täter den Tipp möglicherweise von ihr bekommen habe. Sie hatte vertretungsweise ein paar Wochen lang in dem Laden gearbeitet, kannte also die Gewohnheiten des Juweliers, und hatte ihrem Freund erzählt, dass der Mann abends immer allein in seinem Laden sei, um die Tageseinnahmen noch einmal zu überprüfen und anschließend zur Bank zu bringen. Sie hatte sich gar nicht vorstellen können, warum ihr Freund sich für diese Details interessierte, aber als sie dann die Geschichte von dem Überfall in der Zeitung gelesen hatte, und als obendrein ihr Freund wenig später nichts mehr von ihr wissen wollte, da hatte sie sich bei der Polizei gemeldet.

»Und das war diese Gesine Schröder?«

Nein, das war nicht Gesche gewesen. Gesche war erst viel später ins Spiel gekommen. Es war ihnen damals rasch gelungen, den Freund des Mädchens ausfindig zu machen. Und als sie sich ernsthaft mit ihm unterhalten hatten, da war er sehr schnell damit herausgerückt, dass ein Bekannter ihn zu diesem Überfall überredet hatte. Er selbst sei allerdings gar nicht mit in dem Laden gewesen, sondern habe draußen auf der Straße Wache gestanden. Und mit der Schießerei habe er nichts zu tun.

Sie waren zu dritt gewesen damals bei dem Überfall. Lüdtke hatte der Mann geheißen, jetzt fiel es ihm wieder ein. Karl-Heinz Lüdtke. Er hatte behauptet, dass er draußen gewartet habe, während die anderen beiden, das Pärchen, den Überfall ausgeführt hätten.

»Die junge Frau war die Schröder?«, wollte Jennifer wissen.

Vincent schüttelte den Kopf. »Der Mann von der Schröder war dabei gewesen damals, zusammen mit einer Freundin. Seine Ehefrau, die Gesine, hatte angeblich von der ganzen Geschichte nichts gewusst. Bernd hat ihr geglaubt damals.«

»Aber du hast ihr nicht geglaubt?«

»Nein. Er fand sie sehr überzeugend. Ich nicht. – Egal, das ist Schnee von gestern. Sie ist jedenfalls nicht vor Gericht gestellt worden, und der Fall ist erledigt. Sie hieß übrigens nicht Schröder damals, sondern Dreyer. Ich nehme an, sie hat sich inzwischen scheiden lassen und ihren Mädchennamen wieder angenommen.« Das war es jedenfalls, was sie damals vorhatte. Das war es, was Bernd erzählt hatte. Und Bernd hatte ein paar Wochen lang geglaubt, dass sie beide am Ende ein Paar sein würden.

Vincent setzte sich in den Sessel und starrte vor sich hin. Er wusste jetzt, was passiert war. Er wusste jetzt, wie alles zusammenhing. Dreyer war der Einzige gewesen, der damals verurteilt worden war. Seine Freundin war auf Bewährung freigekommen; sie hatte alle Schuld auf ihn abgewälzt. Seine Freundin – an den Namen konnte er sich nicht mehr erinnern. Dreyer war vermutlich wieder draußen, und er hatte angefangen, sich an den Leuten zu rächen, denen er die Gefängnisstrafe zu verdanken hatte. Die Tote in der Speicherstadt, das war vermutlich seine Ex-Freundin. Die hatte er umgebracht, und dann hatte er den Anschlag auf seine Tochter ausgeführt ...

»Warum hat er versucht, seine Tochter umzubringen?«, wollte Jennifer wissen. »Die hat doch mit der ganzen Geschichte überhaupt nichts zu tun. Sie ist ein Kind gewesen damals.«

»Ich habe keine Ahnung«, musste Vincent zugeben.

***

»Warum hat er versucht, seine Tochter umzubringen?«, das war auch die erste Frage, die Bernd Kastrup stellte. Sie saßen im Besprechungszimmer und tauschten ihre neuesten Erkenntnisse aus.

»Vielleicht um seine Frau zu bestrafen?«

»Seine Frau verstehe ich nicht«, sagte Jennifer. »Sie kann doch gar nicht wissen, was passiert ist. Bis jetzt ist doch nichts an die Öffentlichkeit gedrungen. Gesine Schröder hat vermutlich gewartet, dass ihre Tochter von der Schule nach Hause kommen sollte. Und als sie nicht gekommen ist, da hat sie sich einfach abgesetzt. Sie hat nicht einmal versucht, herauszufinden, was passiert ist. Sie weiß, dass dieser Dreyer hinter ihr her ist und dass sie mit Sicherheit eines der nächsten Opfer sein wird, und das genügt ihr.«

»Es ist müßig, darüber zu spekulieren«, sagte Vincent. »Wir werden sie danach fragen, wenn wir sie gefunden haben.«

»An dem Überfall damals war außer Dreyer und dieser Karolin Meister noch eine dritte Person beteiligt. Karl-Heinz Lüdtke. Ein finsterer Bursche. Ich hatte damals das Gefühl, dass in Wirklichkeit er es war, der geschossen hatte.«

»Aber der hat nicht gesessen?«

Bernd schüttelte den Kopf. »Er hat alles abgestritten. Und er hatte einen guten Anwalt.«

»Und was machen wir jetzt?«

»Das Erste, was getan werden muss, das ist, dass wir einen Schutz für Sylvia Schröder organisieren. Das Mädchen ist nach wie vor gefährdet. Ich will, dass rund um die Uhr jemand Wache hält.«

»Ich könnte das übernehmen«, sagte Jennifer rasch.

»Du?«

»Wenn ich einen weißen Kittel anziehe, dann denkt jeder, dass ich eine Krankenschwester bin.«

Bernd schüttelte den Kopf. »Das ist Sache der Schutzpolizei. Kommissariat 23 in der *Troplowitzstraße*. Rufst du da bitte an? Ich versuche inzwischen, den Lüdtke aufzutreiben.«

»Den Lüdtke? Wahrscheinlich ist das gar nicht so schwer«, sagte Vincent. »Wahrscheinlich sitzt der Kerl längst im Gefängnis.«

* * *

Karl-Heinz Lüdtke saß nicht im Gefängnis. Er arbeitete als Kellner und wohnte zur Untermiete bei einer alten Dame in Eimsbüttel.

»Das ist aber eine Überraschung«, sagte er, als er die Tür öffnete und Bernd erblickte. »Ich habe nicht damit gerechnet, Sie noch einmal wiederzusehen.«

»Darf ich hereinkommen?«

»Ja, bitte. Wenn Sie vorher angerufen hätten, hätte ich noch ein bisschen aufgeräumt, aber so müssen Sie halt mit dem Chaos vorliebnehmen, in dem ich hier lebe.«

Das Chaos hielt sich in Grenzen. Bernd hatte schon viel schlimmere Wohnungen gesehen.

»Sie haben Glück, dass Sie mich überhaupt hier antreffen. In einer halben Stunde wäre ich weg gewesen. Meine Schicht beginnt heute um 20.00 Uhr.«

»Ein harter Job«, sagte Bernd ohne allzu viel Mitgefühl.

»Man gewöhnt sich an alles. – Was kann ich für Sie tun?«

Der Mann trat mit einer Selbstsicherheit auf, die darauf schließen ließ, dass er jedenfalls nicht befürchtete, wegen irgendeiner Straftat zur Verantwortung gezogen zu werden.

Hatte er am Ende wirklich ein ehrliches Leben angefangen? Bernd konnte sich das nur schwer vorstellen. »Dreyer ist draußen«, sagte er.

Lüdtke nickte. Es war nicht erkennbar, ob er das wusste oder nicht. Er tat zumindest so, als ob ihn das überhaupt nichts anginge.

»Es sieht so aus, als ob Ihr damaliger Freund …«

»Also: Freunde sind wir nie gewesen«, wehrte Lüdtke ab. »Bekannte waren wir, mehr nicht. Ich hatte den Kerl bei der Bundeswehr kennengelernt. Und ich habe zu spät gemerkt, was für ein Windhund das ist.« Er zuckte mit den Schultern. »Meine Menschenkenntnis war damals nicht allzu gut ausgebildet.«

»Es sieht so aus, als ob Ihr damaliger Bekannter inzwischen dabei ist, sich an denjenigen Leuten zu rächen, die er dafür verantwortlich macht, dass er damals in den Bau gegangen ist«, sagte Bernd.

»Damit kann er mich nicht meinen. Er ist in den Bau gegangen, weil er den Juwelier erschossen hat. Er ist zu Recht in den Bau gegangen, und an mir hat es nicht gelegen.«

»Das mag so sein, aber es hat den Anschein, dass Dreyer die Ereignisse damals völlig anders interpretiert als seine Mitmenschen. Es hat zwei Überfälle gegeben: eine Frau ist tot, eine andere schwer verletzt.«

»Die Gesine? Hat er etwa die Gesine abgemurkst?«

Bernd schüttelte den Kopf. »Namen kann ich Ihnen nicht nennen. Ich möchte Sie nur darauf hinweisen, dass Sie in Gefahr sind.«

»Und was soll ich jetzt Ihrer Meinung nach machen? Das Land verlassen? Die Wohnung wechseln? Einen anderen Namen annehmen? Mich unter Polizeischutz begeben? – Würden Sie das wirklich machen, mich unter Polizeischutz stellen?«

Bernd hatte diese Möglichkeit erwogen.

Lüdtke lachte. »Mein lieber Herr Kommissar, so leicht lasse ich mich nicht erschrecken. Ich bin nicht furchtsam. Ich kann auf mich selbst aufpassen. – Verstehen Sie mich bitte nicht falsch: Ich bin Ihnen dankbar für diesen Hinweis, und ich werde aufpassen, dass mir nichts passiert.«

»Ich möchte Sie bitten, dass Sie sich mit uns in Verbindung setzen, wenn Dreyer sich meldet oder wenn Sie hören, wo er sich zurzeit befindet.«

»Das will ich gern tun. Ich helfe der Polizei, wo ich nur kann. – Jetzt muss ich Sie leider rausschmeißen, mein Dienst beginnt ja gleich, und ich muss vorher noch duschen und mich umziehen.«

»Das macht nichts«, sagte Bernd. Er würde noch einmal im Krankenhaus vorbeifahren und sich dann nach Hause zurückziehen.

Kaum war der Polizist gegangen, verschwand das freundliche Lächeln aus dem Gesicht des Kellners. Kein Zweifel, jetzt wurde es ernst. Wolfgang Dreyer – er hatte gleich gedacht, dass er dahintersteckte, als jemand den Zeitungsausschnitt über den »Wolf von Hamburg« in seinen Briefkasten gesteckt hatte.

* * *

»Du bist noch da?« Es war ungewöhnlich, dass der Teppichhändler zu dieser späten Stunde noch in seinem Büro saß.

Der Perser lächelte. »Ich habe auf dich gewartet.«

»Warum?«

»Du hast Besuch, Bernd.«

»Besuch? Du hast doch nicht etwa jemand in meine Wohnung gelassen?«

Der Perser nickte. »Doch. Es ist eine Frau. Sie sagt, sie kennt dich.«

Antje, dachte Bernd. Jetzt ist Antje gekommen. Sie hatte ihm versprochen, dass sie nie hierherkommen würde, und bis jetzt hatte sie sich daran gehalten. Er hatte gehofft, dass sie weiterhin glauben könnte, er sei ein ganz normaler, bürgerlicher Beamter. Dass er stattdessen illegal in einem Lagerraum wohnte, hatte sie nie erfahren sollen.

»Sie hat Angst, Bernd.«

»Angst?« Bernd erschrak. Das konnte nur heißen, dass ihr Mann etwas herausgefunden hatte. Das bedeutete nichts Gutes.

»Ich bin nicht nur hiergeblieben, um auf dich zu warten, sondern ich bin auch hiergeblieben, um sie zu beschützen. Damit sie nicht allein sein muss in dem großen Haus.«

Bernd runzelte die Stirn. »Wie willst du sie beschützen?« Der Teppichhändler war über 60 Jahre alt, und er sah aus wie ein Teppichhändler, nicht wie ein Kampfsportler.

Der Perser öffnete die oberste Schublade seines Schreibtischs. Darin lag ein großes Messer.

»Oh«, sagte Bernd. »Das wirst du nicht brauchen«, fügte er hinzu. »Aber danke schön für deine Hilfe. Ich gehe jetzt nach oben.«

Bis in den sechsten Stock musste er hinaufsteigen. Am Anfang hatte er gescherzt und behauptet, durch diesen Sport bleibe er jung. Inzwischen hatte er keine Lust mehr zum Treppensteigen. Ein Fahrstuhl wäre nicht schlecht, aber zum einen würde der Teppichhändler nie in ein solches Gerät investieren, und zum anderen gab es bestimmt irgendwelche Denkmalschutzvorschriften, die dem Einbau eines Lifts entgegenstanden. Außerdem hatte der Perser das Haus nur gemietet; es gehörte der Lagerhausgesellschaft.

Bernd ließ sich Zeit. Er wollte Antje nicht völlig außer Atem gegenübertreten, und außerdem musste er darüber nachdenken, was jetzt passieren sollte. Theoretisch war alles ganz einfach. Antje würde sich von ihrem Klaus scheiden lassen und ihn heiraten. Dagegen sprach, dass sie als Frau eines Kaufmanns gewohnt war, im Luxus zu leben, und sicher nicht bereit war, auf einen zugigen Dachboden zu ziehen. Und sein Einkommen als geschiedener Kommissar reichte nicht aus, um ihr etwas Besseres zu bieten. Der Speicherboden war nicht einmal abschließbar.

Er stieß die Tür zu seiner Wohnung auf. »Entschuldige bitte, Antje …« Überrascht hielt er inne.

»Antje?«, fragte die dunkelhaarige Frau, die vor seinen Stellwänden stand. »Ich bin nicht Antje – wer immer das sein mag!«

Nein, das war nicht Antje. Die Frau hatte sich verändert in den Jahren, in denen sie sich nicht gesehen hatten. »Gesche!«, sagte Bernd.

»Ja, ich bin es. – Du hast dich verändert.«

»Ja, ich bin älter geworden.« Bernd lachte verlegen. »Älter und dicker.«

»Es war gar nicht so einfach, dich hier zu finden. Wann bist du denn in die Speicherstadt gezogen?«

Das war gleich nach der Scheidung gewesen. Sie hatten sich darauf geeinigt, dass seine Frau die alte Wohnung und die Hälfte seines Gehaltes bekam, und er musste sehen, wo er blieb. Er hatte dem Perser einmal bei einer Schutzgelderpressung geholfen, und als der Alte erfuhr, dass Bernd keine Wohnung mehr hatte, da hatte er diesen Raum zur Verfügung gestellt. So war er in die Speicherstadt gezogen.

»Und du lebst hier in dieser – in dieser Ausstellung?«

Bernd nickte. Die Stellwände waren beim Umzug in das neue Präsidium übrig gewesen. Sie passten im Stil nicht zu der hochmodernen Ausstattung, und sie hätten eigentlich weggeworfen werden sollen. Bernd hatte angeboten, sie zu übernehmen. Das war nicht zulässig. Bernd hatte es trotzdem getan.

»Und das Schiff hier«, Gesche deutete auf eine Fotografie, »ist das die *Titanic*?«

»Ja, das ist die *Titanic*. – Ich weiß nicht, ob ich es dir damals erzählt habe: Ich interessiere mich für Katastrophen. Für Katastrophen jeder Art. Erdbeben, Vulkanausbrüche, Schiffsuntergänge, lauter Dinge, bei denen irgendetwas sensationell schiefgegangen ist. Und ich versuche herauszufinden, warum das passiert ist und was man vielleicht hätte tun können, um das zu vermeiden.«

Während er das sagte, wurde ihm bewusst, dass er seine persönliche Katastrophe hier nicht dokumentiert hatte und dass er sich bisher nur in ganz groben Zügen darüber klar geworden war, wie die Scheidung hätte vermieden werden können. Zum Glück hatten sie keine Kinder, und zum Glück hatten sie sich nicht wirklich zerstritten, sondern alles war sehr zivilisiert abgegangen, und von Zeit zu Zeit traf er sich mit seiner ehemaligen Frau in irgendeinem Lokal zum Abendessen.

»Gut siehst du aus«, sagte er zögernd.

Gesche schüttelte den Kopf. »Ich sehe nicht gut aus.«

Ja, dachte Bernd, das stimmte. Der Teppichhändler hatte gesagt, sie habe Angst, und so sah sie auch aus.

»Du hast ein Problem«, sagte Bernd.

»Dreyer ist draußen. Er ist hinter mir her.«

»Ja, das weiß ich.«

»Und du hast mich nicht gewarnt?«

»Ich weiß es erst seit heute. Meine Kollegen waren vorhin in deiner Wohnung. Das Licht brannte. Es sah so aus, als wärest du Hals über Kopf davongelaufen.«

»Ich bin Hals über Kopf davongelaufen. – Darf ich hier rauchen?«

»Nein«, sagte Bernd.

»Schade. – Sylvia ist weg. Sie ist von der Schule nicht nach Hause gekommen. Ich bin mir sicher, er hat ihr aufgelauert. Er hat Sylvia überfallen. Er will uns umbringen.«

»Sylvia liegt im Krankenhaus«, erwiderte Bernd. »Sie hat Verbrennungen erlitten, am Arm.«

»Mein Gott! Wie geht es ihr?«

»Es geht ihr nicht schlecht. Die Verletzung ist schmerzhaft, aber nicht gefährlich.«

»Wie ist das passiert?«

»Ob Dreyer im Spiel war, wissen wir nicht. Sie hat versucht, den Angriff eines wilden Tieres mit Feuer abzuwehren.«

»Eines wilden Tieres? Wovon sprichst du? Und – mit Feuer?«

»Ein großer Hund wahrscheinlich. Und sie hat ihren Ärmel angezündet. Aber es ist nicht so schlimm; es geht ihr gut. Und du – du bist weggelaufen? Warum?«

»Dreyer – ich hab ihn gesehen. Gestern, beim Einkaufen. Ich war mir erst nicht sicher, aber dann, als Sylvia nicht nach Hause gekommen ist und ich sie suchen wollte, da hat er auf einmal draußen vor dem Haus gestanden. Da habe ich geschrien, die Haustür zugeknallt, und dann bin ich hinten durch die Gärten gerannt. Ich wollte nur noch weg, nichts wie weg!«

»Und dann bist du hierhergekommen.«

»Nein, bin ich nicht. Das war doch schon gestern. Ich habe gar nicht gewusst, was ich machen sollte, und dann – oh, du hast eine Katze?«

»Einen Kater«, sagte Bernd. Er hatte gar nicht bemerkt, dass Dr. Watson hereingekommen war. Wenn Fremde im Raum waren, pflegte er sich meist zu verdrücken. Jetzt stellte er sich neben Bernd und betrachtete Gesche voller Argwohn.

»Also was hast du gemacht gestern?«, fragte Bernd.

»Ich habe nicht gewusst, was ich tun sollte. Ich bin schließlich zum Hauptbahnhof gefahren. Ich hatte gedacht, da sind so viele Menschen, da bin ich sicher. Aber das stimmte nicht. Nachts ist der Bahnhof schrecklich leer. Und kalt ist er auch. Schlafen konnte ich nicht. Es war ganz furchtbar.«

»Am Hauptbahnhof ist Polizei«, sagte Bernd. »Dort ist immer Polizei. Du hättest dich an die Kollegen wenden sollen, und die hätten für dich gesorgt.«

»Ich habe mich nicht getraut. Ich war in Panik. Heute früh bin ich dann mit dem Bus zurück nach Wilhelmsburg. Von der S-Bahn Veddel aus. Mit dem Metrobus. Der fährt doch bei uns längs. Ich wollte zu Hause vorbeifahren und sehen, ob ich irgendetwas Verdächtiges entdecken kann. Und wenn nicht, dann wollte ich an der nächsten Haltestelle aussteigen und zu Fuß zurückgehen. Und dann von hinten durch die Gärten zurück ins Haus. Nachgucken, ob Sylvia da war. Aber ich bin eingeschlafen, ich war doch so müde. Ich bin erst aufgewacht, als wir in Kirchdorf-Süd angekommen sind. Endstation.«

»Sylvia hatte doch gar nicht zu Hause sein können«, sagte Bernd. »Die hätte um die Zeit doch in der Schule sein müssen.«

»Ja. Das ist mir dann auch eingefallen, und dann habe ich in der Schule angerufen. Aber die wussten nicht, wo Sylvia war. Und da habe ich an dich gedacht. Da habe ich gedacht, dass du mir bestimmt helfen wirst. Und da bin ich einfach hergekommen.«

Dr. Watson stieß Bernd mit dem Kopf an, streifte um seine Beine. Es war Zeit, dass der Kater etwas zu fressen bekam. »Gleich«, sagte Bernd. Und zu Gesche: »So einfach kann das nicht gewesen sein mit dem Herkommen. Wie hast du denn herausgefunden, wo ich wohne?«

»Ich bin zu deiner alten Adresse gegangen, und die Frau Kastrup – ist das deine Frau, Bernd?«

»Wir sind geschieden.«

»Ach, wie schade! Sie war ganz nett zu mir, und sie hat mir erklärt, wie ich dich finden kann. Und so bin ich schließlich hergekommen.«

»Und du bist dir sicher, dass dein Ex-Mann dich nicht verfolgt hat?«

»Ich habe mich immer wieder umgedreht. Ich hatte doch solche Angst. Nein, ich glaube nicht, dass er mich verfolgt hat.«

»Gut. Dreyer ist ein gefährlicher Mann«, sagte Bernd. »Aber er ist kein *Superman* oder irgend so etwas Ähnliches; er ist ein ganz normaler Mensch wie wir alle. Und seine Möglichkeiten sind begrenzt.«

»Du kennst Wolf nicht.«

»Wolf?«

»Wolfgang Dreyer. Wusstest du nicht, dass er Wolf genannt wird?«

Nein, das hatte Bernd nicht gewusst. Jetzt wurde manches klar. Als Sylvia vom Wolf geredet hatte, da hatte sie nicht das Tier gemeint, sondern ihren Vater.

»Sylvia hat auch Angst«, sagte Bernd. »Aber im Krankenhaus ist sie sicher. Seit wir wissen, dass der Dreyer hinter ihr her ist, wird sie rund um die Uhr bewacht.«

»Das ist gut.« Es klang nicht so gefühlvoll, wie Bernd das von einer Mutter erwartet hätte.

»Wollen wir zu ihr fahren?«

»Ach nein, Bernd, es ist doch schon nach 22 Uhr.«

»Die werden uns schon reinlassen!«

»Nein, ich möchte das nicht.«

Verblüfft starrte Bernd sie an. »Ist das alles, was du dazu zu sagen hast?«

»Ach, Bernd, du kennst Sylvia nicht.«

»Du hast sie mir ja nie vorgestellt.«

»Nein, das habe ich nicht. Sie ist – sie ist irgendwie besonders, verstehst du? Sie ist nicht so wie andere Kinder. Sie hat nie so wie andere Kinder gespielt. Und in der Schule gibt es dauernd irgendwelchen Ärger.«

»Ist das nicht normal bei einem 14-jährigen Mädchen?«

Gesche schüttelte den Kopf. »Nein, Bernd, das ist nicht normal. Sie schlägt ihre Mitschüler.«

»Warum?«

»Ich weiß es nicht. Ich habe sie gefragt, aber sie kann mir darauf keine vernünftige Antwort geben. Die anderen hätten sie geärgert, sagt sie, aber wenn ich die Lehrerin frage, dann heißt es, dass das irgendwelche Nichtigkeiten gewesen seien, bei denen sie dann regelrecht ausgerastet ist.«

»Dann braucht sie vielleicht Hilfe?«

»Irgendeinen Psychologen, meinst du?«

»Ja, wahrscheinlich.«

»Damit will sie nichts zu tun haben. ›Ich bin doch nicht verrückt‹, sagt sie. Und verspricht jedes Mal, sich zu bessern. Und dann ist sie das sanfteste Lamm, das du dir vorstellen kannst – bis zum nächsten Mal.«

»Ich werde mich mal erkundigen, was man da machen kann«, versprach Bernd.

»Das ist nett.« Es klang nicht sehr optimistisch.

»Aber viel wichtiger ist im Augenblick, was wir jetzt mit dir machen.«

»Ich wollte dich fragen ... ich meine ... kann ich nicht einfach hierbleiben?«

»Von mir aus«, sagte Bernd. Er war nicht begeistert. »Natürlich kannst du erst einmal hierbleiben«, fügte er hinzu. »Aber dies ist keine sichere Wohnung. Du bist hier überhaupt nicht geschützt. Jeder kann in dieses Lagerhaus hereinkommen. Jeder kann die Treppe hinaufgehen, und die Tür zu meiner Wohnung hat noch nicht einmal ein funktionierendes Schloss.«

»Aber du bist doch da!«

»Dein Vertrauen ehrt mich«, sagte Bernd. »Aber meiner Meinung nach brauchst du einen professionellen Personenschutz – nicht nur einen alten Kriminalkommissar, der nachts manchmal da ist und der dann schläft, statt dich zu bewachen.«

»Ich will hierbleiben, Bernd.«

»Na schön. Aber wenn du schon einmal hier bist, dann möchte ich dir wenigstens ein paar Fragen stellen.«

»Du kannst mich alles fragen. Alles, was du willst. – Aber im Augenblick habe ich Hunger. Hast du etwas zu essen?«

* * *

Sylvia konnte nicht einschlafen. Der Arm tat nicht mehr weh, Schwester Hilda hatte ihr ein Schmerzmittel gegeben. Aber das half nicht gegen die Angst. Sylvia hatte Angst vor ihrem Vater, Angst vor ihrer Mutter und Angst vor der Polizei. Und das waren nur die wichtigsten Ängste, die ihr im Augenblick einfielen. Daneben gab es noch viele andere. Zum Beispiel hatte sie Angst, irgendetwas falsch zu machen.

Das hatte sie gelernt in ihrem Leben: Man konnte leicht irgendetwas falsch machen; manchmal merkte man gar nicht, dass etwas verkehrt war, bis dann plötzlich die Konsequenzen auf einen zukamen. Zum Beispiel die Unterhaltung mit diesem merkwürdigen Polizisten. Dem Zauberer. Vincent hieß er. Und er konnte wirklich zaubern, aber er war natürlich auch immer ein Polizist, und das beunruhigte sie. Sie hatte schlechte Erfahrungen mit der Polizei gemacht. Die Polizei hatte sie ins Heim gesteckt, damals, nach dem großen Krach, und das war die schlimmste Erfahrung ihres Lebens. Die allerschlimmste.

Dieser Vincent war anders als die Polizisten damals. Sie hatte das Gefühl, dass er sich wirklich für sie interessierte. Anders als diese Sozialroboter, diese Frauen in dem Kinderheim, denen es vollkommen egal war, was die Kinder machten, solange sie nur nicht störten. Aber konnte sie Vincent wirklich vertrauen?

Er hatte nicht mit seinen Vorgesetzten telefoniert vorhin, als er auf dem Klo war, da war sie sich ziemlich sicher. Aber natürlich hatte er hinterher Bericht erstattet. Und was war dann passiert? Sylvia wusste es nicht. Sie hatte irgendwie gehofft, dass ihre Mutter vorbeikommen und sie besuchen würde. Aber das war nicht geschehen. Wusste ihre Mutter noch immer nicht, dass sie hier war? Hatte die Polizei ihr das nicht erzählt?

Und als sie vorhin einmal draußen auf dem Gang spazieren gegangen war – sie konnte ja schließlich nicht den ganzen Tag im Bett liegen, sie war doch eigentlich gar nicht krank, da hatte sie gesehen, dass draußen auf dem Flur ein Polizist saß. Er hatte sie freundlich angelächelt, und er hatte ihr erklärt, dass er hier sei, um sie zu beschützen. Das klang gut, aber stimmte es auch? Vielleicht sollte der Mann nur aufpassen, dass Sylvia nicht einfach davonlief.

Nein, das war Unsinn. Sie musste Vertrauen haben. Das hatte ihre Lehrerin auch gesagt. Aber sie hatte das Vertrauen in die Menschen verloren. Sie glaubte nicht mehr, dass sie für irgendjemanden wichtig war. Nicht so wichtig jedenfalls, wie sie gern sein wollte. Den meisten Menschen war sie völlig gleichgültig. Der Einzige, der Gefühle für sie gezeigt hatte, richtig tiefe Gefühle, das war ihr Vater. Wolf. Warum hatte er den Hund auf sie gehetzt? Weil er sie hasste? Ja, kein Zweifel, ihr Vater hasste sie. Sie hasste ihn auch. Aber das war jedenfalls ein Gefühl und nicht nur die große Gleichgültigkeit. Ja, sie hasste ihren Vater, und gleichzeitig war er der wichtigste Mensch in ihrem Leben.

* * *

»Ich weiß nicht, was damals genau passiert ist«, sagte Gesche. »Der Wolfgang hatte mich ausgebootet. Ausgetauscht gegen diese jüngere Frau. Aber es hat sich nicht gelohnt für ihn; am Ende hat sie ihn doch gelinkt.«

»Das war diese Karolin Meister?«

»Ja, so hieß sie wohl. Sie hat ja unbedingt mit dabei sein wollen bei dem Überfall auf das Juweliergeschäft. Und dann hat sie schließlich den Schuss ins Bein gekriegt. Ist ihr recht geschehen. Ich habe gelacht, als ich davon gehört habe. Aber sie – sie war unendlich sauer, und sie hat schließlich durch ihre Aussage bewirkt, dass der Wolfgang in den Knast gekommen ist.«

»Aber der Wolfgang ist doch zu Recht in den Knast gekommen, oder?«

»Das weiß ich nicht. Ich bin ja nicht dabei gewesen. Keine Ahnung, wer damals wirklich in dem Laden drin gewesen ist und wer bloß draußen Wache geschoben hat. Aber in dem Prozess hieß es jedenfalls, dass der Wolfgang geschossen hat.«

»Ist er denn gewalttätig?«

»Ja, natürlich ist er gewalttätig. Er hat mich verprügelt. Mehr als einmal. Ich hatte Angst vor ihm. Die ganze Zeit, wo wir zusammen gewesen sind, habe ich Angst gehabt.«

»Hast du den Kontakt zu ihm aufrechterhalten?«

Gesche schüttelte den Kopf.

»Hast du ihn gar nicht im Knast besucht?«, bohrte Bernd nach. »Immerhin war er ja dein Mann!«

»Mein Mann, ja. – Nein. Ich war froh, dass ich ihn los war. Ich war froh, dass ich keine Angst mehr vor ihm zu haben brauchte. Er hat mich geschlagen, und außerdem hat er mich mit dieser Schnepfe betrogen. Da habe ich mich scheiden lassen.«

»Und dann hast du deinen Mädchennamen wieder angenommen?«

»Ja.«

Bernd schwieg. Das klang alles sehr schön und geradlinig, aber er hatte das unbestimmte Gefühl, dass irgendetwas an dieser Geschichte nicht stimmte. Aber das war im Augenblick zweitrangig. Im Augenblick ging es nur darum, dass Gesche in Gefahr war und dass er versuchen musste, sie zu schützen. Und das würde er tun. »Allmählich wird es Zeit, ins Bett zu gehen«, sagte er.

Gesche nickte.

»Leider habe ich nur dieses eine Bett.« In Wirklichkeit hatte er überhaupt gar kein Bett, sondern nur eine große Matratze, die ihm als Schlafplatz diente.

»Ich kann auf dem Fußboden schlafen.« Gesche erhob sich.

»Spinnst du? Die Matratze ist groß genug. – Hast du Nachtzeug dabei?«

Sie schüttelte den Kopf. »Ich schlafe doch immer nackt«, sagte sie. »Hast du das vergessen?«

Nein, das hatte Bernd nicht vergessen. »Dann komm«, sagte er.

* * *

Gesche war sofort eingeschlafen. Bernd Kastrup betrachtete einen Augenblick die schlafende Frau neben sich, horchte auf ihre regelmäßigen Atemzüge. Sie war sichtbar älter geworden in den acht Jahren, die sie sich nicht gesehen hatten, aber sie war noch immer eine sehr attraktive Frau. Bernd deckte sie zu. Dann kleidete er sich wieder an und trat ans Fenster.

Es war schon fast Mitternacht, aber auf der Straße herrschte noch immer Verkehr. Fußgänger waren nicht mehr unterwegs. Wenn sich jemand in irgendeinem Winkel im Schatten der Häuser verborgen hielt, würde er ihn nicht sehen. Es wäre nicht schlecht gewesen, wenn er seine Pistole hätte, aber die lag in seinem Schreibtisch im Amt, gut weggeschlossen. Es musste auch so gehen.

Die Fenster auf der anderen Seite des Bodens gingen in Richtung Fleet. Von dort her würde niemand kommen. Der Notausgang mit der Außentreppe lag auf der Rückseite des Gebäudes, aber die Treppe reichte nicht hinunter bis zum Wasser, sondern endete im Erdgeschoss. Die Tür nach außen ließ sich nicht blockieren. Bernd schob eine der Stellwände vor den Notausgang. Wenn jemand hier hereinkam, würde er hoffentlich so viel Geräusche machen, dass er wach wurde. Bernd betrachtete die Stellwand. Es war die mit den Bildern vom Untergang der *Andrea Doria*. Bernd wollte jetzt nicht an die 50 Toten der Katastrophe denken. Er betrachtete das Foto der auf wundersame Weise geretteten Linda Morgan. Auch sie war damals 14 Jahre alt gewesen, genau wie Sylvia.

Weiter. Bernd machte Licht im Treppenhaus und ging nach unten. Hier war niemand. Die Türen zu den Lagerräumen des Teppichhändlers waren verschlossen. Hier gab es Sicherheitsschlösser; die Tür zu seiner eigenen provisorischen Unterkunft hatte nur ein normales Schloss, zu dem der Schlüssel verloren gegangen war. Bernd hatte es nie für nötig befunden, das Schloss auszutauschen.

Auch die Haustür war lediglich durch ein normales Schloss gesichert. Dieses hatte der Teppichhändler verschlossen, als er gegangen war. Besser als nichts, dachte Bernd, aber nicht viel besser. Er ging zurück nach oben. Er wusste, dass er es nicht schaffen würde, die Nacht wach zu bleiben.

Das Buch

Sonnabend, 22. November 2014

In der Nacht war nichts geschehen, aber Bernd Kastrup hatte schlecht geschlafen, und das sah man ihm an. Bevor er aus dem Haus ging, hatte er Gesche eingeschärft, den Boden auf keinen Fall zu verlassen. Im Kühlschrank war noch genug zu essen und zu trinken, sodass sie für den Tag versorgt war. Wenn es sich irgend einrichten ließe, würde er sie im Laufe des Tages abholen und mit ihr gemeinsam nach Eppendorf ins Krankenhaus fahren. Aber er war sich nicht sicher, ob es gelingen würde. Er hatte ihr jedenfalls versprochen, am Abend Pizza mitzubringen, und sie hatte gesagt, für sie bitte mit Thunfisch.

»Du siehst aus wie ein Gespenst«, sagte Alexander zur Begrüßung.

»Ich brauche einen Kaffee«, antwortete Bernd. »Wo ist Jennifer?«

»Noch nicht da.«

»Was heißt das? Ist irgendetwas passiert?«

»Nein, alles in Ordnung. – Was bist du so gereizt?«

»Ich bin nicht gereizt.«

Vincent hatte inzwischen einen Kaffee aufgesetzt. Natürlich gab es Kaffeeautomaten, aber sie alle waren sich darin einig, dass sie selbst gebrauten Filterkaffee bevorzugten.

»Vincent, es gibt noch etwas, das wir unbedingt erledigen müssen. Ich habe mit Gesine Schröder gesprochen. Es sieht so aus, als wäre der sogenannte Wolf von Hamburg möglicherweise ihr Ex-Mann Wolfgang Dreyer. Er hat gesessen wegen eines Überfalls auf ein Juweliergeschäft. Kannst du bitte mal feststellen, wann er wieder rausgekommen ist und wo er danach abgeblieben ist?«

»An den Überfall erinnere ich mich«, sagte Vincent. »Das war eine blutige Geschichte damals.«

»Ja, das war es.«

»Und du hast mit der Schröder gesprochen?«

Klar, dass diese Frage kommen musste. »Sie hat mich angerufen«, log er.

»Woher hat sie deine Nummer?«

»Wahrscheinlich noch von damals. Sie gehörte damals mit zum Kreis der Verdächtigen. Wir haben sie mehrfach im Präsidium gehabt.«

»Diese große Dunkle. Ja, ich weiß.«

Bernd nickte. Er war nicht gewillt, diesen Punkt zu vertiefen. Hoffentlich hielt Vincent den Mund. Sein Kollege wusste, dass er diese Frau damals nicht nur im Präsidium getroffen hatte.

Bernd nahm sich die Post vor. Er überlegte, ob er den anderen erzählen sollte, dass Gesche – also Gesine Schröder – sich in seiner Wohnung versteckt hielt. Er entschied sich dagegen. Es war nach wie vor ungeklärt, ob einer von ihnen absichtlich oder unabsichtlich Informationen an die Presse weitergeleitet hatte, und dies war eine Information, die auf keinen Fall an die Öffentlichkeit dringen durfte.

Mit der Post war ein dicker Umschlag gekommen, der ganz offensichtlich ein Buch enthielt. Bernd hatte kein Buch bestellt. Er öffnete das Kuvert. Kopfschüttelnd betrachtete er den Inhalt. Das Buch hieß *Das Leben ist keine Waldorfschule*. Bernd kannte weder den Titel noch den Autor. Was sollte das?

»Lässt du dir deine Bücher auch von Amazon schicken?«, fragte Alexander.

Bernd murmelte etwas Unverständliches. Dieses Buch hatte er jedenfalls nicht bestellt. Auf der Verpackung stand zwar *Amazon*, aber diese Sendung kam nicht von Amazon, sondern jemand hatte einfach einen alten Umschlag verwendet. Einen Absender gab es nicht. Es hatte auch niemand eine Widmung oder sonst irgendeine Notiz eingetragen.

»Das würde ich reklamieren!«, sagte Vincent, der inzwischen auch aufmerksam geworden war.

Ja, das Buch würde er reklamieren, wenn er es bestellt hätte. Das Cover war verdreckt, und die Seiten waren in der Mitte eingerissen.

»Was ist denn das?«, fragte Alexander. »Das sieht ja aus, als ob jemand da reingebissen hat!«

»Das war bestimmt der Wolf«, behauptete Vincent. Es sollte ein Scherz sein.

Bernd schüttelte den Kopf. Er betrachtete den merkwürdigen Einriss. Bei näherem Hinsehen zeigte sich, dass niemand in das Buch gebissen hatte, sondern dass es offenbar mit einem Nagel irgendwo fixiert gewesen war. Das entsprechende Loch reichte nur bis knapp zur Mitte des Bandes, bis zur Seite 59, um genau zu sein, und jemand hatte das Buch mit Gewalt losgerissen. Und der Dreck auf dem Umschlag? Bernd fuhr mit dem Finger darüber. Der Dreck klebte. Das Buch war irgendwo festgeleimt und festgenagelt gewesen, von wo es offenbar der unbekannte Absender losgerissen hatte.

»Hat jemand von euch eine Idee, was das soll?«, fragte Bernd.

Aber keiner seiner Kollegen konnte ihm weiterhelfen.

* * *

Bernd Kastrup war zur Arbeit gegangen; Gesine war allein. Der Polizist hatte ihr eingeschärft, die Wohnung nicht zu verlassen. Das war sicher richtig, aber andererseits war es auch nicht richtig. Ihre Tochter lag in Eppendorf im Krankenhaus, und sie hatte nicht einmal versucht, sie zu besuchen. Ich bin ein Feigling, dachte sie. Aber der Gedanke gefiel ihr nicht. Sie beschloss, Sylvia jetzt gleich zu besuchen.

Vorsichtig stieg sie die Treppe nach unten. An jedem Absatz blieb sie stehen und lauschte, aber es gab nichts zu hören. Die Türen zu den Lagerräumen waren verschlossen; das Haus war leer. Erst auf den letzten Stufen, als sie schon fast den Ausgang erreicht hatte, öffnete sich plötzlich eine Tür, und der Teppichhändler kam heraus.

»Wollen Sie uns verlassen?«, fragte er mit sanfter Stimme.

Gesine schüttelte den Kopf. »Nein, ich will nur schnell einmal nach draußen, ich komme gleich wieder.«

»Sie müssen nicht nach draußen. Wenn ich etwas für Sie besorgen soll, brauchen Sie es nur zu sagen.«

»Nein, das geht nicht, Sie müssen doch hier im Geschäft sein ...«

Der Mann schüttelte den Kopf. »Ich schließe alles ab und mache einen Zettel an die Tür. Ich komme gleich wieder. Das macht gar nichts.«

»Nein, danke schön, das ist sehr nett von Ihnen.« Gesine wusste nicht, was sie sagen sollte. Vielleicht hätte sie ihm einfach erzählen sollen, wo sie hinwollte, aber sie hatte Angst, dass er das missbilligen würde. »Es ist – es ist etwas, was ich selbst erledigen muss. Keine Angst, es dauert nicht lange, ich bin gleich zurück!«

Der Teppichhändler schüttelte den Kopf, aber er machte keinen Versuch, Gesine aufzuhalten.

Sie sprang die letzten Stufen hinunter, stieß die Tür auf und trat ins Freie. Draußen schien die Sonne. Auf der Straße herrschte reger Verkehr, und einen Moment lang hatte Gesine das Gefühl, als wäre sie einem Kloster entronnen und in das Leben zurückgekehrt.

Dann kam die Angst zurück. Gesine sah sich um. Viele Menschen waren unterwegs, aber keiner von denen wirkte besonders verdächtig. Auch nicht die drei jungen Männer, die jetzt an ihr vorbeigingen, ohne sie zu beachten. Wichtige, junge Männer, die sich über geschäftliche Dinge unterhielten und weder nach rechts noch nach links sahen. Gesine machte es genauso. Sie wandte sich nach rechts und ging ohne sich umzusehen in Richtung U-Bahn.

Der Teppichhändler hatte seinen Laden verschlossen und den Zettel *Ich komme gleich wieder* an die Tür geheftet. Er fühlte sich in gewisser Weise verantwortlich für die junge Frau, die in seinem Haus Schutz gesucht hatte. Da ging sie die Straße entlang. Er folgte ihr, aber er konnte nicht mit ihr Schritt halten, und der Abstand vergrößerte sich. Erst bei der Verkehrsampel holte er sie fast wieder ein. Sie überquerte die Straße, ging zum U-Bahnhof Baumwall und lief dort die Treppe hinauf.

Bis der Teppichhändler in der nächsten Grünphase ebenfalls die Straße überquert hatte, war die junge Frau verschwunden. Er wusste nicht, ob sie in Richtung St. Pauli oder in Richtung Innenstadt gefahren war.

* * *

»Und was soll ich damit?« Der Mann vom Labor betrachtete das Buch, als wäre es irgendeine unanständige Veröffentlichung.

»Ich will wissen, wo das herkommt«, sagte Bernd.

»Aus der Mülltonne, so wie es aussieht!«

Bernd schüttelte den Kopf. Das Buch kam nicht aus der Mülltonne. »Das hier, das ist doch irgendein Klebstoff, oder?«

Der Laborant fuhr mit dem Finger vorsichtig über einen der schwarzen Flecke. »Ja, das scheint Klebstoff zu sein. Irgendein billiges Zeug. Leim oder so etwas. Vielleicht Tapetenkleister. Das können wir feststellen.«

»Mir geht es vor allem darum, herauszufinden, wo dieses Buch herkommt.«

»Hast du mal beim Verlag angerufen?«

Bernd schüttelte den Kopf.

»Das würde ich als Erstes versuchen. Aber – wenn ich mir den Zustand dieses Buches so ansehe, da kommt mir noch ein anderer Gedanke. Im letzten Jahr war doch diese Ausstellung in Wilhelmsburg, diese IBA. Bist du da mal gewesen?«

Bernd erinnerte sich, dass ihm die Eintrittspreise zu hoch gewesen waren.

»Da gab es irgend so ein Kunstwerk, so eine Art Würfel oder Pyramide, ganz aus Büchern. Da könnte das vielleicht mit dringesteckt haben.«

* * *

Gesine hatte nur eine ungefähre Vorstellung davon, wo das Universitätskrankenhaus Eppendorf war. Sie fuhr mit der U-Bahn bis zur Haltestelle Eppendorfer Baum. Dort stieg sie aus und studierte den Umgebungsplan. Sie hatte gedacht, dass das Krankenhaus in der Nähe des Bahnhofes sein würde. Das war nicht der Fall. Der Weg schien nicht allzu kompliziert zu sein, aber jedenfalls war er deutlich weiter, als sie gedacht hatte.

War ihr jemand gefolgt? War jemand mit ihr zusammen ausgestiegen? Nein, offenbar nicht. Sie stand allein auf dem Bahnsteig.

Das erste Stück des Weges war einfach; sie brauchte nur dem *Eppendorfer Baum* zu folgen. Aber die große Kreuzung, an die sie schließlich kam, verwirrte sie. Gesine hatte sich eingeprägt, dass sie geradeaus weitergehen müsste. Aber der *Eppendorfer Baum* hatte kurz vor der Kreuzung eine Kurve gemacht, und wenn sie jetzt geradeaus ging, dann ging sie schräg über die große Querstraße, und das schien ihr verkehrt. Die Straße hieß *Lenhartzstraße*. War sie hier richtig? Sie konnte sich nicht erinnern, was sie auf dem Stadtplan gelesen hatte.

Gesine ging die *Lenhartzstraße* entlang, bis sie an einen Platz kam, von dem Straßen in alle Richtungen führten. Jetzt hatte sie völlig die Orientierung verloren. Eine Frau mit Kinderwagen kam ihr entgegen. Die war harmlos. Gesine fragte sie nach dem Weg. Sie erfuhr, dass sie nach links musste, in die *Haynstraße*, und dann durch den Eppendorfer Park. Wenn sie sich dort links hielt, dann würde sie direkt zum Haupteingang kommen.

Der Eppendorfer Park mit seinen großen Bäumen erschien ihr unheimlich, obwohl er um diese Tageszeit recht belebt war. Noch unheimlicher aber war das Krankenhaus. Gesine hatte nicht damit gerechnet, in solch eine riesige Empfangshalle zu geraten, in der Menschen hin und her liefen, die alle genau zu wissen schienen, wo sie hinwollten. Mitten in der Halle stand ein großer, künstlicher Baum, und dahinter standen Stellwände, auf denen stand: *Kinder-UKE. Mit Ihrer Hilfe bauen wir die modernste Kinderklinik im Norden.*

Gesine hatte nicht vor, eine Kinderklinik zu bauen. Sie wollte lediglich zu ihrer Tochter. Suchend sah sie sich um. Auf der rechten Seite gab es so etwas wie einen Pförtner.

»Entschuldigung, ich möchte gern zu meiner Tochter ...«

»Ja, wie heißt denn Ihre Tochter?«

»Sylvia Schröder. Oder Dreyer. Manchmal nennt sie sich auch Sylvia Dreyer.«

»Ja, wie denn nun?«

»Ach, versuchen Sie erst einmal Schröder.«

»Wissen Sie, auf welcher Station Ihre Tochter liegt?«

Gesine Schröder schüttelte den Kopf.

»Na, dann werde ich mal sehen, was uns der Computer erzählt. Sylvia – schreibt sich das mit Ypsilon?«

»Was? – Ja, mit Ypsilon, natürlich.«

»Na ja, es hätte ja vielleicht auch mit I sein können ...«

Gesine nickte. Sie sah sich um. Nicht alle Menschen, die hier in der Empfangshalle waren, schienen es eilig zu haben. Eine türkische Familie saß auf einer der Bänke und wartete auf irgendetwas. Und der Mann dort drüben an der Säule – Gesine hatte den Eindruck, dass der Mann sie beobachtete. Es war nicht Wolfgang, aber der Mann sah eindeutig zu ihr herüber. Erst jetzt, als sie ihn fixierte, wandte er seinen Blick ab.

»Ah, da haben wir sie ja. – Einen kleinen Moment bitte, Frau Schröder, ich muss erst mal eben telefonieren ...«

Gesine war alarmiert. »Wieso telefonieren?«, fragte sie scharf.

Der Mann sah sie überrascht an. »Damit jemand kommt und Sie abholt«, sagte er.

»Wieso denn das? Ich kann mich doch allein zurechtfinden! Sagen Sie mir einfach, in welchem Zimmer Sylvia liegt, und dann werde ich das schon finden!«

Der Mann schüttelte den Kopf. »So einfach ist das nicht. Wenn Sie noch nie hier gewesen sind ...«

Der Kerl dort drüben an der Säule guckte schon wieder zu ihr herüber. Das konnte kein Zufall sein. Und dass der Portier sie nicht durchlassen wollte, das war auch kein Zufall. Kurz entschlossen wandte sie sich um und lief zum Ausgang.

»He, hallo, Frau Schröder, so warten Sie doch!«

Sie wartete nicht. Sie rannte zurück in Richtung U-Bahn.

Der Mann aus dem Foyer folgte ihr nicht. Aber ein anderer Mann hatte gesehen, wie sie in das Krankenhaus hineingegangen war. Im Eppendorfer Park hatte er auf sie gewartet. Und als sie jetzt in blinder Panik vorbeirannte, erhob er sich von seiner Bank und folgte ihr in Richtung U-Bahn.

* * *

Bernd Kastrup rief bei der IBA an. Die gab es noch, obwohl die Ausstellung ja eigentlich vorbei war. Aber Bernd erfuhr, dass das genannte Kunstwerk nicht zur IBA gehört hatte, sondern zur IGS, die gleichzeitig stattgefunden hatte. Die IBA war die *Internationale Bauausstellung*, die IGS dagegen die *Internationale Gartenschau*.

»In 80 Gärten um die Welt!« Der Mann am Telefon lachte.

Bernd fragte sich, was es da zu lachen gab. Jedenfalls gab der Mann ihm die Telefonnummer der IGS.

Bernd wählte die Nummer, aber es ging niemand ran.

Alexander setzte sich an den Computer, und innerhalb weniger Minuten hatte er eine Webseite gefunden, auf der die *Internationale Gartenschau 2013* beschrieben war. Der Text drehte sich im Wesentlichen um den finanziellen Misserfolg der Ausstellung, aber dafür interessierte sich Bernd nicht.

»37 Millionen Euro Verlust«, sagte Alexander.

Bernd hörte nicht hin. Er hatte entdeckt, was er suchte, ein Foto vom sogenannten Bücherturm. Er klickte auf das Foto, und die Verluste verschwanden vom Bildschirm. Das war also der Bücherwürfel, von dem der Kollege im Labor gesprochen hatte. Eigentlich bestand das Kunstwerk aus einer ganzen Reihe von Bücherwürfeln. Das Foto war scharf genug und ließ sich ausreichend vergrößern, sodass man zwar nicht alle, aber doch eine ganze Reihe von Titeln identifizieren konnte.

Ganz offensichtlich waren die Bücher aus verschiedenen Beständen zusammengetragen worden. Einige der Buchrücken zeigten noch Aufkleber irgendwelcher Leihbibliotheken. Die meisten Bücher waren Einzelstücke, aber manche traten auch in größeren Mengen auf. *Die Hexen der Finsternis*, las Bernd. Es gab viele Hexen.

»Das ist ein Kinderbuch«, wusste Alexander.

Bernd überflog die übrigen Titel. *Das Sowjetland, Jesus unser Schicksal, Tochter der Hüter, Chilischarfes Teufelszeug, Angriff auf die Zukunft* – und so weiter.

»Das hier, das wäre das richtige Buch für dich«, sagte Alexander. Er tippte auf den Band mit dem Titel *PC für Dummies*.

Bernd reagierte nicht. Er hatte inzwischen entdeckt, was er suchte. *Das Leben ist keine Waldorfschule* war in mehreren Lagen in die Würfel eingebaut worden. Es schien durchaus plausibel, dass der unbekannte Absender dieses Buch dort herausgerissen hatte. Und Bernd zweifelte nicht daran, dass es der »Wolf« gewesen war, der ihm diesen Band zugeschickt hatte.

Während Alexander die weitere Suche übernahm und herausfand, dass das Kunstwerk entweder als »Vers auf Vers« oder als »Bücherturm zu Babel« bezeichnet wurde, ließ sich die Frage, wo dieses Kunstwerk denn nun genau zu finden sei, ebenso wenig klären wie die Frage, ob es heute noch vorhanden war oder nicht.

Vincent kam hinzu und las kopfschüttelnd die Beschreibung des fraglichen Objektes. »*Ein literarischer ›Babelturm‹ aus Büchern unterschiedlicher Sprachen und Kulturen feiert Vielfalt und Gegensätzlichkeit als Reichtum und Stärke.* – Was will uns der Autor damit sagen?«

»Ich weiß es nicht«, brummte Bernd. Er würde sich den Ort dieser Ausstellung näher ansehen müssen.

* * *

Bernd Kastrup fror. Er war mit der S-Bahn nach Wilhelmsburg gefahren, hatte im Eingangsbereich der ehemaligen Ausstellung einen Lageplan gefunden, anhand dessen er sich grob orientieren konnte, aber wenig später musste er feststellen, dass der Plan nur noch Makulatur war. Das, was der Bevölkerung am Ende der Gartenschau als *Wilhelmsburger Inselpark* großzügig übergeben worden war, war nur noch ein trauriger Rest dessen, was die Ausstellung ursprünglich beinhaltet hatte.

Die attraktive Einschienenbahn war natürlich verschwunden. Bernd hatte nichts anderes erwartet. Auch die meisten Kunstwerke waren abgebaut worden, und er suchte vergebens nach dem Bücherturm. Der Riesen-Bonsai, den Bernd aus der Zeitung kannte, war dagegen überraschend noch da. Der zwei Tonnen schwere Felsen mit der Schwarzkiefer inmitten eines seichten Teiches, den die Kinder im Sommer als Planschbecken genutzt hatten, wirkte jetzt verloren in dem verlassenen Gelände. *Sansibar oder der letzte Grund* hatten die Schöpfer der IGS dieses Kunstwerk genannt. Bernd fragte sich, ob die Verantwortlichen den gleichnamigen Roman von Alfred Andersch wirklich gelesen hatten – oder wenigstens die Inhaltsangabe im Internet. Er zweifelte daran.

In dem Park war niemand. Nach längerem Umherirren traf Bernd schließlich einen Rentner, der seinen Dackel ausführte und den er nach der Skulptur fragen konnte.

»Da drüben ist das gewesen«, sagte der Mann. Er deutete grob in die Richtung, aus der Bernd gekommen war.

Zwei Gartenarbeiter, die dabei waren, einige Büsche zu beschneiden, wussten mehr.

»Der ist weg«, sagte der eine. »Der Bücherwürfel ist weg. Den haben sie damals gleich abgebaut, als die Ausstellung vorbei war. Den haben sie auseinandergerissen, in den Papiercontainer gesteckt, und fertig.«

»Wäre ja auch schlecht gegangen, das Ding auf die Dauer hier stehen zu lassen«, ergänzte sein Kollege. »Das hält ja nicht mit dem Papier.«

»Das ist alles auf dem Recyclinghof in Harburg gelandet«, wusste der Erste. »Da hab ich es noch gesehen, alles zerfetzt und zerfleddert. Aber inzwischen ist das alles weg.«

Die beiden hatten sich die Demontage nicht mit angesehen. Immerhin wussten sie, wo sich das Kunstwerk befunden hatte: zwischen dem Kuckucksteich und der *Wilhelmsburger Reichsstraße*. Bernd bedankte sich und machte sich auf den Weg.

Wie nicht anders zu erwarten, ließ sich im Gelände nicht mehr ausmachen, wo der Bücherwürfel genau gestanden hatte. Bernd hatte gehofft, dass vielleicht noch irgendwelche herausgerissenen Seiten oder Papierschnipsel im Gebüsch herumlagen, aber das war nicht der Fall. Im Gebüsch lag etwas anderes, das aussah wie ein Haufen alter Lumpen. Bernd bog die Zweige auseinander.

»Scheiße!«, sagte er. Es war kein Haufen alter Lumpen. Bernd zückte das Handy und rief im Präsidium an. »Wir haben einen Toten.«

* * *

»Es ist wieder dasselbe«, sagte Vincent.

Ja, es war wieder dasselbe. Auch dieser Tote wies erhebliche Bissverletzungen im Gesicht und am Hals auf. Im Gegensatz zum ersten Opfer hatte der Mann sich heftig gewehrt, aber gegen das Tier hatte er wohl keine Chance gehabt.

Beelitz traf kurz nach der Schutzpolizei ein. Er sagte: »Bernd, ich habe eine Bitte: Könntest du deinen Mördern vielleicht ausrichten, dass sie ihre Aktivitäten auf den Sommer verschieben? Oder wenigstens auf den Frühling? Ich kann nicht vernünftig arbeiten bei diesen Temperaturen!«

»Ich werd's weitergeben«, brummte Bernd.

Im ersten Moment hatte er gedacht, dass irgendein Obdachloser hier ins Gebüsch gekrochen und erfroren sei. Aber das war nicht der Fall. Es gab keinen Zweifel daran, dass auch dieser Tote ein Opfer des »Wolfs von Hamburg« war. Diesmal brauchten sie nicht lange nachzuforschen, um wen es sich handelte. Der neue Tote hatte zwar auch keine Papiere bei sich, aber Bernd Kastrup erkannte den Mann sofort. Es war Michael Hohnstorf, der Staatsanwalt, der damals in dem Gerichtsverfahren gegen Dreyer die Anklage vertreten hatte.

Das Dumme war, dass sie diesen Toten überhaupt nicht zu den gefährdeten Personen gezählt hatten. Bernd hatte die Neuigkeit sofort ans Präsidium durchgegeben. Es war klar, dass auch der Richter gefährdet war. Ob Dreyers Anwalt sich Sorgen machen musste, ließ sich schwer einschätzen. Immerhin war es ihm nicht gelungen, seinen Mandanten freizubekommen.

»Was siehst du?«, fragte Bernd ungeduldig.

Der Mediziner lachte. »Ich sehe dasselbe wie du, Bernd. Ich sehe einen toten Mann, Alter ungefähr 50 Jahre, der Kleidung nach jemand mit einem guten Einkommen ...«

»Geschenkt. Ich weiß, was ein Staatsanwalt verdient ...«

»Tatsächlich?«

»Mehr als ich jedenfalls.«

»Wie dem auch sei – der Mann ist nicht hier ermordet worden, aber das ist ja offensichtlich. Du hast die Schleifspuren gesehen, nehme ich an. Sie reichen bis dahinten. So weit kann man mit dem Wagen fahren. Das wird der Täter gemacht haben. Und dann hat er sein Opfer hier abgelegt.«

»Wann hat er das gemacht?«

»Irgendwann heute früh wahrscheinlich. Die Totenstarre ist noch nicht voll ausgebildet. Aber bei dieser Kälte dauert das sowieso länger, das weißt du ja.«

»Wann weißt du mehr?«

»Das kann ich dir nicht sagen. Ich arbeite so schnell ich kann. Mal dauert es länger, mal geht es schneller. Es hängt immer davon ab, was ich finde. – Aber du bist natürlich ungeduldig. Du stehst ziemlich unter Druck, was?«

»Es geht.«

»Erst die Belastungszeugin, jetzt der Staatsanwalt – dieser Bursche geht wirklich zur Sache«, stellte der Arzt fest. »Zum Glück war ich damals nicht beteiligt, sonst wäre ich wahrscheinlich auch auf der Abschussliste!«

Richtig, den toten Juwelier hatte noch sein Vorgänger bearbeitet.

»Aber wie sieht es mit dir aus, Bernd? Du hast den Kerl damals verhaftet. Glaubst du nicht, dass du auch in Gefahr bist?«

Bernd stritt das ab: »Ach, weißt du, in unserem Beruf ist man immer irgendwie in Gefahr. Und die Leute, die wir festnehmen – jeder von denen hat logischerweise einen Groll auf uns. Manche sagen das ganz offen. Manche stoßen wilde Drohungen aus. Warte, bis ich wieder draußen bin! Aber fast immer sind das nur leere Worte. Und wer ein paar Jahre im Knast verbracht hat, der will hinterher normalerweise nur eins: nie wieder dort hineinkommen. Und irgendwelche Rachegedanken sind nach der langen Zeit in der Regel vergessen. Und was diesen Dreyer angeht – der hat damals überhaupt keine Drohungen ausgestoßen.«

»Aber dennoch hat er inzwischen mehrere Menschen umgebracht.«

»Ja, das ist mir klar«, sagte Bernd.

Der Mediziner richtete sich auf und sah ihm direkt in die Augen. »Pass auf dich auf, Bernd, hörst du? Pass gut auf dich auf! Es wäre doch schade, wenn ich in Zukunft meinen Kuchen allein essen muss!«

* * *

»Er steht nicht im Telefonbuch«, sagte Jennifer. Sie hatte vergeblich versucht, Joachim Müller zu erreichen, den Richter, der damals das Urteil gegen Wolfgang Dreyer gesprochen hatte.

»Er wohnt in Bergedorf«, sagte Vincent.

»Wenn wir ihn anders nicht kriegen können, müssen wir hinfahren und ihn warnen«, knurrte Bernd. Er mochte den Richter nicht.

»Wie sollen wir ihn finden, wenn er nicht im Telefonbuch steht?«, wollte Jennifer wissen.

»Wir haben Zugriff auf das Melderegister«, sagte Alexander.

»Nicht nötig«, befand Bernd. »Ich habe irgendwo hier im Schreibtisch seine Visitenkarte.« Er kramte in der Schublade.

»Willst du damit sagen, dass du deinen Schreibtisch die letzten acht Jahre nicht mehr ausgemistet hast?«, fragte Alexander gut gelaunt.

Bernd antwortete nicht. Beim Umzug in das neue Präsidium 2001 hatte er darauf bestanden, seinen alten Schreibtisch mitzunehmen. Es war ihm gelungen, sich gegen alle Widerstände durchzusetzen, und nun stand dieses Monstrum hier in seinem Zimmer. Es enthielt alle Informationen, die Bernd im Laufe seiner langjährigen Diensttätigkeit gesammelt hatte – irgendwo. Er hatte sich immer vorgenommen, die ganzen Unterlagen einmal durchzusehen, zu ordnen und Überflüssiges zu entsorgen, aber dazu war es bis jetzt noch nicht gekommen. Seine Mitarbeiter sahen zu, wie ihr Chef ganze Stöße von Visitenkarten auf den Tisch warf, sie durchsortierte und schließlich wieder mit Gummibändern zusammenband.

»Können wir helfen?«, fragte Jennifer vorsichtig.

Bernd reagierte nicht. Er hatte schließlich ganz hinten im Schubfach eine Zigarrenkiste mit der gedruckten Aufschrift *La Habanera – Flor Fina* und dem handschriftlichen Zusatz mit blauem Filzstift *2005/2006* entdeckt, in der die gesuchte Visitenkarte stecken musste. Und da war sie auch.

»Jetzt können wir nur noch hoffen, dass Müller inzwischen nicht umgezogen ist«, bemerkte Alexander.

»Der ist nicht umgezogen«, behauptete Bernd.

»Und was ist mit dem Anwalt?«

»Ja, Jennifer, was ist mit dem Anwalt?«

»Den können wir von der Liste streichen. Wolfgang Dreyers Anwalt ist schon vor vier Jahren gestorben. Lungenkrebs.«

»Oh«, sagte Bernd. Er selbst hatte erst vor zwei Jahren mit dem Rauchen aufgehört.

* * *

»Wen darf ich melden?« Der Herr Richter hatte tatsächlich ein Dienstmädchen!

»Kriminalpolizei«, knurrte Bernd Kastrup. Er zuckte seinen Dienstausweis.

»Oh!«

»Was gibt es denn, Flora?« Eine Frauenstimme.

»Hier ist – hier sind zwei Herrschaften von der Kriminalpolizei, die den gnädigen Herrn sprechen möchten!« Bernd schüttelte den Kopf. An diesem Haushalt schienen die letzten hundert Jahre gesellschaftlicher Entwicklung spurlos vorübergegangen zu sein.

Jennifer grinste.

Es stellte sich heraus, dass der gnädige Herr nicht zu sprechen war. Nein, er befinde sich zurzeit im Ausland, auf dem Juristenkongress in Prag. *Lawtech Europe Congress 2014*, und anschließend wolle er noch zwei Wochen nach Karlsbad fahren, um sich von den Anstrengungen dieses Jahres zu erholen. So mussten Bernd Kastrup und Jennifer Ladiges mit der gnädigen Frau vorliebnehmen.

Die Frau Müller machte keinen besonders gnädigen Eindruck.

»Frau Müller«, sagte Bernd, »wir kommen aus ernstem Anlass. Sie haben vielleicht in der Zeitung gelesen, dass zurzeit ein Serienmörder in Hamburg sein Unwesen treibt ...«

»Der ›Wolf von Hamburg‹. Ja, das habe ich gelesen. Aber was haben wir damit zu tun?«

»Dieser sogenannte ›Wolf von Hamburg‹ scheint sich aus irgendeinem Grunde vorgenommen zu haben, eine Reihe von Personen zu töten, die im Zusammenhang mit dem Überfall auf das Juweliergeschäft Tarp im *Neuen Wall* im Jahre 2006 stehen ...«

»Sie glauben doch nicht im Ernst, dass mein Mann in irgendeinem Zusammenhang mit einem solchen – mit einem solchen Verbrechen steht!«

»Der Täter macht offenbar keine Unterschiede zwischen Personen, die an der Straftat beteiligt waren, und Personen, die später in dem Prozess eine Rolle gespielt haben. Der Herr Hohnstorf, der Staatsanwalt, ist vor wenigen Stunden tot aufgefunden worden. Ihr Gatte hat damals das Urteil gegen den Mann gesprochen, den wir nach dem Überfall verhaftet hatten. Wir gehen deshalb davon aus, dass Ihr Mann ebenfalls gefährdet ist.«

»Das halte ich für Blödsinn. – Aber, wie schon gesagt, mein Mann ist zurzeit überhaupt nicht in Hamburg, und er wird auch in den nächsten Wochen nicht zurückerwartet. Vielleicht gelingt es Ihnen ja, diesen Serienmörder wenigstens noch vor Weihnachten zu fassen, damit wir alle wieder ruhig schlafen können.«

»Wir tun unser Bestes«, brummte Bernd.

»Ich wünsche Ihnen viel Erfolg«, sagte die Dame. Es klang etwas gelangweilt.

»Danke«, erwiderte Jennifer gereizt. Aber das hörte Frau Müller nicht mehr, denn da hatte sie die Tür schon wieder geschlossen.

* * *

»Nun, hast du sie abgewimmelt?«, fragte Joachim Müller seine Frau.

»Kleinigkeit«, sagte die.

»Sie könnten natürlich im Internet nachsehen, und dann würden sie feststellen, dass dieser Kongress schon im Oktober war.«

»Es sind Beamte, Joachim, diese Mühe werden sie sich nicht machen.«

»Ich bin auch ein Beamter, vergiss das nicht! – Was ich ihrer Meinung nach machen sollte, das haben sie nicht gesagt, oder?«

»Nein, das haben sie nicht. Ich habe ja gesagt, dass du im Ausland bist. – Aber, mal ganz im Ernst, was hätten sie dir denn vorschlagen sollen? Personenschutz? Wie stellst du dir das vor? Willst du vielleicht mit zwei Gorillas rechts und links zum Senatsempfang gehen? Oder in die Oper? Sollen wir da vielleicht besser gleich neun Karten kaufen, damit du von allen Seiten von Sicherheitskräften umgeben bist?«

Müller lachte. Er liebte es, wenn sich seine Frau so ereiferte.

Die sah ihn plötzlich besorgt an: »Was glaubst du, Joachim, bist du wirklich in Gefahr?«

Der Richter schüttelte den Kopf. »Dies ist die Bundesrepublik Deutschland, Susanne, hier passiert so etwas nicht. Die Prozesse, bei denen ich den Vorsitz führe, das sind ja auch nicht irgendwelche Mafiaprozesse, sondern ganz normale Strafverfahren. Und wenn es um Mord geht, dann sind das äußerst simple Geschichten. Opa erschlägt Oma, weil sie nicht das *Sportstudio* sehen will, oder so etwas.«

»Was willst du tun?«

»Gar nichts. Ich werde genauso weiterleben wie bisher, und wenn wirklich etwas passieren sollte, dann habe ich ja noch den Hund.«

»Den Hund?« Susanne Müller lachte ungläubig. »Den Dackel?«

»Ja, den Dackel. Das ist zwar nicht gerade ein Kampfhund, aber wenn mir jemand etwas tun will, dann kann er ordentlich Krach schlagen, und den Bösewicht möchte ich sehen, der dann nicht die Flucht ergreift.«

* * *

»So, da bin ich wieder!«

»Schön, dass du wieder da bist.« Gesines Herz klopfte so laut, dass sie einen Moment lang befürchtete, Bernd könnte es hören.

»Ich hoffe, du hast dich nicht zu sehr gelangweilt.«

Was sollte sie darauf sagen? Hatte der Teppichhändler ihn nun darüber informiert, dass sie heimlich draußen gewesen war, oder hatte er nicht? »Ich habe mich nicht gelangweilt«, sagte Gesine. Und dann, nach kurzer Überlegung: »Ich bin draußen gewesen.«

Bernd, der gerade dabei war, seine Einkäufe auf den Tisch zu packen, hielt in der Bewegung inne. »Du bist draußen gewesen?«

Gesine nickte. »Ich habe es nicht mehr ausgehalten, Bernd. Meine Tochter liegt im Krankenhaus, mein einziges Kind, und ich bin nicht bei ihr!« Das klang dramatischer, als es gemeint war. Sylvia und ihre Mutter waren sich nicht so nahe, wie Gesine es gerne gehabt hätte.

Bernd Kastrup riss sich zusammen. »Du warst im Krankenhaus?« Ich bin ganz ruhig, ich bin ganz ruhig, dachte er. Es ist nichts passiert, kein Grund zur Aufregung. Ganz gleich, was Gesche angestellt hat, es ist alles gut gegangen!

»Ja. Ich bin einfach hingefahren. Aber dann, dann habe ich es plötzlich mit der Angst bekommen, und ich bin weggerannt.«

»Warum hast du es mit der Angst bekommen? Hast du Wolfgang gesehen? War er etwa dort?«

»Nein, er war nicht dort. Jedenfalls habe ich ihn nicht gesehen. Aber auf einmal – auf einmal hatte ich das Gefühl, dass ich beobachtet wurde. Und da bin ich gerannt. Ach, Bernd, ich bin eine schlechte Mutter!«

Bernd schüttelte den Kopf. »Unsinn!«, sagte er.

»Kein Unsinn! Bernd, es gibt so vieles, was du nicht weißt und was ich mich gar nicht traue, dir zu erzählen ...«

»Dann behalt es für dich, Gesche. Es ist schön, dass du hier bist. Es ist schön, dass dir nichts passiert ist. Und Sylvia ist im Krankenhaus in Sicherheit. Es ist alles in Ordnung.«

Nichts war in Ordnung. Aber Bernd Kastrup wollte nichts davon hören, und sie wusste nicht, wie sie es ihm trotzdem sagen sollte, ohne alles kaputt zu machen. »Ich habe Angst, Bernd.«

»Du brauchst keine Angst zu haben. Ich bin bei dir, ich beschütze dich. Aber du solltest wirklich diese Wohnung hier nicht allein verlassen. Es ist gefährlich, draußen herumzulaufen, Gesche! Du solltest hierbleiben, bis wir Wolfgang verhaftet haben, bis die Gefahr vorbei ist.«

* * *

Gesche schlief. Bernd Kastrup konnte nicht schlafen. Er saß in seinem Sessel am Fenster. Der Kater war auf seinen Schoß gesprungen, aber obwohl Bernd ihn sanft im Nacken kraulte, wirkte Dr. Watson unzufrieden.

»Dir gefällt die Geschichte nicht«, sagte Bernd. »Du hast recht, Watson, mir gefällt sie auch nicht. Jetzt haben wir schon den zweiten Toten in dieser Serie, und wenn wir nicht ganz viel Glück haben, dann wird das nicht der letzte Tote bleiben.«

Dr. Watson entspannte sich. Er machte sich um die Toten keine Gedanken.

»Und es ist etwas Eigenartiges passiert, was ich in dieser Form noch nie erlebt habe. Der Mörder kommuniziert mit uns. Er schickt uns Mitteilungen, die in irgendeiner Weise mit seinen Taten zusammenhängen. Das Dumme ist nur, dass diese Mitteilungen zu gut verschlüsselt sind, sodass wir damit nur schwer etwas anfangen können. Das erste Opfer hatte einen Zettel in der Tasche, auf dem stand: *Wolf*. Wir haben gedacht, das Tier sei gemeint, aber vielleicht hat der Täter auch sich selbst gemeint. Der Mann heißt eigentlich Wolfgang Dreyer, aber seine Freunde nennen ihn Wolf.«

Der Kater rollte sich auf die Seite; Bernd kraulte ihn unter dem Kinn.

»Heute hat uns der Täter ein ganzes Buch zugeschickt. Das war ein verschlüsselter Hinweis darauf, wo wir die nächste Leiche finden würden. Als wir das Buch in Händen hielten, hat möglicherweise das Opfer sogar noch gelebt. Wenn wir den Hinweis richtig gedeutet hätten, dann hätten wir den Mann womöglich retten können. – Das heißt, nein, das hätten wir nicht können. Als der Täter das Opfer dort abgelegt hat, da war es schon tot.«

Dr. Watson begann jetzt leise zu schnurren.

»Gefällt dir das, was ich dir erzähle? Mir gefällt es nicht, Watson! Ich lasse mich nicht gern an der Nase herumführen. Und schon gar nicht von einem Serienmörder. Immerhin wissen wir inzwischen, wer der Mörder ist. Und wir wissen auch etwas mehr darüber, wie er seine Opfer in seine Gewalt bringt. Bei Karolin Meister hat er Alkohol eingesetzt. Er hat sie betrunken gemacht, bevor er den Hund auf sie gehetzt hat. Bei dem Staatsanwalt hat er das nicht versucht. Bei dem Staatsanwalt ist er viel brutaler vorgegangen. Er hat den Mann niedergestochen, sodass er nicht mehr viel Widerstand leisten konnte. Und dann hat der Hund ihm den Rest gegeben.«

Der Kater hörte auf zu schnurren und sah Bernd fragend an.

»Hast du gehört, dass ich von einem Hund gesprochen habe? Hat dich das beunruhigt? Keine Angst, ich werde nicht mehr davon reden. Und Hunde lassen wir hier nicht rein!«

Der Kater blickte jetzt zu der Matratze hinüber, auf der die schlafende Gesche lag.

»Ist es das, was dich stört? Dass ein fremder Mensch hier bei uns in der Wohnung ist? Daran musst du dich gewöhnen,

Watson. Die Gesche ist eine ganz liebe Frau, und sie hat es nicht leicht gehabt im Leben. Wir müssen sie hier bei uns verstecken. Wir müssen sie beschützen, Watson!«

Bernd hatte das Gefühl, dass der Kater das für keine gute Idee hielt.

* * *

Der Mann hatte gewartet bis kurz nach Mitternacht. Jetzt wurde er aktiv. Um diese Zeit lag die Speicherstadt wie ausgestorben. Um diese Zeit waren nur noch Mörder wach. Das Licht im obersten Stock des Lagerhauses, in dem Gesa verschwunden war, war schon längst erloschen. Er war sich ziemlich sicher, dass die Frau schlief. Und der Polizist, bei dem sie Unterschlupf gefunden hatte, auch.

Die Haustür war verschlossen. Ein ganz normales Schloss, das ließ sich mit dem Dietrich mühelos öffnen. Das einzige Problem war, dass der Mann viele Jahre lang keinen Dietrich benutzt hatte. Er hatte überhaupt selten Schlösser auf diese Weise öffnen müssen, und einen Moment lang zweifelte er daran, ob es ihm gelingen würde. Noch einmal sah er sich um. Die Speicherstadt schien zwar menschenleer, aber die Straßenbeleuchtung brannte die ganze Nacht, und wenn doch jemand vorbeikommen sollte, dann konnte er nicht umhin zu bemerken, dass sich eine verdächtige Gestalt an der Eingangstür dieses Lagerhauses zu schaffen machte.

Endlich gelang es ihm, das Schloss zu öffnen. Die Tür quietschte. Der Mann trat rasch ein und schloss die Tür hinter sich. Er verharrte einen Augenblick, bis sich seine Augen an die Dunkelheit gewöhnt hatten. Dann zog er sich die Stiefel aus und stieg ganz sachte die Treppe hinauf. Es gab kein Geräusch. Die Stufen waren aus Stein.

Schon war er auf dem obersten Treppenabsatz. Er rührte mit dem Dietrich im Türschloss herum. Verdammter Mist! Es ging nicht. Unten an der Eingangstür hatte es geklappt, und jetzt funktionierte es nicht! Der Mann schwitzte vor Aufregung. Er wollte schon aufgeben, als er entdeckte, dass der Eingang gar nicht verschlossen war. Damit hatte er nicht gerechnet. Vorsichtig öffnete er die Tür. Sie machte kein Geräusch. Plötzlich registrierte er eine Bewegung unmittelbar vor sich. Der Mann sprang zurück, prallte gegen den Türrahmen, dass es krachte. Der Kater huschte an ihm vorbei nach draußen.

Der Mann rieb sich die Schulter. Er lauschte. Eigentlich wäre es am vernünftigsten gewesen, sein Vorhaben an diesem Punkt abzubrechen. Er wusste jetzt, wie er hier hereinkam. Er konnte jeden Tag wiederkommen. Aber andererseits rührte sich auf dem Speicherboden noch immer nichts. Und hier konnte sich niemand lautlos bewegen, denn der Fußboden bestand aus Holzdielen.

Kurz entschlossen betrat der Mann den großen Lagerraum. Zwei Drittel des Raumes wurden von irgendwelchen Stellwänden eingenommen. Eine Art Ausstellung offenbar. Wo waren die Menschen?

Der Wohnbereich lag direkt neben den Fenstern zum Fleet. Der Wohn- und Schlafbereich. Da war die große Matratze, und dort lag seine Gesa mit diesem Bullen friedlich nebeneinander. Den Mann packte eine grenzenlose Wut. Wie von selbst hatte er plötzlich das Messer in der Hand. In diesem Augenblick bewegte sich Gesa im Schlaf, drehte sich auf die andere Seite. Sie seufzte leise, aber sie wachte nicht auf.

Sie schläft schlecht, dachte der Mann. Sie hat Angst. Das ist gut. Sie soll ruhig noch ein paar Tage Angst haben. Und er würde sie nicht im Schlaf erstechen. Sie nicht und den Polizisten auch nicht. Das wäre zu billig.

Der Mann steckte das Messer ein. Die Dielen knackten leise, als er zum Ausgang zurückging. Er hatte schon fast die Tür erreicht, da kam ihm ein Gedanke. Er trat an die Stellwand heran, die ihm am nächsten stand. Irgendein großes Foto hatte Kastrup hier aufgeklebt, und einen längeren Text. Was auf dem Foto gezeigt wurde, konnte er bei dem schlechten Licht nicht erkennen. Was immer es sein mochte, es war jedenfalls sehr hell. Vielleicht Schnee oder Eis. Der Mann nahm den Kugelschreiber aus der Tasche und schrieb quer über das Foto: *Wolf, 22./23.11.2014.*

Sylvia

Sonntag, 23. November 2014

In der Nacht war nichts geschehen. Als sich auch am nächsten Morgen nichts tat, fragte Jennifer Bernd Kastrup, ob sie nicht Sylvia Schröder im Krankenhaus besuchen könnte.

»Wozu?«

»Ich möchte sehen, ob die Bewachung wirklich funktioniert.«

»Von mir aus. – Übrigens ist es nicht so, dass wir keine neuen Erkenntnisse haben«, log Bernd Kastrup. »Das Labor hat sich gemeldet. Es gibt irgendwelche markanten gelben Mikrofasern, die sie an der Kleidung unserer ersten Toten festgestellt haben, der Frau aus der Speicherstadt.«

»Gelbe Mikrofasern?«

»Ja. Keine Ahnung, wo die herkommen können. – Wann fährst du?«

»Jetzt gleich.«

* * *

»Ich möchte zu Sylvia Schröder.«

Der Polizist blickte auf. Vor ihm stand ein Mann, der knapp 40 Jahre alt sein mochte. »Zu Sylvia Schröder? Das geht nicht.«

»Wirklich nicht? Ich bin der Vater.«

»Oh.« Damit hatte er nicht gerechnet. Der Vater? War das nicht der Mann, der auf keinen Fall zu ihr gelassen werden sollte? »Dürfte ich bitte mal Ihren Ausweis sehen?«

»Gern.« Der Mann zückte seine Brieftasche und reichte dem Polizisten seinen Ausweis. Der verglich die Fotografie auf der Kunststoffkarte mit dem Aussehen des Mannes, der vor ihm stand. Kein Zweifel, der Ausweis war echt. Dies war tatsächlich Sylvias Vater. Was jetzt? Festnehmen natürlich! Das war sein letzter Gedanke. Er hatte den Schlag nicht kommen sehen.

* * *

Sylvia lag im Bett und las in einem der Bücher, das Schwester Hilda ihr gegeben hatte.
»Hallo, Sylvia!«
»Oh, hallo.« Sylvia erschrak.
Ihr Vater lächelte sie an.
Sylvia lächelte nicht.
»Wie geht es dir?«, fragte Wolf Dreyer mit sanfter Stimme.
»Was macht dein Arm?«
»Es geht mir schon viel besser«, antwortete Sylvia. Weglaufen, dachte sie. Aber sie konnte nicht weglaufen. Ihr war klar, dass ihr Vater die Szene beherrschte. Sie musste die Rolle spielen, die ihr Vater ihr zugedacht hatte, so wie früher auch.
»Tut es noch weh?«
»Nein, es geht schon.«
»Hast du Medikamente bekommen?«
Sylvia nickte.
Während ihr Vater mit ihr redete, gab er ihr heimlich Zeichen. Die Zeichen waren etwas unklar. Warum sagte er nicht einfach, was er wollte? Glaubte er, sie würden abgehört? Wurden sie womöglich abgehört? Gab es irgendeine Art von Babyfon, mit dem die Ärzte sie überwachten? Oder die Polizei?

Wenn Sylvia ihren Vater richtig verstand, dann wollte er, dass sie mit ihm zusammen das Krankenhaus verlassen sollte.

»Am liebsten wäre es mir, wenn du jetzt gleich mit nach Hause kommen würdest«, sagte er mit unverändert sanfter Stimme.

»Das geht nicht.«

Sylvias Vater nickte. »Nein, ich weiß. Wir werden ein kleines bisschen Geduld haben müssen.« Während er dies sagte, wies er auf seine Uhr und spreizte die fünf Finger der anderen Hand.

Was meinte er damit? Fünf Minuten? Hieß das, dass sie ihm in fünf Minuten Abstand folgen sollte?

»Sicher geht es dir in den nächsten Tagen schon so gut, dass wir wenigstens zusammen in das kleine Café gehen können, das sie hier im Krankenhaus haben. Hast du das Café gesehen? Es ist in der großen Halle gleich beim Eingang. Man muss nur ein oder zwei Treppen hinaufgehen, und dann ist man da.«

Meinte er, dass sie sich in fünf Minuten dort mit ihm treffen sollte? Wie sollte das gehen? Die Schwestern würden das nicht zulassen. »Ich hoffe auch, dass wir uns bald wiedersehen«, sagte Sylvia.

Das schien genau das zu sein, was ihr Vater von ihr hören wollte. Er lächelte. Und er nickte dazu. Eigentlich war es eher ein Grinsen als ein Lächeln. »Bis bald, meine kleine Prinzessin«, sagte er.

* * *

Jennifer hatte sich verspätet. Gegen neun Uhr hatte sie im Universitätsklinikum sein wollen; jetzt war es schon fast Mittag. Das Krankenhaus wirke ungewohnt ruhig um diese Zeit.

Die Visite war durch, das Mittagessen war noch nicht fertig. Dass etwas nicht stimmte, bemerkte Jennifer erst, als sie den leeren Stuhl auf dem Gang vor Sylvias Zimmer sah. Einen Moment lang hoffte sie, der Polizist wäre nur rasch zum Klo gegangen und käme im nächsten Moment zurück. Oder war er vielleicht bei Sylvia im Zimmer?

Jennifer klopfte an und trat ein. Kein Polizist. Das Zimmer war leer. Das Bett war leer. Das Mädchen war verschwunden.

»Sylvia?« Jennifer klopfte an die Tür zum Waschraum. Keine Antwort. Sie riss die Tür auf. Nichts. Das durfte nicht wahr sein! Sie zog das Handy aus der Tasche, tippte Kastrups Nummer ein. Vincent ging ran.

»Hauptkommissar Weber.«

»Vincent«, rief Jennifer. »Mein Gott, Vincent! Wir haben ein Problem. Ich bin in Eppendorf, im UKE. Keine Spur von dem Polizeischutz. Und Sylvia ist weg!«

»Ist sie vielleicht beim Röntgen? Oder sonst zu irgendeiner Untersuchung?«

»Das – das weiß ich nicht.«

»Ganz ruhig bleiben, Jennifer. Sieh nach, ob sie irgendwo im Haus sein kann. Ich lasse die Ausgänge sperren und komm sofort rüber. In zehn Minuten bin ich da.«

Auf dem Flur wurden Stimmen laut. Im nächsten Moment wurde die Tür aufgerissen, und ein junger Arzt stürzte ins Zimmer. »Was machen Sie denn hier?«

»Kriminalpolizei. – Wo ist Sylvia?«

»Können Sie sich ausweisen?«

Ja, Jennifer konnte sich ausweisen. »Wo ist Sylvia? Was ist hier passiert?«

Der Polizist, der Sylvia hatte bewachen sollen, war von einem Unbekannten niedergeschlagen und in die Besenkammer gesperrt worden. Er war noch nicht bei Bewusstsein. Und Sylvia war offensichtlich weg.

»Das war ihr Vater«, sagte Jennifer. »Lassen Sie bitte die Eingänge schließen.«

»Wie stellen Sie sich das vor? Wir können niemanden daran hindern, das Krankenhaus zu verlassen.«

»In fünf Minuten ist die Polizei da und übernimmt diese Aufgabe. Sorgen Sie einfach nur dafür, dass so lange niemand das Gelände verlässt.«

Der Arzt zückte sein Handy. Wahrscheinlich war es längst zu spät. Niemand wusste, wann Wolfgang Dreyer hier eingedrungen war. Von Sylvias Zimmer bis zum Hauptausgang brauchte man zu Fuß gut fünf Minuten. Mit dem Wagen dauerte es länger, bis man aus dem Gelände herauskam, weil man erst zum Parkplatz musste. Hoffentlich war Dreyer mit dem Wagen gekommen. Bestimmt war er mit dem Wagen gekommen. Das war der einfachste Weg, Sylvia hier herauszuschmuggeln. Wo blieb die Polizei? Wo blieb Vincent?

* * *

Dies war der Triumph seines Lebens! Wolfgang Dreyer wusste, dass die Polizei jetzt nach seiner Tochter und ihm suchte. Er hatte den Polizisten gesehen, der in das Krankenhaus hineingerannt war. Niemand sonst rannte auf diese Weise in ein Krankenhaus. Kein Zweifel, das war ein Polizist. Sylvia und er saßen derweil im Café und sahen zu, was sich unten tat. Aber dort tat sich nicht viel. Nachdem der Polizist vorbeigerannt war, war alles wieder ruhig.

Sylvia war schlau genug gewesen, nicht den Fahrstuhl zu benutzen, sondern zunächst über das Treppenhaus nach oben zu laufen. So war sie unbemerkt bis ins Café gelangt.

Leider hatte sie keine Zeit gehabt, sich anzuziehen. Sie trug nur ihr Nachthemd und darüber den Bademantel, den man ihr hier im Krankenhaus gegeben hatte. Das fiel nicht weiter auf; im Café saßen Kranke und Besucher gemeinsam und verzehrten ihren Kuchen.

Wolfgang Dreyer hatte seinen Wintermantel über den Stuhl gehängt; darunter trug er einen weinroten Pullover, den der Polizist nicht gesehen hatte. Er hatte seine Pudelmütze abgenommen und die Brille aufgesetzt, die er eigentlich ständig tragen sollte, aber meistens zu Hause ließ. Es gab keine aktuellen Fotos von ihm. Er war sich sicher, dass man ihn hier nicht vermutete, und er war sich sicher, dass man ihn hier nicht erkannte.

»Wir haben uns lange nicht gesehen«, sagte er zu Sylvia.

Das Mädchen nickte.

»Ich habe dich vermisst«, sagte er.

Sylvia schwieg. Was hätte sie sagen sollen? Ich dich nicht? Den Mut dazu besaß sie nicht.

»Du hättest mich ruhig im Gefängnis besuchen können.«

Ein ganz harmlos dahingesagter Satz. Aber Sylvia verstand die Drohung, die er enthielt. »Mama wollte es nicht«, sagte sie.

Dreyer nickte. »Es tut mir leid, dass ich dich erschreckt habe«, sagte er.

Ja, es hatte ihm hinterher immer leidgetan, wenn er ihr wehgetan hatte.

»Eigentlich hatte ich nur mit dir reden wollen. Aber der Hund – er ist einfach zu wild. Ich konnte ihn nicht mehr halten. Ich habe ihn gerufen, aber alles umsonst. Er hat dich in das Rohr hineingejagt, und ich hatte Angst, dass er dich beißen würde.«

Sylvia nickte. Sie wusste, dass das alles glatt gelogen war. »Wo ist der Hund jetzt?«, fragte sie.

»Zu Hause. Ich habe ihn angekettet.«

»Das ist gut.« Sylvia überlegte. Sollte sie ihn fragen, wo dieses ›zu Hause‹ war? Nein, das war unbedeutend. Entscheidend war, dass sie ihm wichtig war. Er war der einzige Mensch auf der ganzen Welt, dem sie wichtig war.

»Es ist schön, hier mit dir zusammenzusitzen«, sagte er.

»Ja, es ist schön.« Sylvia hatte die Absicht, diesen Augenblick so lange wie möglich in die Länge zu ziehen. »Ich hätte gern noch ein zweites Stück Kuchen«, sagte sie.

Ihr Vater sah auf die Uhr. Wurde er ungeduldig? »Noch einmal dasselbe?«, fragte er.

Sylvia nickte.

Ihr Vater erhob sich und ging zum Tresen. Sylvia räkelte sich in ihrem Stuhl und sah sich um. Über die große Treppe links war sie gekommen. Man konnte aber auch am Tresen vorbei in das Krankenhaus hineingehen. Und wohin mochte die Glastür dort auf der rechten Seite führen?

Wolfgang Dreyer kam mit dem Kuchen zurück.

»Danke.«

»Lass es dir schmecken. – Wir sollten uns hier aber nicht mehr allzu lange aufhalten.« Wieder sah er auf die Uhr.

»Nein.« Sie bemühte sich, seine offensichtliche Ungeduld zu ignorieren. Dennoch aß sie das zweite Stück Kuchen schneller als das erste, und der Genuss war nicht derselbe.

»Können wir jetzt gehen?«

»Ich muss mal.«

»Aber beeil dich.«

Sylvia nickte. Auf dem Weg zur Toilette drehte sie sich noch einmal um. Da saß ihr Vater. Er saß mit dem Rücken zu ihr und blickte in Richtung Ausgang. Die Glastür neben den Toiletten führte zu den Büros der Hör-, Stimm- und Sprachabteilung. Direkt daneben hing ein Poster mit einem Strandkorb. *Kurzurlaub* stand darauf.

Als Sylvia nach fünf Minuten noch nicht zurück war, wusste ihr Vater, dass sie nicht mehr kommen würde. Auch gut, dachte er. Sie hatte die Wahl gehabt. Sie hatte sich gegen ihn entschieden. Sie würde die Quittung bekommen. Eigentlich war es besser so.

* * *

Da war Vincent. »Mein Gott, Vincent, wie gut, dass du da bist!«

»Alles in Ordnung, Jennifer.« Nichts war in Ordnung, aber es half nichts, wenn man sich darüber aufregte. »Die Ausfahrten sind gesperrt. Wenn die beiden noch auf dem Gelände sind, dann kriegen wir sie.«

»Und wenn nicht?«

»Dann kriegen wir sie eben später.«

»Der Polizist, der hier Wache halten sollte, hat sich übertölpeln lassen. Er hat einen Schlag über den Schädel bekommen, hat eine Gehirnerschütterung. Aber er ist wieder ansprechbar. Der Mann sah so harmlos aus, sagt er. Kein Zweifel, das war Dreyer. Er hat seine Tochter hier rausgeholt.«

»Wann bist du denn hier gewesen? Hattest du nicht gleich nach dem Frühstück …«

»Ich habe mich verspätet, Vincent. Ich habe die U-Bahn genommen. Und die Läden hier am *Eppendorfer Baum* – ich habe nicht widerstehen können. Dieses Holzspielzeug, weißt du? Das musste ich mir ansehen. Ganz wunderschöne Sachen … Und jetzt? Jetzt bin ich schuld daran, dass Sylvia weg ist. Das wäre nie passiert, wenn ich nicht getrödelt hätte!«

»Hätte gibt's nicht«, sagte Vincent. »Es ist, wie es ist. Damit müssen wir leben.«

* * *

Wolfgang Dreyer war in aller Ruhe zum Parkplatz gegangen. Er hatte nach seiner Haftentlassung im Großhandel gearbeitet. In dem hellblauen Kittel von *Magnatrade* sah er aus wie jemand, der beruflich hier auf dem Krankenhausgelände zu tun hatte. Und der Vaneo sah auch ohne Beschriftung aus wie ein Dienstfahrzeug. Dreyer sah sich noch einmal um. Nein, keine Spur von Sylvia. Er stieg ein.

Am Ausgang standen Polizisten

»Ihre Papiere bitte!«

»Ist etwas passiert?«, fragte Dreyer.

Der junge Polizist antwortete nicht. Er studierte den Ausweis, verglich das Foto mit Dreyers Gesicht. Schließlich sagte er: »Der ist abgelaufen.«

»Oh.«

»Den müssen Sie verlängern lassen. – Gute Fahrt, Herr Hohnstorf.«

»Danke.«

Gut, dass er den Ausweis des Staatsanwalts eingesteckt hatte.

* * *

Hektik, dachte Vincent. Verdammte Hektik! Es war vollkommen sinnlos gewesen, Jennifer zusammenzustauchen, und Bernd wusste das. Warum hatte er es dennoch getan? Der Mann war einfach zu impulsiv!

»Der Kerl bringt sie um!«, hatte Bernd gebrüllt.

Auch das war nicht nötig gewesen. Es war möglich, dass Dreyer seine Tochter umbrachte, aber es war keineswegs sicher. Im Gegenteil: Wenn er sie hätte umbringen wollen, dann hätte er das ohne allzu große Mühe im Krankenhaus tun können. Viel riskanter und komplizierter war es, das Mädchen aus dem Krankenhaus herauszuschmuggeln. Wenn er diese Mühe auf sich nahm, dann wollte er sie nicht umbringen, jedenfalls nicht jetzt. Vielleicht brauchte er sie noch.

Das war Bernds zweiter Wutausbruch an diesem Tag gewesen. Das erste Mal war er explodiert, als er die Schlagzeile der Tageszeitung gelesen hatte: ›*Wolf reißt Schulkind!*‹ – Im Text war dann alles haarklein beschrieben worden, was die Polizei bisher herausgefunden hatte. Es war sogar erwähnt worden, dass Sylvia Schröder jetzt im Universitätskrankenhaus Eppendorf versorgt wurde. Das war ja geradezu eine Einladung an den Täter gewesen!

Aber es war sinnlos, sich aufzuregen. Was geschehen war, war geschehen. Jetzt mussten sie einfach abwarten. Alle Streifenwagen waren informiert, und alle Polizisten in der ganzen Stadt achteten darauf, ob irgendwo ein ungefähr 40-jähriger Mann mit einem 14-jährigen Mädchen unterwegs war, das nur mit einem Nachthemd und einem Bademantel bekleidet war. Das musste doch auffallen! Bei Nieselregen und 3° C musste das doch jedem auffallen. Aber bis jetzt hatte sich niemand gemeldet.

Vincent hatte gesagt, er wolle sich in Wilhelmsburg umsehen.

»Nicht allein!«, hatte Kastrup gesagt.

Vincent hatte Alexander mitgenommen. Vincent konnte sich nicht vorstellen, dass der Vater mit dem Mädchen in irgendein Kaufhaus marschierte und sie dort neu einkleidete. Er nahm eher an, dass die beiden zur Wohnung ihrer Mutter fahren würden und dass Sylvia sich dort die Kleidung heraussuchen würde, die sie brauchte.

Vor dem Haus in der *Veringstraße* parkte ein Streifenwagen. Das war ärgerlich. Vincent klopfte an die Scheibe, wies sich aus und sagte, dass es nicht länger nötig sei, das Haus auf diese Weise zu bewachen.

Die Haustür stand einen Spalt offen. Dreck auf dem Fußboden hatte verhindert, dass sie sich automatisch schloss. Ein Zufall, oder? Vincent war klar, dass sie sich jetzt in Gefahr begaben. Man konnte auch von hinten in das Haus gelangen. Vielleicht war Dreyer längst mit dem Mädchen durch den Garten und durch die Hintertür hereingekommen und befand sich jetzt in der Wohnung. Als er die Treppe hinaufstieg, zog Vincent die Pistole. Alexander sah ihn an, hob die Augenbrauen. Vincent kam sich lächerlich vor. Es lag Ewigkeiten zurück, dass er die Schusswaffe gebraucht hatte. Aber er durfte nicht leichtsinnig sein. Seine Familie brauchte ihn.

Vincent lauschte an der Tür. Alles war ruhig. Er nahm die Pistole in die linke Hand und schloss die Tür mit dem Sperrhaken auf. Alles blieb ruhig. Er öffnete die Tür, trat ein und machte Licht. Alles schien unverändert. Auf dem Küchentisch lag noch immer die Post, die die Polizisten bei ihrem ersten Besuch in der leeren Wohnung hier abgelegt hatten. Sie hatten am Ende alle Türen geschlossen, und auch jetzt waren alle Türen zu. Nichts deutete darauf hin, dass in ihrer Abwesenheit jemand hier gewesen sein könnte.

»Es riecht muffig«, sagte Alexander. »Hier ist lange nicht gelüftet worden!« Er wollte das Fenster öffnen.

»Nicht!«, sagte Vincent. »Nichts verändern. Sie sollen nicht merken, dass wir hier gewesen sind.«

»Wenn wir nicht lüften, werden sie sagen: Hier riecht's nach Bullen!« Alexander lachte. Aber er ließ das Fenster geschlossen.

Es war doch niemand hier, oder? Vincent öffnete alle Türen. Nichts. Er ging in die kleine Kammer, in der Sylvia ihr

Reich hatte. Er öffnete den Kleiderschrank, aber das brachte ihm keine neuen Erkenntnisse. Er hatte sich nicht gemerkt, was für Kleidungsstücke hier auf den Bügeln hingen. Und was in den Wäschefächern gelegen hatte, das wusste er sowieso nicht.

Im Bad hing ein Bademantel am Haken. Ein weißer Bademantel. Hatte der damals auch schon hier gehangen? Er hätte die Fotos mitnehmen sollen, die sie gemacht hatten. In der Hektik hatte er nicht daran gedacht. Er hatte nur weg gewollt, weg von der Unruhe, die Bernd Kastrup verbreitete.

Mist! Vincent nahm sich noch einmal den kleinen Stapel Post vor. Reklamesendungen, eine Einladung zu einer Kaffeefahrt, eine Ansichtskarte aus Mallorca, ein Brief von *Hamburg Wasser* – möglicherweise eine Rechnung. Halt! Da fehlte etwas! Da hatte ein Brief von Sylvias Schule gelegen, und der war jetzt weg. Oder hatte er den Umschlag übersehen? Vincent ging den Stapel ein zweites Mal durch. Nein, es blieb dabei, der Brief war verschwunden.

Was hieß das schon? Auch die Mutter konnte inzwischen hier gewesen sein. Sie wussten noch immer nicht, wo Gesine Schröder sich aufhielt. Vincent hoffte einen Moment lang, dass sie gerade jetzt zur Tür hereinkommen möge, aber das geschah nicht.

Wenn aber Sylvia wirklich hier gewesen war – warum hatte sie ausgerechnet diesen Brief mitgenommen? War der Brief wichtig? Möglicherweise ja. Im Grunde genommen war es schon ungewöhnlich genug, dass die Schule einen Brief schickte, heute, im Zeitalter der E-Mails.

Vincent rief im Universitätskrankenhaus an. »Welche Farbe haben eure Bademäntel?«

»Was?« Das hatte offenbar noch niemand vom Pförtner wissen wollen.

»Die Bademäntel, die Patienten bekommen, die einen Unfall gehabt haben und direkt von der Straße ins Krankenhaus eingeliefert werden.«

»Warum wollen Sie das wissen?«

»Hier ist die Polizei«, sagte Vincent. »Kriminalpolizei. Wir ermitteln in einem Mordfall. Wir haben einen Bademantel gefunden, und wir möchten wissen, ob der zu Ihnen ins Krankenhaus gehört.«

»Das kann ich Ihnen auch nicht sagen. Da wenden Sie sich am besten ...«

»Welche Farbe haben Ihre Bademäntel?«, wiederholte Vincent, wobei er jedes einzelne Wort betonte.

»Weiß. Unsere Bademäntel sind weiß.«

»Danke.«

Sylvia war hier gewesen. Sie hatte sich angezogen und war dann wieder verschwunden. Wahrscheinlich hatte sie etwas Zeug in eine Tasche oder einen Rucksack gepackt – und einen Brief. Nein, das war absurd.

Den Brief entdeckte Alexander im Abfalleimer unter der Spüle. Sylvia hatte ihn gelesen und in kleine Stücke gerissen. Vincent klaubte die Stücke aus dem Müll, legte sie auf den Küchentisch. Gemeinsam mit Alexander sortierte er sie. Das Puzzle war nicht allzu schwierig. Es dauerte keine zehn Minuten, bis sie die Teile geordnet hatten.

Vincent überflog den Text. Sylvia hatte Ärger mit der Schule. Die Lehrerin – wahrscheinlich die Klassenlehrerin – bat um eine Unterredung mit Sylvias Mutter. Das Mädchen sei stark verhaltensauffällig, und es müsse etwas geschehen, wenn Sylvia in der Klasse bleiben sollte.

Es passte alles zusammen. Vincent überlegte einen Moment lang, was er mit diesem Wissen machen sollte. Sollte er Alexander einweihen?

Alexander rief im Präsidium an und sagte: »Wir sind jetzt in der Schröder'schen Wohnung in der *Veringstraße*. Wir sind uns sicher, dass Sylvia hier gewesen ist.«

»Und sie ist nicht mehr da?«

»Nein, Bernd, sie ist nicht mehr da.«

»Schade. Aber jedenfalls läuft sie nicht mehr halb nackt durch die Gegend.«

»Nein, das nicht.« Aber die Gefahr war keineswegs vorüber, und jetzt würde es viel schwieriger sein, das Mädchen zu finden.

* * *

Dies war der beschissenste Tag seit Langem. Die Zahl der gefährdeten Personen in der aktuellen Mordserie hatte sich vergrößert. Es hatte ein weiteres Todesopfer gegeben. Wolfgang Dreyer war im Krankenhaus aufgetaucht und war mitsamt seiner Tochter verschwunden. Bernd befürchtete, dass sie das Mädchen nicht lebend wiedersehen würden.

Die abschließende Besprechung bei Thomas Brüggmann war freundlich gewesen, wie immer, aber Bernd Kastrup hatte dennoch das Gefühl gehabt, dass es einen eisigen Unterton gab. Die Polizei stand natürlich gewaltig unter Druck, die Presse wollte Erfolge sehen. Oder wollte sie im Gegenteil keine Erfolge sehen? War der »Wolf von Hamburg« inzwischen ein lieb gewordenes Monster, das man nicht mehr missen mochte, weil es die Auflage in die Höhe trieb?

Fast hätte Bernd die Pizza vergessen. Doch unmittelbar bevor er in die Speicherstadt abbog, fiel es ihm ein, dass er ja noch seinen Gast zu versorgen hatte. Dieser Gast war ein weiteres ungelöstes Problem. Gesche musste verschwinden. Sie musste irgendwo anders untergebracht werden, bevor

Antje irgendetwas von der Geschichte erfuhr. Aber wohin mit ihr? Vincents muslimische Frau würde es sicher nicht begrüßen, wenn plötzlich eine zweite, jüngere Frau im Haus auftauchte. Und Alexander war zu sehr Schürzenjäger, als dass er ihm Gesche anvertrauen mochte.

Er schob diese Gedanken zur Seite. Irgendwie würde sich eine Lösung finden. Jetzt war erst einmal Feierabend. Als er mit den Pizzakartons die Treppe hinaufstieg, fiel ihm plötzlich ein, dass er seine Pistole im Wagen vergessen hatte. Er ließ die Kartons auf dem Treppenabsatz stehen und kehrte noch einmal um.

Gesche begrüßte ihn mit einem ausgiebigen Kuss. »Schön, dass du wieder da bist!« Es war klar, dass sie sich gelangweilt hatte. »Ich habe angefangen, mir deine Ausstellung anzusehen. Ich habe gar nicht gewusst, dass du – dass du solche wissenschaftlichen Arbeiten machst.«

»Das sind keine wissenschaftlichen Arbeiten«, wehrte Bernd ab. »Das ist einfach nur mein Hobby. Ich möchte verstehen, wie die Dinge zusammenhängen. Ich möchte begreifen, warum Menschen so reagieren, wie sie reagieren, und warum es immer wieder zu Katastrophen kommt. – Gesche, ich muss dir etwas sagen!«

Gesche hörte nicht zu. »Dieses Schiff – wann ist das noch mal untergegangen?«

Bernd hatte auf seinen Stellwänden mehrere Schiffsunglücke dokumentiert. Gesche meinte die *Andrea Doria*. Die war im Sommer 1956 von dem schwedischen Passagierschiff *Stockholm* gerammt worden und schließlich gesunken.

»Und dieses Mädchen, das genauso alt ist wie meine Sylvia, das ist auf so wundersame Weise gerettet worden ...«

Ja, das war richtig. Der Bug der *Stockholm* hatte sich genau an der Stelle in die *Andrea Doria* gebohrt, an der Linda Morgan im Bett lag und schlief. Sie war nicht aufgewacht, während neben ihr ihre kleine Schwester und ihr Stiefvater zerdrückt wurden. Sie war auf irgendeine Weise auf dem Bug der *Stockholm* gelandet und ohne es zu merken aus ihrer Kabine herausgezogen worden. Später hatten schwedische Seeleute das leicht verletzte Mädchen gefunden und geborgen.

»Gesche«, setzte Bernd erneut an.

»Es ist schön, dass es solche Wunder gibt.« Gesche schmiegte sich enger an Bernd.

Ja, es war schön, dass es so etwas gab. Bernd sagte: »Ich fürchte, wir werden jetzt auch ein Wunder brauchen. Gesche, ich habe eine schlechte Nachricht für dich.«

»Was ist passiert?«

»Dein Ex-Mann ist im Krankenhaus aufgetaucht und hat Sylvia mitgenommen.« Bernd berichtete, was geschehen war.

Gesche schwankte kurz, entsetzt starrte sie ihn an. Dann stotterte sie: »Wie ... wie konnte das passieren? Ich denke, Sylvia wurde Tag und Nacht bewacht?« Sie schluckte trocken. »Und jetzt?«

»Wir tun alles, was wir können, um Wolfgang Dreyer zu finden. Immerhin wissen wir jetzt ungefähr, wie er aussieht.« Sie hatten noch immer kein einigermaßen aktuelles Foto, aber nach den Angaben des Polizisten war eine Zeichnung angefertigt worden. Bernd zeigte Gesche eine der Kopien.

»Ja, so ähnlich könnte er aussehen.«

Bernd Kastrup schob die Pizza in den Ofen. Er stellte auch Futter für Dr. Watson bereit, aber der Kater hatte sich bisher noch nicht sehen lassen.

Gesche aß die Pizza mit großem Appetit. Bernd sah ihr dabei zu. Er selbst ließ sich Zeit mit dem Essen. Gesches moderate Reaktion auf die jüngste Entwicklung hatte ihn überrascht. Er kannte sie als eine sehr spontane Frau und hatte mit heftigen Vorwürfen gerechnet. »Ich freue mich, dass du die neueste Entwicklung so gelassen nimmst«, sagte er.

Sie schüttelte den Kopf. »Du täuschst dich. Ich nehme es nicht gelassen. Aber warum sollte ich hier herumschreien? Es würde nichts ändern. Ich wünschte, ich könnte etwas tun, um Sylvia zu befreien und um Wolfgang festzunehmen. Aber mir fällt nichts ein, was ich tun könnte. Ich versuche nachzudenken, aber mein Kopf ist vollkommen leer. Ich weiß nicht, was ich tun soll. Ich weiß überhaupt gar nichts. Wenn Sylvia jetzt auch noch tot ist, dann habe ich niemanden mehr. Dann habe ich nur noch dich.« Sie weinte.

Löwe

Montag, 24. November 2014

Der nächste Tag begann mit einer Besprechung beim Chef. »Was gibt es Neues?«, wollte Thomas Brüggmann wissen.

Aber es gab nichts Neues. Keine neuen Überfälle, keine neuen Erkenntnisse.

»Das ist mager. – Und Dreyers Tochter und seine Ex-Frau?«

»Nach wie vor verschwunden.«

»Keine Spur?«

»Keine Spur«, bestätigte Bernd, ohne mit der Wimper zu zucken.

Anschließend gingen Brüggmann und er noch einmal gemeinsam alles durch, was sie bisher im Fall »Wolf von Hamburg« ermittelt hatten. Brüggmann fragte nach Wolfgang Dreyer.

»Wir haben zunächst einmal nachgefragt, wann Dreyer aus dem Gefängnis entlassen worden ist und was er seither getrieben hat. Dabei hat sich gezeigt, dass er schon seit gut einem Jahr auf freiem Fuß ist.«

»Schon so lange? Und die ganze Zeit ist nichts passiert?«

»Jedenfalls nichts, was uns zu Ohren gekommen ist. Vermutlich hat er die Zeit genutzt, um die heutigen Lebensumstände seiner Opfer auszuspähen und um die Verbrechen vorzubereiten. Dreyer hat nur zwei Drittel seiner Strafe verbüßt. Er hat dann einen Antrag auf Reststrafenaussetzung gestellt, und dem wurde entsprochen. Dreyer war ein mustergültiger Gefangener.«

»Das heißt also, niemand konnte ahnen, dass er irgendwelche Rachepläne geschmiedet hat?«

»Nein.«

»Und – nach seiner Freilassung?«

»Das Übliche. Er hat sich sofort arbeitslos gemeldet, und er hat ausgesprochenes Glück gehabt: Er hat innerhalb eines Monats eine Stelle gefunden. Dazu hat natürlich entscheidend beigetragen, dass Dreyer ein gepflegtes Aussehen hat und aufgrund seiner guten Schulbildung sehr selbstsicher auftreten kann.«

»Das gepflegte Aussehen kostet Geld ...«

»Wir nehmen an, dass Dreyer praktisch das gesamte Überbrückungsgeld, also rund 1000 Euro, für die Beschaffung einer Wohnung und für anständige Kleidung ausgegeben hat. Er hat in der *Bundesstraße* gewohnt, in einem dieser Klinkerbauten aus der Zwischenkriegszeit.«

»Keine schlechte Adresse!«

»Nein, keine schlechte Adresse. Theoretisch wohnt er dort noch immer. Er hat die Miete für Dezember bezahlt. Aber seine Nachbarn sagen, dass sie ihn in der letzten Zeit nicht mehr gesehen haben. Wir nehmen an, dass er spätestens am 18. November untergetaucht ist. Wir haben die Wohnung natürlich durchsucht, aber erwartungsgemäß keine Hinweise darauf gefunden, wo sich der Mann heute aufhalten mag.«

»Und der Arbeitgeber?«

»*Magnatrade*. Ein Großhandelsunternehmen. Dreyer hat sich zwei Wochen freigenommen. Ab dem 17. November. Aber ich glaube nicht, dass er am 1. Dezember dort wieder aufläuft. – Immerhin haben sie inzwischen ein aktuelles Foto von ihm aufgetrieben.«

Bernd legte den Abzug auf den Tisch. Das Bild zeigte ein halbes Dutzend fröhlicher Männer und Frauen, die in irgendeinem Lokal zusammensaßen.

»Betriebsausflug«, erläuterte Bernd. »Der da ist Dreyer«, fügte er hinzu. Er wies auf einen der Männer, der gerade ein Bierglas an die Lippen setzte.

»Er trägt einen Bart«, sagte Brüggmann.

»Heute nicht mehr. Sein Wohnungsnachbar sagt, dass er den Bart vor ein paar Wochen abrasiert hat.«

»Dann können wir mit dem Foto nicht viel anfangen.«

»Es gibt bessere Fotos von vor acht Jahren. Alexander sagt, dass er aus den Aufnahmen ein brauchbares aktuelles Bild zusammenbasteln kann.«

»Viel Glück dabei. Und ich drücke dir die Daumen, dass ihr den Kerl bald zu fassen kriegt!«

»Danke.« Bernd wollte sich erheben, aber sein Chef hielt ihn zurück.

»Da ist noch eine Sache, die ich ansprechen muss. Du hast mich jetzt umfassend ins Bild gesetzt, was den Stand deiner Ermittlungen angeht. Aber einen wesentlichen Punkt hast du dabei unerwähnt gelassen, und das ist deine eigene Rolle in diesem Spiel.«

»Meine Rolle ist die des Ermittlers, das weißt du.«

»Nicht nur, Bernd, nicht nur! Du bist es gewesen, der damals Dreyer festgenommen hat. Du bist eindeutig gefährdet. Und Dreyer hat deutlich gemacht, dass er dich im Visier hat. Er hat die erste Leiche sozusagen direkt vor deiner Haustür abgelegt. Und er hat den Hinweis auf den toten Staatsanwalt direkt an dich adressiert.«

»Der Umschlag war nicht an mich adressiert, sondern an unsere Abteilung«, behauptete Bernd Kastrup. Das war gelogen, aber er wusste, dass sein Chef ihn von diesem Fall abziehen musste, wenn eine persönliche Verwicklung erkennbar war. Und seine persönliche Verwicklung in den Fall war massiv. Sie ging viel weiter, als Brüggmann ahnen konnte.

»Kann ich diesen Umschlag einmal sehen?«, fragte der Chef.
»Ich habe ihn weggeworfen«, log Bernd.
»Was?«
»Ich konnte doch nicht wissen, was es damit auf sich hatte. Jemand hatte uns ein Buch zugeschickt, mit dem wir nichts anfangen konnten. Das war alles.«

Brüggmann schüttelte den Kopf. »Ich glaube, mehr möchte ich im Augenblick nicht wissen«, sagte er. »Aber sei bitte vorsichtig, Bernd!«

»Ich werde so vorsichtig sein wie immer«, erwiderte Bernd.

Genau das hatte Brüggmann befürchtet.

* * *

Als Bernd Kastrup von der Besprechung zurückkam, warteten die anderen bereits auf ihn.

»Du hast Post gekriegt«, sagte Vincent.

Auf dem Schreibtisch lag ein schlichter, weißer Briefumschlag, auf den jemand mit Druckbuchstaben geschrieben hatte: *Herrn Kommissar Kastrup, Polizeipräsidium*.

»Der ist ganz normal zugestellt worden?«, fragte Bernd.

»Ja, ganz normal. Schließlich hat er ja eine Briefmarke. Die Anschrift des Empfängers ist zwar unvollständig, aber selbst bei der Post wissen inzwischen die meisten, wo das neue Polizeipräsidium zu finden ist.«

Bernd wog den Brief in der Hand. Übergewicht hatte er nicht. Bernd drehte den Umschlag um. Auch auf der Rückseite gab es keinen Absender.

»Wahrscheinlich ist das eine von diesen beliebten Briefbomben«, unkte Alexander.

»Red' keinen Scheiß«, sagte Bernd.

»Oder Anthrax. Ich würde auf Anthrax tippen!«

Der Brief enthielt keinen Sprengstoff und allem Anschein nach auch keine Milzbranderreger, sondern eine mehrfach gefaltete Seite aus dem *Hamburger Abendblatt*.

»Der Service wird immer besser«, bemerkte Alexander. »Jetzt schicken uns unsere Serienmörder freundlicherweise schon den Wetterbericht.«

In der Tat handelte es sich um die Seite 47 der Wochenendausgabe des *Abendblatts* vom 22./23. November. »Das ist veraltet«, stellte Bernd fest. Aber es ging sowieso nicht um den Wetterbericht. Es ging auch nicht um das Sudoku oder um das Schwedenrätsel, die auf derselben Seite abgedruckt waren, sondern es ging ganz offensichtlich um das Horoskop. Jemand hatte das Sternzeichen Löwe mit einem roten Buntstift eingekreist. Bernd war Stier.

»Ist jemand von euch Löwe?«, fragte er.

Alle schüttelten den Kopf.

»Wann ist Löwe?«, wollte Jennifer wissen.

»23. Juli bis 23. August.«

Das sagte keinem von ihnen etwas. »Gestern war der 23. November«, bemerkte Alexander. »Wir haben jetzt also Schütze. Sternzeichen Schütze.«

»Aber der Kerl hat ›Löwe‹ markiert.«

»Und was steht da?«

Bernd verlas den Text: »*Zögern Sie nicht, Unstimmigkeiten mit dem Partner furchtlos aus dem Weg zu räumen. Schweigen führt unweigerlich in eine Krise. Vergeuden Sie Ihre Kräfte nicht, denn am Morgen lässt Sie ein Energieschub den folgenden Arbeitstag unterschätzen.*«

Auch das brachte sie nicht weiter.

»Wir sollen unsere Kräfte nicht vergeuden«, sagte Alexander schließlich. »Hat jemand Lust auf eine Runde Quizduell?«

* * *

Sylvia hatte nicht die Absicht, sich längere Zeit zu verstecken und zu hoffen, dass sie niemand fand. Einen Moment lang hatte sie erwogen, den netten Polizisten zu suchen, diesen Vincent, aber was wusste sie schon von dem? Wichtiger war ihr Vater. Sie wollte zwar nicht mit ihm zusammen sein, aber sie wollte wissen, was er vorhatte. Und wenn sie das in Erfahrung bringen wollte, dann musste sie ihn finden.

Der Mann fiel ihr ein, den ihre Mutter einmal vor längerer Zeit mit ihr zusammen aufgesucht hatte. Sie wusste nicht, wie der Mann hieß, aber sie wusste noch, wo er wohnte. Irgendwo in Eimsbüttel war das gewesen. Ihre Mutter und sie waren mit der U-Bahn gefahren, und sie waren an einer Station ausgestiegen, deren Namen man sich leicht merken konnte: Osterstraße.

Sie wusste nicht, was ihre Mutter von dem Mann gewollt hatte. Das heißt – nein, das stimmte nicht ganz. Geld hatte sie gewollt. Jedenfalls hatte der Mann ihr am Ende einen Umschlag gegeben, in dem Geld gewesen war. Eine große Anzahl 200-Euro-Scheine, an die sich Sylvia so gut erinnerte, weil sie diese großen, blassbraunen Scheine noch nie zuvor gesehen hatte. Ihre Mutter hatte sich mit dem Mann unterhalten. Der Mann war nervös gewesen. Ihre Mutter hatte über alle möglichen Dinge geredet, die Sylvia nicht interessiert hatten. Aber sie hatte auch erwähnt, dass Wolfgang sicher bald aus dem Gefängnis entlassen würde, und das hatte sie interessiert. Ihre Mutter sprach gewöhnlich nicht von ihm.

Wenn ihre Mutter mit diesem Mann über ihren Vater geredet hatte, dann hieß das, dass der Mann ihren Vater kannte. Sylvia hatte das unbestimmte Gefühl, dass dieser Mann irgendetwas mit dem Raubüberfall zu tun hatte, wegen dem ihr Vater im Gefängnis saß. In dem Fall musste er ein Freund ihres Vaters sein. Wenn er ein Freund ihres Vaters war, dann würde er wissen, wo sie Wolfgang Dreyer finden konnte.

Die Fahrt von Wilhelmsburg zur *Osterstraße* war aufregend. Das wenige Geld, das Sylvia besaß, hatte sie nicht für eine Fahrkarte opfern wollen. Sie hatte Glück. Es gab keine Kontrolle, und sie gelangte ohne Probleme an ihr Ziel. Schwieriger war es schon, das Haus wiederzufinden, in dem dieser Mann wohnte. Sylvia war zunächst den Menschen nachgelaufen, die mit ihr zusammen ausgestiegen waren, hatte den falschen Ausgang erwischt und war schließlich in einer Gegend gelandet, die ihr vollkommen fremd war. Es half nichts: Sie musste zurück zur U-Bahn-Station.

Das zweite Versuch war erfolgreich. Das Haus war gar nicht so weit von der U-Bahn entfernt, wie Sylvia gedacht hatte. Sie ging die drei Stufen zum Eingang hinauf und studierte die Schilder neben den Klingelknöpfen. Die Namen sagten ihr nichts. Oder doch? Sie hatte das unbestimmte Gefühl, dass der Mann vielleicht Karl-Heinz geheißen haben könnte. Da stand ein K.-H. Lüdtke. Könnte der das gewesen sein? Sie musste es ausprobieren.

Sie drückte auf den Klingelknopf. Eine ganze Weile geschah gar nichts, aber dann ertönte ein Summer, und die Haustür ließ sich öffnen. Sylvia machte Licht im Treppenhaus. Sie hatte keine Ahnung, wo dieser Lüdtke wohnte. Aber im Erdgeschoss war es sicher nicht gewesen. Zögernd stieg sie die Treppe hinauf.

Karl-Heinz Lüdtke erwartete sie in der geöffneten Wohnungstür. Als er sah, wer ihn da besuchte, verzog er sein Gesicht. »Was willst du, kleine Hexe?«, sagte er. »Verschwinde!«

Sylvia nahm all ihren Mut zusammen: »Ich will meinen Vater sprechen.«

»Und da kommst du ausgerechnet zu mir? Wer hat dir erzählt, dass ich weiß, wo dein Vater ist?«

»Niemand.«

»Ich weiß nicht, wo er ist, und ich will es auch gar nicht wissen!«

Es war ganz offensichtlich, dass dieser Mann große Angst hatte und dass er keineswegs ein Freund ihres Vaters war. Sylvia wusste nicht, was sie tun sollte.

»Was willst du denn noch hier? – Ich will mit euch nichts mehr zu tun haben. Ihr habt alles Geld bekommen, was euch zusteht. Den vollen Anteil für Wolf und für Gesine Schröder. Mehr gibt es nicht. Mehr ist da nicht. Schluss, aus, Ende! – Und nun verpiss dich!« Der Mann knallte die Wohnungstür zu.

Sylvia stand allein im Treppenhaus. Im nächsten Moment ging das Licht aus. Sylvia wartete, bis sie sich an die Dunkelheit gewöhnt hatte, dann stieg sie eine halbe Treppe weiter nach oben, setzte sich auf die Stufen und wartete. Sie hatte erfahren, was sie wissen wollte. Dieser Mann kannte ihren Vater. Er hatte Angst vor ihm, panische Angst. Wahrscheinlich bedrohte ihr Vater ihn. Wenn sie diesem Mann folgte, dann würde er sie zu ihrem Vater führen. Ihr Vater würde diesen Mann finden. Wenn nicht heute, dann an einem der anderen Tage. Sie hatte Zeit, sie würde warten.

* * *

»Vincent, ich glaube, wir haben ein Problem«, sagte Alexander.

»Wir haben viele Probleme«, sagte Vincent ausweichend.

»Es geht um Jennifer. Wegen gestern.«

»Was soll ich tun? Willst du, dass ich mit Bernd rede, dass er sich entschuldigt? Das kannst du genauso gut machen wie ich, und der Erfolg wird genau derselbe sein. Er wird sich nicht entschuldigen. Du kennst ihn nicht so lange wie ich, aber inzwischen wahrscheinlich doch lange genug, um ihn einschätzen zu können. Er poltert herum, aber das bedeutet nicht viel. Im nächsten Moment ist alles wieder vergessen.«

»Er hat Jennifer schwer getroffen. Es war schon schlimm genug, dass sie im Krankenhaus zu spät gekommen ist, aber dass Bernd sie dann noch angebrüllt hat, das war einfach zu viel.«

»Ja. Aber warum glaubst du, dass ausgerechnet ich der Richtige bin, um sie zu trösten? Du bist ungefähr im gleichen Alter, ihr arbeitet seit Jahren zusammen, du kennst sie viel besser als ich, warum machst du das nicht?«

»Weil du der bessere Mann bist.«

Vincent schüttelte den Kopf.

»Doch, Vincent, du bist der bessere Mann. Du bist derjenige von uns, der am behutsamsten mit anderen Menschen umgehen kann. Wir sind ein Team. Und die Stärke unseres Teams liegt darin, dass jeder die Aufgabe durchführt, für die er am besten geeignet ist.«

»Ja, schön, ich mache es«, sagte Vincent. Er dachte: Und wer tröstet mich?

* * *

Die U-Bahn ruckelte um die Kurve. Karl-Heinz Lüdtke war schlecht. Er hatte gekotzt vorhin, bevor er sich auf den Weg machte. Er fühlte sich noch immer unwohl. Der Besuch von Wolfgangs Tochter hatte ihn verunsichert. Warum hatte er das Kind geschickt? Es war dumm gewesen, das Mädchen einfach wegzuschicken. Er hätte sie hereinlassen sollen. Und wenn er sie erst einmal in der Wohnung hatte, dann hätte er sie schon zum Reden gebracht. Er hätte alles aus ihr herausgeprügelt, was er wissen wollte. Niemand hätte ihn gestört. Das war der Vorteil, wenn man schwerhörige Nachbarn hatte. Aber diese Chance hatte er verpasst.

Zu irgendwelcher Unruhe bestand eigentlich kein Anlass. Wolfgang Dreyer hatte nie eine Waffe besessen, und nach allem, was er bisher über den »Wolf von Hamburg« gehört hatte, besaß er auch jetzt noch keine. Lüdtke hatte dagegen sein Schießeisen dabei. Eine 45er Smith & Wesson. Zehn Schuss im Magazin, einer im Lauf. Er würde sich nicht von irgendeinem abgerichteten Hund überraschen lassen. Und schon gar nicht von Dreyer selber. Dreyer war kleiner als er, und im Kampf Mann gegen Mann hatte er keine Chance. Wer als Kellner auf St. Pauli gearbeitet hatte, der hatte keine Angst vor körperlichen Auseinandersetzungen.

Der vereinbarte Treffpunkt in Hagenbecks Tierpark gefiel Lüdtke nicht. Er hätte sich lieber mit Dreyer mitten in der belebten Innenstadt getroffen, am besten direkt auf der *Mönckebergstraße*. Aber das hatte Dreyer abgelehnt. Lüdtke hatte nachgegeben. Im Grunde war es völlig egal, wo sie sich trafen. Der Tierpark war ja auch nicht gerade menschenleer – oder galt das nicht für einen regnerischen Tag Ende November? Egal – die Hauptsache war, dass er dieses Treffen endlich hinter sich brachte.

»Wir müssen reden«, hatte Dreyer am Telefon behauptet.

Lüdtke hatte keine Ahnung, worüber sein ehemaliger Partner mit ihm reden wollte. Über eine Neuverteilung der Beute etwa? Da gab es nichts mehr zu verteilen. Der Schmuck war verkauft, und das Geld war verbraucht. Daran ließ sich nichts mehr ändern. Dreyer hatte Pech gehabt, dass er im Gefängnis gesessen hatte, als das Geld verteilt wurde; so hatte er nichts abbekommen. Aber so war das Leben; der eine hatte Glück, der andere hatte Pech. Und Lüdtke hatte bisher stets darauf geachtet, dass er zu denen gehörte, die Glück hatten.

Hagenbecks Tierpark im Winter – eine kalte Angelegenheit. Ein erster, eisiger Windstoß erfasste Lüdtke, als er aus dem Bahnhof ins Freie trat. Es war früher Nachmittag, aber der Himmel war grau verhangen, und es sah aus, als ob es gleich regnen würde. Es war überhaupt nicht richtig hell geworden an diesem Tag.

Nur wenige Besucher waren unterwegs. Die meisten interessierten sich für die Elefanten, wie immer. Lüdtke ignorierte die Elefanten und ging mit zügigen Schritten in Richtung des Löwengeheges. Hier war niemand. Lüdtke sah auf die Uhr. Noch zu früh. Umso besser. So konnte er sich in aller Ruhe umsehen und sicherstellen, dass Dreyer nicht hinter irgendeinem Busch auf ihn lauerte. Wenn man vor der sogenannten ›Löwenschlucht‹ stand, gab es links einen versteckten Pfad, von dem aus man seitlich an das Gehege heran konnte, und Lüdtke hatte angenommen, dass der andere genau hier auf ihn warten würde. Aber das war nicht der Fall. Dreyer war noch nicht da.

Was jetzt? Unschlüssig ging Lüdtke vor dem Löwenfelsen auf und ab. Eine Familie mit drei kleinen Kindern kam vorbei. Alle sahen aus, als ob sie frören. Ein größeres Mädchen trödelte hinterher, einen HSV-Schal vor Mund und Nase, die Pudelmütze tief ins Gesicht gezogen. Lüdtke sah ihnen nach, bis sie um die Ecke verschwunden waren. Dreyer war noch immer nirgendwo zu sehen. Die Löwen auch nicht. Plötzlich begriff Lüdtke, dass die Löwen im Winter gar nicht im Freigehege, sondern im Löwenhaus waren.

Karl-Heinz Lüdtke fluchte. Mit raschen Schritten ging er um die künstlichen Felsen herum. Wartete Dreyer hier, auf der Rückseite? Nein, er war nicht zu sehen. Das Mädchen mit dem

HSV-Schal stand jetzt bei den Giraffen, schaute zu ihm herüber. Egal. Da war das Löwenhaus. Hier verbrachten die an tropische Wärme gewohnten Tiere ihren Winter. Wahrscheinlich würde Wolfgang Dreyer hier im Haus auf ihn warten und nicht irgendwo im Umkreis der kalten Felsen draußen. Lüdtke tastete noch einmal nach seiner Pistole. Ja, er hatte sie griffbereit. Er zog die Tür zum Löwenhaus auf und trat rasch ein.

Niemand hier. Karl-Heinz Lüdtke war allein mit den Löwen, und die waren hinter dicken Eisengittern sicher untergebracht. Sie beachteten ihn nicht. Es war warm im Löwenhaus, fast zu warm für jemand, der wie Lüdtke dick vermummt mit Mantel und Schal gekommen war, und es roch unangenehm scharf nach großen Katzen. Wie spät war es? Schon nach 13 Uhr. Ja, der Termin war bereits überschritten. Womöglich würde Dreyer gar nicht kommen. Womöglich hatte Lüdtke das Eintrittsgeld umsonst bezahlt. Zwanzig Euro für nichts! Er fluchte leise.

In dem Augenblick ging die Tür auf, und Wolfgang Dreyer kam herein. Selbstbewusst wie immer, das arrogante Arschloch, aber doch auch vorsichtig. Die Tür ließ er offen.

»Wie geht's?«

»Danke der Nachfrage«, sagte Lüdtke, »mir geht es gut.«

Dreyer nickte. »Das freut mich.«

»Schön, dass du wieder draußen bist!« Warum klang seine Stimme so unsicher? Er hatte doch nicht etwa Angst?

»Hast du Angst?«

»Angst, ich?« Lüdtke lachte, aber es war kein überlegenes Lachen, sondern es war ein ängstliches Lachen. Seine Hand fuhr in die Tasche, suchte nach dem Griff der Pistole.

Dreyer grinste. »Du hast Angst«, sagt er. »Und du hast zu Recht Angst, Karl-Heinz, denn jetzt kommt die Stunde der Abrechnung!«

Lüdtke zog die Pistole, aber bevor er die Waffe in Anschlag bringen konnte, hielt Dreyer plötzlich ein großes Messer in der Hand und stieß blitzschnell zu. Lüdtke schrie auf. Dieser wahnsinnige Schmerz! Seine Waffe fiel zu Boden. Verzweifelt presste er die Hände auf die Brust. Fassungslos starrte er auf das Blut, das zwischen seinen Fingern hervorsickerte.

* * *

Vincent traf Jennifer Ladiges in der Kantine. Sie saß allein an ihrem Tisch, hatte ihr Schnitzel nur halb aufgegessen und starrte trübselig vor sich hin.

»Darf ich mich zu dir setzen?«, fragte Vincent.

»Hallo Vincent. Ja, natürlich.«

»Du siehst heute nicht aus wie ein glückliches Kaninchen.«

»Nein, das bin ich auch nicht.« Ihre etwas zu großen Ohren hatten ihr den Spitznamen Kaninchen eingebracht.

»Immer noch die Geschichte von gestern?«

Jennifer nickte. »Es ist so schrecklich. Wenn ich mir vorstelle, dass diesem Kind etwas passiert ist und dass ich daran schuld bin, dann – dann weiß ich nicht …«

Vincent legte ihr ganz vorsichtig die Hand auf die Schulter. »Du hast Pech gehabt, das ist alles.«

Jennifer reagierte heftig: »Pech nennst du das? Elende Dummheit ist das! Ich habe versagt auf der ganzen Linie! Mir Spielsachen angeguckt anstatt das Kind zu schützen. Es ist eine Schande, ich bin nicht geeignet für diesen Beruf, ich kündige, ich mache irgendetwas anderes, wo ich keinen Schaden anrichten kann!«

»Ganz ruhig«, sagte Vincent.

»Wie soll ich denn ruhig sein, bei dem, was ich angerichtet habe!«

»Was geschehen ist, das ist geschehen, Jennifer. Wir alle machen Fehler. Einige lassen sich wieder ausbügeln, andere nicht. Aber das ist nicht wirklich entscheidend. Wir arbeiten hier nicht für irgendeine hehre Geschichtsschreibung, die penibel notiert, ›am 23. November 2014 hat Jennifer Ladiges einen Fehler gemacht‹, sondern wir arbeiten für ein bestimmtes Ziel. Und unser Ziel ist es, dafür zu sorgen, dass dieser sogenannte ›Wolf von Hamburg‹ keinen Schaden mehr anrichten kann. Wir tun unsere Arbeit so gut wir können, damit die Menschen in Hamburg sicher und in Frieden leben können. Aber wir sind auch Menschen. Wir arbeiten nicht fehlerfrei, doch das darf uns nicht daran hindern, unsere Arbeit weiterhin zu tun.«

»Ein solcher Fehler, der darf einfach nicht passieren!«

»Nicht? Wir alle machen Fehler, und einer meiner Fehler sitzt hier!« Vincent Weber tippte mit dem Zeigefinger auf Jennifers Bauch.

»Das ist nur eine Schramme«, sagte Jennifer rasch. »Und es war mein Fehler.«

Vincent schüttelte den Kopf. »Ich hätte dich nie dazu überreden dürfen.«

»Du hast mich nicht überredet. Ich bin es gewesen, die dich überredet hat. Ich war mir sicher, dass ich gelenkig genug sei, dass mir nichts passieren könne. Und wenn ich nicht im falschen Moment geatmet hätte ...«

Vincent lachte leise. »So ist das im Leben«, sagte er. »Und man kann lange darüber diskutieren, was geschehen wäre, wenn es anders gelaufen wäre. Wenn du den Dreyer verhaftet hättest zum Beispiel. Oder wenn du mich nicht gefragt hättest, ob wir diesen Zaubertrick zusammen versuchen können. Oder wenn ich nicht versucht hätte, eine Jungfrau zu zersägen ...«

»Dabei war ich gar keine Jungfrau«, sagte Jennifer.

»Dann konnte es ja sowieso nicht klappen!«

Jennifer lächelte. »Du bist ein wahrer Zauberer, Vincent! Du kannst unglückliche Menschen glücklich machen. Und ich weiß ja, dass du eine wunderbare Frau hast und einen netten Sohn, aber wir beide, wir sind auf eine ganz besondere Weise miteinander verbunden.«

Jennifer nahm Vincents Hand und schob sie unter ihr T-Shirt. Vincent spürte ihre nackte Haut. »Die Narbe ist kleiner geworden«, sagte er.

»Sie wird nie verschwinden«, erwiderte Jennifer.

»Leider«, sagte Vincent.

Jennifer schüttelte den Kopf: »Ich will gar nicht, dass sie verschwindet.«

* * *

Als Sylvia den Schrei hörte, vergaß sie alle Vorsicht und stürzte zum Eingang des Löwenhauses. Sie sah einen blutenden Mann, der am Boden lag. Das war Karl-Heinz Lüdtke. Und sie sah einen zweiten Mann, der ein blutiges Messer in der Hand hielt. Dieser Mann war Wolfgang Dreyer, ihr Vater. Sylvia schrie. Ihr Vater beachtete sie nicht. Er packte den am Boden liegenden Lüdtke, wälzte ihn über die Barriere, die die Käfige von den Besuchern trennte, stieg selbst hinterher und schleifte den Mann an den Rand des Käfigs. Lüdtke war nicht tot; er ruderte hilflos mit den Armen. Wolfgang Dreyer packte seinen rechten Arm und schob die Hand in den Spalt zwischen dem Gitter und dem Boden des Käfigs. Der männliche Löwe, der in dem Käfig saß, beachtete ihn nicht. Lüdtke zog seine Hand zurück. Dreyer packte sie erneut und schob sie, so weit es ging, in den Käfig hinein. Der männliche Löwe saß mit dem Rücken zu ihnen. Sein Schwanz hing durch die Gitterstäbe. Dreyer zog daran. Mit unerwarteter Plötzlichkeit fuhr die riesige Katze herum und brüllte. Aber da hatte Dreyer längst losgelassen. Der Löwe sah jetzt die Hand, die in den Käfig ragte, und biss zu. Sylvia schrie, aber der Mann schrie noch lauter. Dreyer sah einen Moment lang zu, wie das Raubtier den Arm seines Opfers zerfleischte, dann drehte er sich um und gewahrte Sylvia.

Sylvia war unfähig, sich zu bewegen.

Wolfgang Dreyer erkannte sie nicht in ihrer Vermummung. Er stieß sie zur Seite, rannte an ihr vorbei nach draußen und verschwand.

Sylvia starrte auf den Mann, der jetzt reglos am Boden lag, und sie starrte auf den Löwen. Sie sprang über die Barriere. Der Löwe zuckte kurz zurück. Mit einem Ruck riss Sylvia den Arm des Mannes aus dem Käfig, aber zu spät, der Mann rührte sich nicht mehr. Karl-Heinz Lüdtke war tot.

Sylvia wollte nicht hier gefunden werden, nicht mit all dem Blut, das sie jetzt an ihrer Kleidung hatte, nicht mit dem Toten. Als sie über das Geländer zurücksteigen wollte, sah sie einen Gegenstand, der dem Mann aus der Tasche gefallen sein musste, als ihr Vater ihn über die Barriere gewuchtet hatte. Es war Lüdtkes Pistole.

Sie zögerte einen Moment, sah sich um. Niemand zu sehen. Sie steckte die Waffe ein. Jetzt war es ohnehin zu spät, ihren Vater noch zu verfolgen. Und in diesem Aufzug ging das sowieso nicht. Sie zog die Jacke aus, drehte die Innenseite nach außen, dass man das Blut nicht sah. Dann machte sie sich davon.

* * *

Wieder Pizza. Allmählich hätte Bernd Kastrup gern mal wieder etwas anderes gegessen, aber Gesche wollte Pizza.

»Weißt du irgendetwas Neues?«, fragte Gesche.

Bernd schüttelte den Kopf. »Wir treten auf der Stelle«, sagte er.

»Ihr wisst noch immer nicht, wo Wolfgang steckt?«

»Nein.«

»Er ist hier gewesen.«

Bernd Kastrup starrte Gesche an. »Was hast du gesagt?«

»Wolfgang ist hier gewesen. Vorgestern Nacht. Hier, guck mal! Er hat sich in deiner Ausstellung verewigt.«

Wolf, 22./23.11.2014. Bernd erschrak. Wolfgang Dreyer war unbemerkt hier eingedrungen, mitten in der Nacht; er hätte sie ohne Mühe umbringen können. Ein Wunder, dass er es nicht getan hatte. Er würde wiederkommen. Er konnte jederzeit wiederkommen und das Versäumte nachholen.

»Wir müssen Wache halten«, sagte er. »Wir müssen nachts abwechselnd Wache halten. Er darf uns nicht noch einmal im Schlaf überraschen!«

»Ja.«

Bernd seufzte. Leicht würde es nicht werden, aber wenn sie sich beide Mühe gaben, dann konnten sie es schaffen. Aber es gab noch etwas anderes, was geklärt werden musste.

»Gesche, ich möchte mit dir noch einmal die Dinge durchgehen, die sich vor acht Jahren abgespielt haben. Wie war das damals?«

»Wie das damals war? Das weißt du doch. Mein damaliger Mann, Wolfgang Dreyer also, der hat zusammen mit der Meister und dem Karl-Heinz Lüdtke diesen Überfall auf das Juweliergeschäft am *Neuen Wall* geplant und ausgeführt ...«

»Ja, das weiß ich. Aber ich habe das Gefühl, dass das noch nicht die ganze Geschichte ist. Die Meister, das war doch die Freundin von deinem Mann, oder?«

»Ja, das ist richtig.«

»Und du, du warst an dieser Geschichte überhaupt gar nicht beteiligt?«

»Nein, das weißt du doch.«

»Und du hast auch nichts davon gewusst?«

»Nein, natürlich nicht. Bernd, ich musste mich doch um meine Tochter kümmern. Die war ja gerade in die Schule gekommen, und ich konnte mich doch nicht auf irgendwelche völlig unkalkulierbaren Abenteuer einlassen ...«

»Das klingt jetzt aber so, als ob du gewusst hast, dass dein Mann diesen Überfall geplant hat.«

»Nein, habe ich nicht.«

»Aber du hast gewusst, dass irgendetwas im Busch war. Du hast gewusst, dass er eine Freundin hatte. Und du hast auch gewusst, dass es diesen Lüdtke gab, mit dem er befreundet war.«

»Ja, ich habe gewusst, dass er eine Freundin hatte. – Aber das ist ein Punkt, über den ich nicht gerne rede, das kannst du dir vielleicht vorstellen.«

»Hat er dir die Meister vorgestellt?«

»Natürlich nicht. Aber ich habe sie gesehen damals. Als der Wolfgang immer so spät nach Hause gekommen ist, da bin ich ihm einmal nachgegangen, von der Arbeit her, und da hat er sich mit der Meister in einem Lokal getroffen.«

»Und dann?«

»Nichts, dann bin ich nach Hause gegangen.«

Das war gelogen! »Gesche, das kaufe ich dir nicht ab.«

Gesine Schröder zuckte mit den Achseln. Sie schenkte sich Wein nach, trank einen kräftigen Schluck und sagte dann: »Na schön, du weißt ja sowieso alles besser!«

Bernd zählte innerlich bis zehn, dann sagte er: »Gesche, wenn ich alles wüsste, würde ich dich jetzt doch nicht fragen.

Aber es ist wichtig, was damals genau passiert ist, und ich wäre dir dankbar, wenn du es mir erzählst. Ich kann dir nur helfen, wenn ich wirklich weiß, was Sache ist.«

»Ich bin da reingestürmt«, sagte Gesine Schröder mit leiser Stimme. »Als sie mich kommen gesehen haben, sind die beiden aufgesprungen. Ich wollte der dummen Kuh ins Gesicht schlagen, mit der Faust, aber ich bin nicht dazu gekommen. Wolfgang hat es verhindert. Er hat mich gepackt. Er hat mich an beiden Händen gepackt und mich aus dem Lokal geschoben. Er hat mich nach Hause geschickt. Und als er dann schließlich auch nach Hause kam, da hat er mich verprügelt.«

»Und? Hast du die Meister noch einmal wiedergesehen?«

»Nur bei der Gerichtsverhandlung. Da bin ich ihr auf dem Flur begegnet. Sie hat weggeguckt, als sie mich gesehen hat.«

»Und danach hast du sie nie wiedergesehen?«

»Nein.«

»Gut. Das ist jetzt also die Meister. Aber was ist mit dem Lüdtke?«

»Was soll mit dem sein? Glaubst du vielleicht, ich bin mit dem ins Bett gegangen? Nein, das habe ich nicht gemacht. Natürlich nicht. Ich gehe nicht mit jedem ins Bett, Bernd!«

»Aber du kennst den Lüdtke«, stellte Bernd fest.

»Ja, natürlich kenne ich den Lüdtke. Das war der Freund vom Dreyer. Schon immer waren die beiden befreundet. Ich glaube, sie kennen sich schon von der Schule her oder vom Kindergarten, aber mehr weiß ich nicht.«

Sie mauert, dachte Bernd. Sie mauert noch immer. Er sagte: »Gesche, erzähl keine Märchen! Es geht hier um Leben und Tod, und zwar um dein Leben und deinen Tod. Und wenn du nicht alles, aber absolut alles erzählst, was du weißt, dann siehst du morgen oder übermorgen so aus!«

Gesine schrie auf. Bernd hatte das grausigste Foto auf den Tisch gelegt, das vorhin bei der Spurensicherung in Hagenbecks Tierpark entstanden war. Es zeigte die blutüberströmte Leiche von Karl-Heinz Lüdtke. »Nein, nimm das weg! Mein Gott, Bernd, nimm das weg – warum zeigst du mir das?«

»Damit du zur Vernunft kommst«, sagte Bernd.

»Nimm das bitte weg, ich sag dir doch alles, was ich weiß!«

Bernd drehte das Foto um. »Was weißt du über Karl-Heinz Lüdtke?«

»Ich bin ihm begegnet. Beinahe an jedem Wochenende. Wir sind doch zusammen an die Ostsee gefahren oder zum Angeln an die Elbe oder auch mal zum Vogelpark nach Walsrode. Das war, um Sylvia die Vögel zu zeigen.«

»Das heißt, ihr wart dann zu dritt oder zu viert, wenn man Sylvia mitzählt?«

»Meistens ja.«

»Das heißt, der Lüdtke war nicht verheiratet? Und er hatte auch keine Freundin?«

»Das weiß ich nicht. Dazu habe ich ihn nicht gut genug gekannt.«

»Aber wenn ihr euch getroffen habt, dann ist er allein gekommen, ohne Freundin.«

»Ja.«

Bernd Kastrup schwieg. Irgendetwas stimmte hier nicht. »War der Lüdtke vielleicht schwul?«, fragte er aufs Geratewohl.

»Schwul? Der?« Gesine lachte. »Das nun wirklich nicht. Wenn wir mit der Gruppe zusammen waren, dann hat er immer mit all den Mädchen rumgeknutscht. Ein richtiger Casanova war das ...«

»Moment! Was war das für eine Gruppe?« Von einer Gruppe war bisher noch nie die Rede gewesen.

»Na, unsere Freunde eben. Mit denen zusammen wir etwas unternommen haben, mit denen wir zusammen zur Ostsee gefahren sind oder zum Angeln. Wir sind auch zusammen in Urlaub gefahren. Drei Wochen Mallorca zum Beispiel.«

Konnte oder wollte sie das nicht verstehen? »Gesche, was waren das für Freunde? Habt ihr mit denen über den geplanten Überfall geredet?«

»Ich sowieso nicht.«

»Aber die anderen?«

»Woher soll ich das wissen? Wenn ich dabei war, haben sie nie über so etwas gesprochen. Aber ich war natürlich nicht immer dabei.«

»Gesche, kannst du mir bitte die Namen sagen?«

»Die Namen? Ich weiß nicht, ob ich die noch zusammenkriege. So ein großer war dabei, das weiß ich ganz sicher. Der hieß Ole oder Olaf oder so ähnlich. Der war auch scharf auf die Meister. Und dann gab es noch den Ben, der nie was gesagt hat. Und die eine von den Frauen, die muss schon über 30 oder 40 gewesen sein, aber die trug noch immer Zöpfe. Ja, und dann waren wir natürlich dabei, also Wolfgang und Sylvia und ich. Und der Lüdtke …«

* * *

Das war eine Herausforderung ganz nach seinem Geschmack. Alexander breitete die Fotografien, die Bernd besorgt hatte, auf seinem Schreibtisch aus. Da waren vor allem die Bilder, die nach Dreyers Festnahme gemacht worden waren, alle in hervorragender Qualität – aber leider acht Jahre alt. Dasselbe galt für das Passbild. Und dann gab es noch die aktuelle Aufnahme vom Betriebsausflug. Das Bild hatte zwar eine hohe Auflösung, war aber aufgrund der ungünstigen Lichtverhältnisse unscharf, und außerdem zeigte es Wolfgang Dreyer schräg von oben. Er guckte auch nicht in die Kamera, sondern zur Seite. Und er trug einen Bart, den er angeblich inzwischen abrasiert hatte.

Bildbearbeitung hatte Alexander schon immer interessiert. Es war ihm gelungen, die Behörde davon zu überzeugen, dass er für seine Arbeit unbedingt ein aktuelles Grafik-Programm brauche. Damit war schon mal eine wichtige Voraussetzung geschaffen. Das Landeskriminalamt glaubte nicht, dass ein Mordermittler außerdem eine 3D-Software benötige, aber das machte nichts; die erforderlichen Programme waren teils als Freeware, teils preisgünstig im Handel erhältlich.

Natürlich war es zeitaufwendig, sich in die Technik einzuarbeiten. Alexander hatte manches Wochenende und manchen Feierabend damit zugebracht, Bilder, die ihm vorschwebten, in eine digitale 3D-Welt umzusetzen. Sein bisher größter Erfolg war ein Kurzfilm, in dem irgendein wahnsinniger Prinz Dornröschen von einer Burg zur anderen hetzte.

Die Aufgabe, die jetzt vor ihm lag, war wesentlich einfacher zu lösen. Alexander holte das Computermodell eines beliebigen Kopfes auf den Bildschirm, einen sogenannten Morph. Dann lud er das Passbild von Wolfgang Dreyer und begann, die charakteristischen Punkte vom Bild auf den Morph zu übertragen. Haaransatz, Augenbrauen, Augen, Nasenspitze, Nasenflügel, Mund, Kinn. Das Ergebnis war eine Art dreidimensionale Maske, die zwar einigermaßen exakt wirkte, wenn man sie direkt von vorn betrachtete, aber bei der schon beim kleinsten Schwenk zur Seite die Proportionen nicht mehr stimmten.

Alexander drehte den Morph zur Seite und begann damit, zusätzlich die entscheidenden Punkte des Profilbildes digital zu erfassen. Nachdem die Bilddaten auf den Morph übertragen waren, sah das Modell schon besser aus. Es gab noch gewisse Schwachpunkte. Die Ohren mussten nachbearbeitet werden. Ansonsten war Alexander mit dem Ergebnis seiner Arbeit zufrieden.

Jetzt kamen die Augen. Alexander ersetzte die eingescannten Augen durch andere Augen, die das Programm ihm vorgab. Er veränderte die Augenfarbe, sodass sie sich dem Blaugrau von Dreyers Augen annäherte. Er veränderte die Größe der Augen. Die Software neigte dazu, schöne, große Augen zu erzeugen, die in Wirklichkeit ziemlich selten waren. Nun konnte jedes Auge einzeln bewegt werden. Alexander verband die beiden Augen miteinander und bestimmte, dass der Blick auf die digitale »Kamera« gerichtet wurde. Ganz gleich, in welcher Richtung er den Kopf nun neigte oder drehte – das erzeugte 3D-Modell schien ihn im Blick zu behalten. Wolfgang Dreyers Kopf hatte begonnen zu leben.

»Glückwunsch, Dr. Frankenstein!«, sagte Alexander zu sich selbst. Er kam sich vor, als hätte er einen neuen Menschen erschaffen.

* * *

Bernd Kastrup schreckte aus dem Schlaf hoch. Es war mitten in der Nacht. Alles war ruhig. Zu ruhig. Gesche sollte doch Wache halten! Aber Gesche lag neben ihm auf der Matratze. Bernd griff nach dem Wecker. Halb eins. Um zwölf hätte sie ihn wecken sollen! Stattdessen lag sie einfach da und rührte sich nicht. Nicht einmal ihren Atem hörte er. Bernd erschrak. War sie etwa tot? War Wolfgang Dreyer zurückgekommen und hatte sie unbemerkt abgestochen?

Bernd packte Gesche und rüttelte sie. Schließlich bewegte sie sich im Schlaf, murmelte irgendetwas Unverständliches und schlief weiter. Gottseidank, sie schlief nur! Sie schlief, statt Wache zu halten. Aber das war nicht so schlimm; die Hauptsache war, dass ihr nichts passiert war.

Bernd stand auf und kleidete sich an. Gesche taugte nicht zum Wachposten. Er würde den Rest der Nacht wach bleiben müssen. Diese Nacht und alle weiteren Nächte, bis sie endlich den »Wolf von Hamburg« gefasst hatten. Nein, das ging nicht. Das konnte nicht gehen. Er musste eine andere Lösung finden. Ruhelos ging er in der dunklen Ausstellung auf und ab.

Nichts geschah. Der »Wolf« kam nicht. Am Ende gab Bernd Kastrup seine Wanderung auf und setzte sich in den Sessel. Einen Moment nur, dachte er. Nur einen winzigen Moment. Im nächsten Augenblick war er eingeschlafen.

Zöpfe

Dienstag, 25. November 2014

Als Bernd Kastrup am nächsten Morgen ins Amt kam, waren Jennifer, Vincent und Alexander um Alexanders Computer versammelt.

Auf dem Bildschirm erschien gerade das dreidimensionale Modell des Gesichts von Wolfgang Dreyer, und das sagte mit einer typischen Computerstimme: »Mein Name ist Wolfgang Dreyer, und ich bin der ›Wolf von Hamburg‹!« Dazu bewegte der künstliche Wolfgang Dreyer seine Lippen, sodass es aussah, als könne er tatsächlich sprechen. Am Ende seiner Ansage wieherte er blechern und rollte mit den Augen.

Jennifer prustete vor Lachen.

Nun ging es hinaus ins freie Gelände. Ein lichter Wald erschien auf dem Bildschirm, und im Hintergrund war eine mittelalterliche Burg zu sehen. Im nächsten Moment tauchte links hinten eine Prinzessin auf, die sich ängstlich umsah. Sie rannte dann mit wehenden Haaren schräg nach rechts über den Bildschirm. Gleich darauf erschien Wolfgang Dreyer im Bild. Er steckte in einer Art Landsknechtsuniform und rannte hinter der flüchtenden Prinzessin her. Es folgten einige weitere Szenen, in denen Dreyer die arme Prinzessin durch den Wald hetzte, bis diese schließlich eine zweite Ritterburg erreichte. Sie rannte hinein, und das Tor wurde geschlossen, bevor Wolfgang Dreyer ihr folgen konnte.

»Großartig«, sagte Vincent.

»Was hältst du davon, Bernd?«, wollte Alexander wissen. Er wirkte sehr zufrieden.

Bernds Begeisterung hielt sich in Grenzen. »Ich hatte eigentlich gehofft, dass du dich stärker auf die Rekonstruktion von Dreyers aktuellem Aussehen konzentrieren würdest«, sagte er.

Alexander Nachtweyh tippte einen Befehl ein, und im nächsten Moment erschien ein gestochen scharfes Porträt von Wolfgang Dreyer auf dem Bildschirm, das man für ein Foto halten könnte, wenn man nicht wüsste, dass es mit dem Computer generiert worden war.

»Wow«, sagte Jennifer.

»Ganz hervorragend«, musste auch Bernd zugeben. »Mit diesem Bild haben wir eine gute Chance, den Kerl tatsächlich zu erwischen.«

Jennifer sagte: »Alexander, diese Prinzessin, die wir da gerade gesehen haben, ist das nicht deine Freundin?«

»Ja.« Sie war Alexanders Freundin gewesen, aber offenbar hatte es ihr nicht gefallen, dass sie in seinem Computer ein geheimes Eigenleben führte.

»Ich habe noch einmal über den Überfall auf das Juweliergeschäft nachgedacht«, sagte Vincent. Er hatte die alten Akten noch einmal durchgearbeitet. »Wie war das denn nun damals? Sind sie zu zweit oder zu dritt gewesen?«

»Dass sie zu dritt waren, das hat lediglich der Dreyer behauptet damals. Dieses Mädchen und er, und dann war da noch der große Unbekannte. Der Mann, der angeblich geschossen hat.«

»Du hast nie daran geglaubt, Bernd.«

Bernd schüttelte den Kopf. »Das war doch einfach zu offensichtlich. Dieser Kerl, von dem keiner weiß, wie er heißt und wo er wohnt, und der alle entscheidenden Dinge gemacht haben soll. Angeblich war er es gewesen, der den Juwelier erschossen hat, und angeblich war er es auch gewesen, der nach dem Überfall mit der gesamten Beute verschwunden ist.«

»Richtig, die Beute. Das ist ein interessanter Punkt. Das Geld ist nie wieder aufgetaucht, oder?«

»Jedenfalls haben wir nichts davon gehört.«

Bernd schwieg einen Augenblick. Er überlegte. Schließlich sagte er: »Du bist in der Wohnung von Gesine Schröder gewesen. Glaubst du, dass die das Geld hat?«

Nein, Vincent hatte nicht den Eindruck gehabt. Die Wohnung war bescheiden eingerichtet. Keinerlei Luxus.

»Und Lüdtke?«, fragte Alexander.

»Er hat als Kellner gearbeitet«, sagte Bernd. »Und seine Wohnung ist ein winziges Loch in einem Altbau in Eimsbüttel. Ob er jemals Geld gehabt hat, weiß ich natürlich nicht, aber jetzt hat er jedenfalls keins.«

»Sieht das nur so aus oder weißt du das?«

»Nein, ich weiß das. – Vincent, unsere Leute haben die Wohnung auf den Kopf gestellt. Da war kein Geld, da waren auch keine Sparbücher oder was könnte da noch sein? Irgendwelche Safe-Schlüssel waren da auch nicht.«

»Bleibt noch die Meister.«

»Die Meister war ein dummes Huhn. Sie hat sich in diesen Überfall mit reinziehen lassen, und sie kann wirklich von Glück sagen, dass sie bei der Gelegenheit nicht mit eingelocht worden ist. Ich kann mir nicht vorstellen, dass sie irgendwelches Geld gekriegt hat.«

Jennifer sagte: »Nur zur Klarstellung: Ich war damals ja noch nicht mit dabei. Von was für Beträgen reden wir hier denn überhaupt?«

»30.000«, sagte Bernd.

»Euros?«

»Ja, natürlich Euros. Die Umstellung war doch schon 2002.«

»Aber diese Werte – das waren doch wahrscheinlich nur Schmuck und Juwelen? Wenn man die versilbern will, dann bekommt man hier höchstens einen Bruchteil ...«

»Das war Geld«, sagte Alexander. »Das war das Geld, das im Tresor lag. Jedenfalls vermuten wir das. Das hat der Sohn gesagt. Der hat die Aufstellung irgendwo im Schreibtisch des Alten gefunden. Und was darüber hinaus noch an Schmuck weggegangen ist, das können wir nur ahnen. Mindestens noch einmal hunderttausend. Vielleicht aber auch mehr.«

»War das Zeug versichert?«

»Das weiß ich nicht. Das hat uns damals nicht interessiert. Wir wollten die Täter fassen, und das ist uns dann ja auch gelungen.«

»Ja, so sieht es aus«, sagte Alexander.

»So sieht es aus? Was willst du damit sagen?«

»Ich will damit sagen, dass irgendetwas nicht stimmt mit dieser Geschichte. Da haben wir einen der größten Raubüberfälle unserer Hamburger Kriminalgeschichte, und am Ende hat niemand das Geld?«

»Ich weiß nicht, wer das Geld hat. Vielleicht dieser Dreyer?«

»Wenn Dreyer das Geld hat, dann ist er noch viel verrückter, als wir bisher angenommen haben. Dann sitzt dieser Kerl acht Jahre lang im Gefängnis, sagt keinen Ton, denn er weiß ja, wenn er den Mund hält, dann hat er am Ende einen riesigen Haufen Kohle. Aber er rührt diesen Schatz nicht an, sondern er fängt stattdessen an, die anderen Beteiligten an dem damaligen Überfall der Reihe nach umzulegen. Aus Rache, sagst du. Aber das überzeugt mich nicht. Ich würde an seiner Stelle das Geld nehmen und damit ein neues Leben anfangen, anstatt mich durch solch eine Mordserie in die größte Gefahr zu bringen.«

»Und wenn er das Geld nicht hat? Wenn es nun einer der anderen hat?«

»Dann hat dieser Rachefeldzug auch keinen Sinn. Wenn Dreyer das Geld nicht hat, dann wird er sich doch wahrscheinlich denjenigen herauspicken, von dem er annimmt oder sogar weiß, dass er das Geld hat. Den wird er unter Druck setzen. Vielleicht wird er ihn sogar am Ende umbringen, wenn er das Geld gekriegt hat, das kann ich mir vorstellen, aber die anderen sollten ihm doch herzlich egal sein.«

»Und wenn es nun gar nicht um das Geld geht? Wenn Dreyer einfach nur Rache will und sonst gar nichts? – Vergiss nicht, er hat auch den Staatsanwalt umgebracht, und der hat bestimmt nicht gewusst, wo das Geld steckt!«

»Ja, der Staatsanwalt – der passt nicht so richtig ins Konzept.«

»Ich meine«, sagte Alexander, »wir müssen den Fall von damals noch einmal neu aufrollen. Damals habt ihr euch darauf konzentriert, den Mörder zu fassen. Heute sollten wir uns darauf konzentrieren, das Geld zu finden. Wenn wir wissen, wo das Geld steckt, dann sind wir ein großes Stück weiter.«

»Das Problem ist das Personal«, sagte Bernd.

»Ich könnte vielleicht …«, schlug Jennifer vor.

Bernd unterbrach sie. »Das ist keine gute Idee, Jennifer. Ich brauche dich und unsere anderen Mitarbeiter für die direkte Jagd auf den ›Wolf von Hamburg‹. Dieser alte Fall ist eine völlig andere Geschichte.«

»… die aber mit unserem jetzigen Fall zusammenhängt«, widersprach Alexander.

»Vielleicht ja, vielleicht nein. Das wissen wir nicht. Nein, ich denke, wenn wir die Ermittlungen so weit ausdehnen, dann brauchen wir Verstärkung. Der Chef hat uns zusätzliches Personal angeboten. Ich denke, wir werden darauf zurückgreifen müssen.«

»2006 – das ist schon ganz schön lange her«, sagte Jennifer. »Was war 2006 los? Weiß das noch jemand?«

»Fußball-WM in Deutschland«, sagte Alexander sofort.

»Wer hat gewonnen?«

»Wir nicht«, sagte Bernd.

»Italien hat gewonnen«, wusste Alexander. »Deutschland ist Dritter geworden. Und der HSV ...«

»Sei bloß still!«

»Wieso denn? Damals war der HSV am Ende auf Platz drei in der Bundesliga. Und wenn er zum Schluss nicht das Spiel gegen Werder Bremen ...«

»Schluss jetzt«, bestimmte Bernd.

»Wen?«, wollte Vincent wissen.

»Was?«

»Wen kriegen wir als Verstärkung?«

»Habbe und Rühl.«

Vincent sagte nichts, aber sein Blick verriet, dass er nicht begeistert war.

* * *

Was nützte eine Pistole, wenn man nicht wusste, wie man damit schoss? Sylvia war klar, dass sie die Waffe ausprobieren musste. Aber wo? Wo gab es einsame Gegenden hier in Wilhelmsburg?

Der erste Ort, der ihr einfiel, war die Badestelle Finkenriek direkt neben der Eisenbahnbrücke über die Süderelbe. Hier war um diese Jahreszeit niemand. Sylvia stellte sich vor, vom Strand aus auf den hölzernen Mann zu schießen, der auf einer Boje gut 50 Meter vom Ufer entfernt verankert war. Aber sie hatte nicht bedacht, dass die Skulptur im Winter eingeholt wurde; der hölzerne Mann war verschwunden.

Was jetzt? Natürlich hätte sie auf irgendeine leere Bierflasche schießen können, aber das entsprach nicht ihren Vorstellungen. Unentschlossen ging sie weiter in östlicher Richtung. Sie hatte die vage Vorstellung, vielleicht an der Bunthäuser Spitze ein geeignetes Ziel zu finden. Gab es dort nicht einen alten Leuchtturm?

Der Bus überholte sie. Sylvia rannte hinterher und winkte, und tatsächlich hielt der Fahrer bei der Haltestelle an und wartete, bis sie herangekommen war. Ihr Bibliotheksausweis sah aus wie eine Monatskarte. Der Fahrer sah nicht hin, hatte kein Interesse.

Der Bus fuhr endlos lange hinter dem Deich entlang, und Sylvia war froh, dass der Fahrer gehalten hatte. Sie hätte ziemlich lange laufen müssen, um zur Bunthäuser Spitze zu kommen. Aber bevor sie ihr Ziel erreicht hatte, sah sie plötzlich etwas anderes, das viel besser war als ein Leuchtturm: die Gewächshäuser! In Moorwerder wurde in riesigen Gewächshäusern Gemüse angebaut. Hier gab es viele Glashäuser und nur wenige richtige Häuser. Wahrscheinlich konnte man ein paar Glasscheiben zerschießen, ohne dass es jemand bemerkte.

Sylvia stieg bei der nächsten Haltestelle aus. Da waren die Gewächshäuser. Aber als Sylvia näher herantrat, musste sie feststellen, dass anstelle von Glas heute überwiegend Kunststoff verwendet wurde, und sie konnte sich nicht vorstellen, dass der genauso gut zerklirrte wie eine gläserne Fensterscheibe. Der nächste Bus fuhr erst in einer Stunde. Missmutig machte sich Sylvia zu Fuß auf den Weg zur Bunthäuser Spitze.

Um zu dem Leuchtturm zu gelangen, musste man einen langen Damm entlanggehen. Der Auwald auf beiden Seiten war so hoch, dass man die Elbe nicht sehen konnte, selbst wenn man sich auf Zehenspitzen stellte. Die Bäume waren kahl, und alles sah öde und verlassen aus. Und da war der Leuchtturm. Er war kleiner, als Sylvia ihn in Erinnerung hatte.

Und jetzt? Da Sylvia noch nie geschossen hatte, beschloss sie, nicht auf die gläserne Kuppel zu zielen, sondern auf den dicken, grün gestrichenen Leuchtturm. Der Turm war aus Holz; jeder Treffer müsste deutlich sichtbar sein. Und der Abstand? Zehn Schritte vielleicht? Sylvia ging vom Leuchtturm aus zehn Schritte zurück, zielte mit ausgestrecktem Arm auf das Bauwerk und drückte ab. Nichts geschah. Wahrscheinlich hatte dieses verdammte Ding irgendeine Art von Sicherung.

Sylvia fand den Sicherungshebel, zielte erneut und schoss. Der Rückschlag riss ihr den Arm nach oben. Damit hatte sie nicht gerechnet; fast hätte der Schlag sie umgeworfen. Und der Treffer? Sylvia suchte vergeblich nach Spuren am Leuchtturm. Der Schuss war danebengegangen.

Sylvia ärgerte sich. Sie konnte es nur ertragen, so dumm auszusehen, weil ihr niemand dabei zusah. Probeweise zielte sie erneut auf den Turm und war total überrascht, als der nächste Schuss sich löste. Sie hatte nicht gewusst, dass die Pistole automatisch nachgeladen wurde. Auch dieser Schuss war fehlgegangen.

Sylvia biss die Zähne zusammen, um nicht vor Wut laut zu schreien. Sie stellte sich breitbeinig auf, packte die Pistole ganz fest, zielte und schoss. – Das Holz splitterte. Treffer! Sylvia schoss noch einmal. Wieder ein Treffer! Sie sandte zwei weitere Schüsse in rascher Folge hinterher und sah zu ihrer großen Befriedigung, dass die Einschläge dicht beieinanderlagen. Gut. Am liebsten hätte sie unendlich lange weitergemacht, aber sie wusste natürlich, dass sie nicht alle Kugeln verbrauchen durfte. Sie sicherte die Pistole und wollte sich auf den Rückweg machen.

Als sie sich umdrehte, stand wenige Schritte hinter ihr ein älteres Ehepaar. Die beiden starrten sie entgeistert an.

»Hast du geschossen?«, fragte der Mann blödsinnigerweise.

»Ich doch nicht!«

Der Mann wollte ihr den Weg versperren. Sylvia stieß ihn zur Seite und rannte davon, ohne sich um das Gezeter der Alten zu kümmern.

* * *

Christian Habbe war von seinem ersten Einsatz zurück. Habbe war 35 Jahre alt, groß, blond und machte einen sportlichen Eindruck. Jennifer musterte ihn kritisch. Doch, gut sah er aus, das musste sie zugeben.

»Da bin ich wieder«, sagte er.

Bernd nickte. Er hatte Habbe damit beauftragt, die näheren Lebensumstände von Benjamin Tarp zu erkunden. Habbe hatte die Akten überflogen und sich dann zur Recherche vor Ort begeben.

»Benjamin Tarp ist 34 Jahre alt. Er ist ledig. Er wohnt jetzt in dem Haus, das früher seinem Vater gehörte. Das Haus liegt am *Schanzengrund* in Hausbruch. – Hier ist das.« Habbe zeigte die Lage des Hauses auf der Karte von *Google Maps* auf dem Bildschirm.

»Teure Gegend«, bemerkte Alexander.

»Nicht ganz so teuer, wie man denken könnte. Der *Schanzengrund* liegt zwar am Rande der Schwarzen Berge, aber die Häuser, die da stehen, die sind fast alle kurz nach dem Krieg gebaut worden, einige sind sogar noch älter. Natürlich gibt es viele An- und Umbauten, auch einige Neubauten, aber das Haus von dem Tarp ist wenig verändert worden. Frühe Siebzigerjahre, würde ich sagen.«

»Zeig das mal in *Streetview*«, sagte Jennifer.

Christian Habbe tippte die Daten ein.

»Hübsche Jugendstil-Villa«, bemerkte Alexander.

»Andere Straßenseite!«

Aber der Schwenk auf die Gegenseite zeigte nicht viel. Das Haus, um das es ging, lag auf halber Höhe am Hang, und der Blick war weitgehend durch große Büsche versperrt.

»Da sieht man ja nichts«, brummte Vincent.

»Nein«, bestätigte Habbe. »Ich habe es mir aus der Nähe angeguckt. Das Haus hat ungefähr 120 Quadratmeter Grundfläche. Ein Ziegelbau, unverputzt, weiß gestrichen, das Dachgeschoss ist nicht ausgebaut.«

Er spricht wie ein Makler, dachte Jennifer.

»Die großen Fenster des Wohnzimmers sind nach Nordwesten und Nordosten ausgerichtet.«

»Hätte ich nicht gemacht«, sagte Alexander.

»Viel Auswahl hatte er nicht. Das liegt an der ungünstigen Hanglage. Nach Südwesten hin guckt man gegen die übermannshohe Hecke, die der Nachbar angelegt hat und die sehr dicht am Haus verläuft. Obendrein hat offenbar der Juwelier damals gleich an dieser Stelle zwei Bäume gepflanzt, die heute so groß sind, dass sie die Südseite des Hauses stark beschatten.«

»Bist du auf dem Grundstück gewesen?«, fragte Jennifer.

»Es war niemand zu Hause«, erwiderte Habbe ausweichend.

Bernd Kastrup sagte nichts. Er hatte gewusst, warum er ausgerechnet Habbe in den *Schanzengrund* geschickt hatte.

»Nun zum Inneren des Hauses: Alle Räume sind sehr nobel eingerichtet. Ich selbst hätte ein helleres Holz bevorzugt. Aber Eiche ist natürlich immer etwas Besonderes, und vermutlich ist das alles ursprünglich heller gewesen und im Laufe der Jahre nachgedunkelt. Die meisten Einrichtungsgegenstände dürften ungefähr so alt sein wie das Haus. Neu ist der große Induktionsherd in der Küche und natürlich der Plasmafernseher im Wohnzimmer. 103 Zoll, würde ich sagen. Die Bücher, die der Tarp im Regal stehen hat, sind fast alle alt und dürften von seinem Vater stammen. Die DVDs sind wesentlich neuer. Überwiegend Actionfilme.«

»Was?« Jennifer fragte sich, woher dieser Kerl die ganzen Informationen hatte.

»Ach, Jennifer – ich darf doch Jennifer sagen? – das ganze Geheimnis bei der Recherche besteht darin, dass man sich in die Zielperson hineinversetzt, und wenn einem das gelingt, dann weiß man auch, wie das Haus von innen aussieht.«

Das war glatt gelogen. Jennifer starrte den jungen Mann mit großen Augen an. Alexander grinste. Er kannte Habbe schon von früher und wusste, wie dieser an seine Informationen kam.

»Hund?«, fragte Bernd.

»Tarp hat keinen Hund.«

»Was ist mit dem Keller?«

»Das Haus ist unterkellert.«

»Könnte der Hund im Keller sein?«

»Weiß ich nicht. Glaube ich nicht. – Das ganze Haus ist super aufgeräumt, so als ob Tarp Besuch erwartet. Aber er erwartet keinen Besuch. Jedenfalls ist Benjamin Tarp vorhin zu einem längeren Spaziergang aufgebrochen.«

»Zu einem längeren Spaziergang?«, fragte Vincent.

»Vermutlich. Er hat seinen Rucksack mitgenommen. Und er war noch nicht zurück, als ich losgefahren bin.«

»Er könnte aber doch auch zum Einkaufen gegangen sein«, gab Bernd zu bedenken.

»Das glaube ich nicht. Es ist in die falsche Richtung gegangen. Wenn er den *Schanzengrund* hinaufgeht, dann landet er mitten im Wald.«

Bernd nickte. Wenn man den *Schanzengrund* hinaufging, dann landete man ungefähr an der Stelle, an der der Jäger Biermann seine erste Begegnung mit dem sogenannten »Wolf« gehabt hatte.

»Weiter. Die Kleidung lässt darauf schließen, dass Benjamin Tarp relativ sparsam lebt. Das ist natürlich nur vernünftig, da der Mann keiner geregelten Arbeit nachgeht.«

»Steht das alles in den Unterlagen?«, fragte Jennifer.

»Ich weiß es einfach.«

»Woher kommt das Geld?«

»Möglicherweise geerbt. Sein Vater war natürlich ein wohlhabender Mann, und auch der Juwelenraub hat daran nichts geändert. Ich denke, wir können davon ausgehen, dass der Schmuck obendrein gut versichert war.« An dieser Stelle machte Habbe eine Pause.

»Schön«, sagte Bernd. »Damit hast du sozusagen die Kulissen beschrieben, in denen sich das Drama abgespielt hat. Was weißt du über das Drama selbst?«

»Drama?«, fragte Jennifer. »Habe ich irgendwo nicht aufgepasst?«

»Ich denke, Bernd meint das Verhältnis zwischen Vater und Sohn«, sagte Habbe. »Und das ist in der Tat ein interessanter Punkt. Damals, als diese Geschichte mit dem Überfall passiert ist, da hat Benjamin Tarp schon lange nicht mehr zu Hause gewohnt. Seine Mutter war früh gestorben. Mit dem Vater hat er sich nie gut verstanden. Er ist am *Schanzengrund* ausgezogen, als er 18 war. – Und bevor jetzt wieder Fragen kommen: Ja, das steht in den Akten.«

»Weiter.«

»Soweit ich das von außen sehen konnte, gibt es in dem ganzen Haus keinen Hinweis darauf, dass Benjamin Tarps Vater jemals existiert hat. Keine Fotos an den Wänden, gar nichts.«

»Ich bin damals in dem Haus gewesen«, sagte Bernd. »Da sah das alles ganz anders aus. Ich hatte den Eindruck, dass Hieronymus Tarp sehr von sich eingenommen war. Über dem Sofa hing ein Portrait in Öl, und auf der Anrichte stand eine Fotografie, die ihn gemeinsam mit dem damaligen Bürgermeister zeigte.«

»Davon gibt es heute keine Spur mehr. Es gibt auch keine Spuren, die darauf hindeuten, dass irgendwann einmal eine Frau dieses Haus besucht hat.«

»Vielleicht ein Mann?«, warf Alexander ein.

»Auch kein Mann. Ich habe die Nachbarn gefragt. In diesem Haus gibt es nur einen einzigen Menschen, und das ist Benjamin Tarp.«

»Putzfrau?«, fragte Jennifer.

»Ja, er hat eine Putzfrau.« Die Putzfrau war die Hauptquelle für Habbes Informationen. »Ich habe natürlich in der kurzen Zeit keinen vollständigen Überblick über seine finanziellen Verhältnisse gewinnen können, aber nach dem, was ich in Erfahrung gebracht habe, landen jeden Monat genau 5000 Euro auf seinem Girokonto, und die verbraucht er dann bis zur nächsten Zahlung. In seiner Garage steht ein Jaguar F-Type.«

»Was heißt das?«, fragte Vincent, der sich mit Autotypen nicht auskannte.

»Ein brandneues Auto«, sagte Alexander. »Wird erst seit 2013 verkauft. Spitzengeschwindigkeit 260 Stundenkilometer. Schnell genug, um jedem Streifenwagen davonzufahren.«

»Ich glaube nicht, dass Tarp den Wagen benutzt, um sich irgendwelche Rennen mit der Polizei zu liefern«, sagte Habbe. »Die Reifen sind praktisch neu. Meiner Meinung nach steht das Auto die meiste Zeit in der Garage.«

»Stattdessen macht sein Besitzer ausgedehnte Wanderungen«, sagte Bernd.

»Um in Form zu bleiben«, mutmaßte Alexander.

»Oder um seinen ›Wolf‹ zu füttern«, sagte Bernd.

»Oder um seinen ›Wolf‹ zu füttern«, bestätigte Habbe.

»Ihr meint – dieser Sohn des Juweliers könnte unser ›Wolf von Hamburg‹ sein?«, fragte Jennifer.

Bernd sagte: »Das wäre zumindest nicht ausgeschlossen. Er hatte kein gutes Verhältnis zu seinem Vater. Es lässt sich nicht bestreiten, dass er ein Nutznießer seines Todes ist. Bis jetzt sind wir immer davon ausgegangen, dass es sich bei diesem Ereignis im Jahre 2006 um einen auf tragische Weise schiefgegangenen Raubüberfall gehandelt hat. Aber das muss gar nicht richtig sein ...«

»Du meinst, vielleicht war von Anfang an geplant, den Alten umzubringen, und der Raubüberfall diente nur zur Tarnung?«

»Gut möglich.«

»Warum dann diese mörderischen Überfälle jetzt, acht Jahre später?«

»Weil Wolfgang Dreyer wieder draußen ist. Weil er möglicherweise vollkommen unschuldig gesessen hat. Weil er jetzt das Geld verlangen könnte, das man ihm versprochen hat, damit er den Mund hält.«

»Und dieses Geld gibt es nicht mehr?«, wollte Jennifer wissen.

Das war einer der Schwachpunkte dieser Theorie. Nach allem, was Habbe über Benjamin Tarp herausgefunden hatte, schien an Geld kein Mangel zu bestehen. Oder doch? Auf der einen Seite stand der Kauf dieses wahnsinnig teuren Autos, aber auf der anderen Seite lebte Tarp äußerst sparsam. Sie wussten nicht, woher diese 5000 Euro im Monat kamen. Sie wussten nicht, ob diese Geldquelle möglicherweise in kurzer Zeit versiegen würde. Es war alles offen.

»Fazit: Wir sind uns nicht mehr sicher, wer dieser ›Wolf von Hamburg‹ ist«, sagte Bernd. »Bisher hatten wir geglaubt, dass es Wolfgang Dreyer sei.«

»Dreyer ist der ›Wolf‹«, sagte Vincent. »Er hat das Mädchen angegriffen. Er hat sie aus dem Krankenhaus entführt.«

»Ja, das spricht gegen ihn. Dennoch dürfen wir keine voreiligen Schlüsse ziehen. Es gibt andere Möglichkeiten. Und eine davon ist der Sohn des Juweliers. Er heißt schließlich Benjamin. Er ist groß und dunkelhaarig. Ich denke, er könnte der Ben ...« Bernd unterbrach sich. Die anderen konnten ja nichts davon wissen, was Gesche ihm über ihre Freunde erzählt hatte.

»Welcher Ben?«

»Habe ich das nicht gesagt? Ich habe doch neulich mit dem Lüdtke gesprochen, und er hat diesen Ben erwähnt. So ein dunkelhaariger Typ, mit dem sie damals zusammen gewesen sind«, improvisierte Bernd.

»Davon steht aber nichts in deinem Protokoll«, sagte Jennifer vorwurfsvoll.

»Muss ich vergessen haben. – Jedenfalls soll dieser Ben lange, dunkle Haare haben.«

»Benjamin Tarp hat kurze Haare«, sagte Habbe.

»Im Grunde müssen wir nichts weiter tun als abwarten«, sagte Alexander. »Wer von den Verdächtigen zuletzt noch am Leben ist, das ist unser Mörder.«

Bernd schüttelte unwillig den Kopf. »Das werden wir nicht tun. Wir ermitteln in alle Richtungen. Unser Freund Habbe heftet sich an die Fersen von Tarp und stellt fest, was er so treibt. Und Oliver Rühl, wenn er denn endlich da ist, wird ihn dabei unterstützen. Wir anderen versuchen weiterhin, den Dreyer aufzutreiben und die potenziellen Mordopfer zu schützen.«

»Ich fahre dann mal wieder raus zum *Schanzengrund*. Mal sehen, ob der Tarp inzwischen von seinem Waldspaziergang zurück ist.«

Christian Habbe machte sich auf den Weg.

»Sagt mal – wie kommt dieser blonde Riese an all diese Informationen?«, wollte Jennifer wissen.

»Du kennst ihn nicht, nicht wahr?«

»Nein, ich bin dem Kerl noch nie begegnet.«

Alexander sagte: »In Kollegenkreisen wird er der ›Fassadenkletterer‹ genannt.«

»Fassadenkletterer?«

»Er sagt nie genau, wie er an seine Informationen kommt, aber manche behaupten, dass er in die Häuser einbricht.«

»Das darf nicht wahr sein.«

»Nein, das darf natürlich nicht wahr sein, und deswegen sollte man es auch nicht weitererzählen. Wenn es wirklich so ist, dann hat das natürlich den Nachteil, dass man diese Informationen niemals vor Gericht verwenden kann. Aber es hat den unbestreitbaren Vorteil, dass man diese Informationen zunächst einmal hat und dass man sehr viel schneller entscheiden kann, was eine wichtige Spur ist und was nicht.«

»Bernd, was sagst du dazu?«

Bernd zuckte mit den Achseln. »Manches ist möglicherweise illegal«, sagte er. »Und der Bursche ist mir zu überheblich. Überheblichkeit führt zu Leichtsinn. Irgendwann macht er einen Fehler, und dann gibt es richtig großen Ärger. Ich arbeite nicht gern mit ihm zusammen.«

»Aber er ist effektiv«, warf Alexander ein.

»Das spielt keine Rolle, Alexander.«

»Gibt es noch mehr solche merkwürdigen Gestalten bei uns?«, wollte Jennifer wissen.

»Ja, die gibt es. Eine davon ist Oliver Rühl, den wirst du nachher noch kennenlernen, wenn er endlich hier auftaucht. Man nennt ihn den ›Schrebergärtner‹. Und ich wette, wenn er um diese Zeit immer noch nicht im Präsidium ist, dass er dann wieder draußen nach seinen Kartoffeln geguckt hat.«

»Nach seinen Kartoffeln? Jetzt, im November?«

»Wonach auch immer. Der Kerl findet immer einen Grund, sich abzusetzen und mal schnell in seinen Garten zu gehen.«

Jennifer schüttelte den Kopf.

Bernd sagte: »Wenn wir die anderen um Verstärkung bitten, dann ist klar, dass sie uns die Leute geben, die sie am ehesten entbehren können. Damit müssen wir leben. Und die beiden haben schon öfter zusammengearbeitet. Sie sind im Großen und Ganzen ein gutes Team; ich denke, dass sie für die Überwachung dieses Herrn Tarp genau die richtigen Leute sind.«

* * *

Bernd Kastrup hatte einen der Zeugen des Überfalls von 2006 noch einmal ins Präsidium bestellt.

Karl Forster wirkte nervös. »Ich habe alles gesagt, was ich gesehen habe. Mehr weiß ich nicht.«

»Bitte, Herr Forster, es besteht kein Grund zur Unruhe. Wir sind lediglich dabei, einige alte Fälle noch einmal aufzurollen, und da ist dieser Raubüberfall auf das Juweliergeschäft im *Neuen Wall* mit dabei.«

»Möchten Sie vielleicht einen Kaffee, Herr Forster?«, fragte Jennifer.

»Nein. Das heißt – ja, doch, ein Kaffee wär nicht schlecht.«

»Mit Milch und Zucker?«

»Ja, bitte.«

»Herr Forster, ich kenne den Ablauf des Geschehens ja nur aus den Akten. Sie sind damals direkt vor Ort gewesen.«

»Ja, ich wollte noch ein paar Süßigkeiten besorgen für meine Frau. Es war ihr Geburtstag, und ich dachte, da wäre es sicher ganz nett, wenn ich ein paar Pralinen mitbringe. Und da gab es ja dieses kleine Geschäft in der Querstraße ...«

Herr Forster wurde unterbrochen; Jennifer brachte den Kaffee.

»Das war abends«, hakte Bernd nach.

»Ja, das war abends, kurz vor Geschäftsschluss. Die Straße war ziemlich belebt, wenn ich mich recht entsinne. Und dann – dann sind plötzlich Schüsse gefallen, und dieses Pärchen ist aus dem Juweliergeschäft gestürzt. Die junge Frau, die hat geschrien, die war verletzt, und der Mann, der hat sie am Arm gepackt und geradezu hinter sich hergeschleift. Und dann sind sie zu diesem Auto, das da schräg vor dem Laden geparkt hatte, und sie sind eingestiegen und weggefahren.«

»Und es hat niemand versucht, die beiden aufzuhalten?«

»Nein, das hat niemand versucht. Wissen Sie, ich bin kein Held, so etwas könnte ich nicht. Der Mann, der hatte ja 'ne Pistole. Und vor mir, da war diese Frau auf dem Bürgersteig, und als die Schüsse gefallen sind, da hat sie ganz laut gerufen: ›Weg, alle weg! Runter! In Deckung! Hier wird geschossen!‹«

Davon stand nichts im Protokoll. »Was war das für eine Frau?«, wollte Bernd wissen.

»Das weiß ich nicht.«

»Was sie jung oder alt?«

»Nein, alt war sie nicht. Eher jung, würde ich sagen. – Jedenfalls hatte sie genügend Autorität, dass wir alle in Deckung gegangen sind.«

»Und die Frau auch?«

»Das weiß ich nicht mehr. Ich weiß nur, dass sie uns gewarnt hat, dass geschossen wird. Einige der Passanten haben sich sogar auf den Boden geworfen. Ich bin hinter einem der geparkten Autos in Deckung gegangen. Und dann sind die Verbrecher weggefahren, und dann war alles vorbei.«

»Sie sind sich ganz sicher, Herr Forster, dass die Leute, die den Überfall verübt haben, nur zu zweit gewesen sind?«

»Ja, natürlich. Zwei Leute habe ich gesehen. Das habe ich doch damals schon zu Protokoll gegeben.«

»Ja, das haben Sie«, sagte Jennifer. »Aber in dem anschließenden Prozess, also in der Gerichtsverhandlung, da hat der männliche Täter behauptet, da wäre noch ein Dritter beteiligt gewesen. Der sei es auch gewesen, der geschossen hat.«

Forster trank einen Schluck Kaffee. »Da waren nur diese beiden«, sagte er.

»Schönen Dank«, sagte Bernd. »Das war schon alles, was wir von Ihnen wissen wollten.«

»Kann ich jetzt gehen?«

»Ja. – Und wenn Ihnen noch etwas einfallen sollte, dann können Sie sich gern jederzeit bei uns melden.« Bernd gab dem Mann seine Visitenkarte.

»Es ist, wie wir immer gedacht haben«, sagte Bernd, als der Besucher gegangen war. »Es gab nur zwei Täter. Alles, was der Wolfgang Dreyer uns damals aufgetischt hat, das sind Märchen gewesen.« Das erleichterte das Verfahren. All die Personen, die Gesche erwähnt hatte und von denen sie nicht einmal die Namen wusste, spielten keine Rolle.

In dem Augenblick klopfte es an der Tür.

Es war Forster. »Entschuldigung«, sagte er, »mir ist gerade noch etwas eingefallen. Wahrscheinlich ist das ja gar nicht wichtig, aber wo Sie doch vorhin danach gefragt haben: Diese Frau – also die Frau, die gesagt hat, dass wir in Deckung gehen sollten, die hatte eine Besonderheit. Sie hatte Zöpfe. – Ich meine, ich habe vorhin gesagt, dass sie nicht alt war, aber so jung nun auch wieder nicht ...«

»Schönen Dank«, sagte Bernd.

Die Frau hatte dafür gesorgt, dass der Fluchtweg frei war. Die Frau gehörte mit dazu.

* * *

Gesche schlief. Bernd Kastrup war es völlig unverständlich, wie ein Mensch so viel schlafen konnte. Er selbst war hellwach, obwohl er inzwischen mehrere Gläser Rotwein getrunken hatte. Der Fall ließ ihn nicht los. Dr. Watson war spät von einem ausgiebigen Ausflug in die Speicherstadt zurückgekommen. Offensichtlich hatte er das Revier verteidigt. Dass er dabei etwas abbekommen hatte, bemerkte Bernd erst, als der Kater seine Pfote leckte und anschließend damit über das eingerissene rechte Ohr strich.

Bernd begutachtete die Verletzung und befand, dass sie keiner weiteren Behandlung bedurfte. Um diese Tageszeit hätte er mit dem Kater ohnehin nur per Taxi in die Tierklinik fahren können, und Bernd wusste, dass die Behandlung dort extrem teuer war.

»Watson«, sagte er, »wir haben alles falsch gemacht.«

Dr. Watson widersprach nicht. Er lag bei Bernd auf dem Schoß und wartete darauf, gekrault zu werden.

»Wir haben den Fall völlig falsch angepackt. Den ersten Fehler haben wir vor acht Jahren gemacht. Wir haben damals geglaubt, dass an dem Überfall nicht mehr als zwei Personen beteiligt gewesen sind. Das war dumm. Etwa so, als wenn du zwei Mäuse siehst und dann glaubst, es gibt überhaupt nur zwei Mäuse.«

Der Kater schnurrte zufrieden, aber das lag wahrscheinlich daran, dass Bernd ihn kraulte.

»Inzwischen wissen wir, dass es viel mehr Mäuse gegeben hat. Aber die meisten sind damals in ihren Löchern geblieben, und wir haben sie nicht gesehen. Einige waren wahrscheinlich nur Randfiguren. Die Maus Gesche zum Beispiel. Andere waren sehr aktiv. Die Maus Lüdtke, die Maus Ole und die Zopfmaus. Und dann haben wir noch unseren Mausischatz Tarp junior, den Sohn vom alten Juwelier.«

Das Schnurren wurde lauter.

»Sieben Mäuse sind das, Watson, und auf den ersten Blick sehen sie alle gleich aus. Aber in Wirklichkeit ist eine dieser sieben gar keine Maus, sondern eine fiese Ratte, die die anderen totbeißt. Aber wer? Heißt die Ratte Wolfgang Dreyer?«

Dr. Watson schnurrte unverändert.

»Das haben wir bisher geglaubt. Aber seit heute wissen wir, dass auch Benjamin Tarp die Ratte sein könnte. Wir haben damals nicht registriert, dass Mausischatz Tarp junior die größte Beute gemacht hat. Vielleicht fürchtet er, dass Dreyer ihm die Beute abjagen will. So ist jetzt plötzlich Mausischatz zu unserem Lieblingskandidaten für die Rolle der fiesen Ratte geworden. Aber er hat keinen Hund. Und einen Wolf schon gar nicht.«

Watson gähnte.

»Aber Tarp junior wohnt sozusagen mitten im Wald, er hat ein Haus mit Keller, und er wohnt so dicht am Wildpark *Schwarze Berge*, dass er theoretisch die Chance hätte, ein Loch in den Zaun zu schneiden und sich von dort einen Wolf zu besorgen.«

Während er dies sagte, wurde Bernd plötzlich bewusst, was getan werden musste. Gesche musste gemeinsam mit ihrem Phantombildzeichner versuchen, die unbekannten

Personen in diesem Spiel zu zeichnen, so gut es eben möglich war.

Der Kater hörte plötzlich auf zu schnurren. Womöglich hatte Bernd versehentlich das verletzte Ohr berührt.

»Ja, ich weiß«, sagte Bernd. »Wir bewegen uns auf dünnem Eis. Bei diesem Stand der Ermittlungen ist noch alles möglich. Es ist sogar möglich, dass der ›Wolf von Hamburg‹ schneller ist als wir. Jeden zweiten Tag eine Leiche! Das macht im Jahr 178 Tote. – Na, ganz so schlimm wird es hoffentlich nicht kommen! Aber wenn wir Pech haben, Watson, dann legt der Kerl als Nächstes Gesche um. Und mich gleich noch mit dazu.«

Watson reagierte nicht. Bernd wusste, dass er mit jeder Maus fertig wurde, aber Ratten? – Watson hatte Angst vor Ratten. Bernd gähnte. Er hatte sich einen starken Kaffee gebraut. Es würde eine lange Nacht werden. Aber zumindest hatten sie jetzt ein solides Sicherheitsschloss in der Wohnungstür; das hatte er gleich heute früh einsetzen lassen.

Antje

Mittwoch, 26. November 2014

Birte Brodersen rannte zum Hauptbahnhof. Sie hatte die letzten Tage durchgehend ein ungutes Gefühl gehabt, aber als sie die heutige Zeitung geöffnet hatte, war dieses Gefühl zur Gewissheit geworden: Sie war in Lebensgefahr. Karl-Heinz Lüdtke war tot. Die Zeitung schrieb, dass es sich um einen Unfall gehandelt habe, der auf den unerklärlichen Leichtsinn des Zoobesuchers zurückzuführen sei. Aber Birte wusste, dass Lüdtke nicht leichtsinnig war, und sie wusste auch, dass der Kellner normalerweise nicht in den Zoo ging.

Birte hatte lockeren Kontakt zu Lüdtke gehalten. Er war derjenige gewesen, der seinerzeit die Gelder verteilt hatte. 3000 Euro hatte sie bekommen. Das war zwar nicht allzu viel Geld, aber dafür, dass sie gar nichts getan hatte, außer im entscheidenden Moment an der richtigen Stelle spazieren zu gehen, fand sie den Betrag durchaus angemessen.

Das letzte Mal hatte sie Lüdtke getroffen, als sie mit einer Freundin einen Bummel durch St. Pauli gemacht hatte. Es war eine zufällige Begegnung gewesen; sie hatte nicht geahnt, dass der Kellner in diesem Lokal arbeitete. Er wirkte nicht so gelassen wie früher, das war Birte sofort aufgefallen. Und als ihre Freundin zur Toilette gegangen war, hatte sie Karl-Heinz direkt darauf angesprochen. Der hatte gesagt: »Es gibt Ärger, Mädchen! Wolfgang ist wieder draußen, und das gibt auf jeden Fall Ärger.«

Mehr hatte er nicht gesagt, aber mehr war auch gar nicht nötig, um Birte zu erschrecken. Als dann der Bericht über diesen angeblichen Wolfsmord in der Speicherstadt in der Zeitung erschien, hatte sie gleich gewusst, dass der Ärger jetzt da war. Das Foto, das die Polizei veröffentlicht hatte, war nicht besonders gelungen, aber dennoch war sie sich ganz sicher, dass es sich bei der Toten um Karolin Meister handelte. Sie hatte nicht bei der Polizei angerufen. Sie hatte es nicht gewagt.

Jetzt war auch Lüdtke tot. Der Kellner war ein kräftiger, wehrhafter Mann gewesen, und wenn selbst der sich nicht hatte schützen können, dann hatte sie keine Wahl. Sie musste raus aus Hamburg, und zwar so schnell wie möglich. Aber wohin? Osnabrück fiel ihr ein. Das war weit genug weg. Dort kannte sie Leute, noch aus ihrer Studentenzeit. Die würden sich wahrscheinlich wundern, wenn sie jetzt überraschend bei ihnen auftauchte, aber das war egal, irgendeiner von denen würde sie schon aufnehmen.

Als sie die Schalterhalle betrat, sah sie sich ängstlich um. Ihr war doch nicht etwa jemand gefolgt? Nein, es sah nicht so aus. Wolfgang Dreyer hätte sie möglicherweise erkannt, aber sie wusste nicht, ob die Gefahr wirklich von ihm ausging oder von einem der anderen alten Kumpane. Die meisten hatte sie auch damals nur flüchtig gekannt und nach dem geglückten Überfall nie wieder gesehen.

Birte löste eine Fahrkarte nach Osnabrück. Sie hatte Glück; der nächste ICE ging in zehn Minuten. Gleis 14. Sie musste sich beeilen. Sie bemerkte den Mann nicht, der ihr schon von zu Hause aus gefolgt war. Sie bemerkte auch nicht, dass er in denselben Zug einstieg.

* * *

Auf der Titelseite der Zeitung vom 26. November prangte ein großes Foto eines Wolfes. *Wölfe jetzt auch im Raum Lauenburg,* lautete die Schlagzeile. Im Text war zu lesen, dass der Wolf von einem abendlichen Spaziergänger gesehen worden sei. Die Wolfspopulation in Mecklenburg-Vorpommern werde immer größer. Das Lauenburgische sei das Einfallstor für Wölfe in Richtung Schleswig-Holstein und Hamburg, und die Landesregierung in Kiel erwäge, die Gegend zum Wolfsstreifgebiet zu erklären. Das sei wichtig, da dann die Nutztierhalter Zuschüsse für das Anlegen von Zäunen oder für den Kauf von Schutzhunden beantragen könnten. Für die Menschen bestehe keine Gefahr.

Es wäre schön gewesen, wenn die Zeitung es dabei belassen hätte. Aber natürlich war der »Wolf von Hamburg« immer noch ein dankbares Thema, das man nicht auslassen durfte. Der Journalist hatte einen alten Bericht aus St. Petersburg ausgegraben, in dem es hieß: *In harten Wintern haben sich hungrige Wölfe sogar bis an die Vorstädte Petersburgs gewagt, ja, man sah hier zuweilen ganze Scharen solcher Diebe, die sich aus der Nähe der Kaiserpaläste ihre Nahrung raubten. Die kaiserlichen Kuriere, die zwischen dem Winterpalais und den Nachbarschlössern die Verbindung erhalten, sind noch in neuester Zeit den Wölfen nicht selten zur Speise geworden.*

An dieses schöne Zitat schloss sich dann ein zusammenfassender Bericht über die bisher bekannt gewordenen Aktivitäten des »Wolfs von Hamburg« an, den der Berichterstatter mit den Worten schloss: *Bis heute konnte nicht geklärt werden, ob es sich bei diesen nächtlichen Überfällen um die Tat von Wölfen oder von Menschen handelt.*

»Großartig«, polterte Bernd Kastrup. »Wie viele Hunde sollen denn noch erschossen werden, bevor die Herrschaften begreifen, dass das hier kein Krieg der Tiere gegen die Menschen ist, sondern dass es sich schlicht und ergreifend um einen ganz normalen Serienmörder handelt.«

»Oder mehrere«, sagte Alexander.

»Blödsinn«, erwiderte Bernd. »Es ist ein Einzeltäter. Solche Mordserien sind in 99 Prozent der Fälle das Werk von Einzeltätern.« Er wollte die Zeitung schon zur Seite legen, als ihm plötzlich etwas auffiel. Er las den Artikel noch einmal von vorn bis hinten durch. Keinerlei Hinweise auf gelbe, grüne oder blaue Mikrofasern.

Dagegen hatte der Journalist vermeldet: *Die Polizei hat inzwischen einen wissenschaftlichen Bericht aus Norwegen kommen lassen, in dem die Gefährlichkeit der Wölfe erstmals mit konkreten Zahlen belegt wird. Im südlichen Schweden ...*

»Scheiße!«, sagte Bernd. Da hatte er es. Keiner der Kollegen hatte vertrauliche Informationen an die Presse weitergegeben. Das Leck war er selber. Er hatte mit Antje über den Fall gesprochen, und Antje hatte die Presse informiert. Warum, zum Teufel?

»Und wer beißt denn nun die Menschen?«, wollte Jennifer wissen. »Hund oder Wolf?«

»Ein Hund natürlich.«

»Sicher? Wollte dein Rechtsmediziner sich die Geschichte nicht noch einmal genau ansehen? Er hat jedenfalls vorhin angerufen und behauptet, er habe Neuigkeiten für dich.«

»Ich kann hier nicht weg«, brummte Bernd.

»Doch, kannst du«, sagte Vincent. »Wir passen für dich auf. Im Augenblick passiert ja nicht viel.«

Das war das Problem. Es sah so aus, als ob im Augenblick nichts passierte, aber bis jetzt hatte der Täter jeden zweiten Tag zugeschlagen, und heute war der zweite Tag nach dem Mord an Karl-Heinz Lüdtke.

»Passt gut auf!«, sagte Bernd. Er würde sich mit Beelitz treffen müssen. Aber zuerst würde er ein Wort mit Antje reden.

* * *

Christian Habbe war um 8.00 Uhr draußen, um Rühl, den Schrebergärtner, abzulösen. Oliver Rühl saß in seinem Wagen und fror. »Wird auch Zeit, dass du kommst«, begrüßte er Habbe. »Diese dämliche Kiste hat keine Standheizung. Ich musste alle Augenblicke um den Block fahren, damit ich wieder warm geworden bin.«

Rühls Auto stand jetzt schräg gegenüber vom Tarp´schen Haus. »So superschlau war das sicher nicht«, sagte Habbe.

»Mach's doch besser! – Ich habe jedenfalls die Schnauze voll von dieser Warterei. Du kannst von mir aus gern die nächste Nachtwache übernehmen.«

»Jetzt übernehme ich erst einmal die Tagwache«, sagte Habbe. »Dann sehen wir weiter.«

Habbe sah zu, wie Oliver Rühl davonfuhr. Dann ging er zu seinem eigenen Auto zurück. Er hatte wesentlich besser geparkt, Tarp würde ihn von seinem Haus aus nicht sehen können, und er würde ihn auch nicht bemerken, falls er heute wieder zu einer Wanderung aufbrechen sollte. Habbes Wagen stand ein ganzes Stück weiter talabwärts in einer Reihe von geparkten Fahrzeugen. Er hatte einen freien Blick auf die Einfahrt zu Tarps Grundstück, aber wer aus dieser Einfahrt herausging, der hatte keine Chance, ihn zu entdecken.

Christian Habbe war mit sich und der Welt zufrieden. Er wusste, dass er diese Aufgabe gut gelöst hatte. Im Gegensatz zu seinem Ruf war er kein Einbrecher. Alle Informationen, die er über Benjamin Tarp gesammelt hatte, stammten von den Nachbarn, von den örtlichen Handwerkern, die die Wasserleitung repariert hatten, und von einem ungewöhnlich mitteilsamen Fräulein in der Sparkasse. Aber Habbe sah auch ungewöhnlich gut aus, und wenn er die junge Dame schon zum Essen einlud, dann konnte es nicht ausbleiben, dass im Rahmen ihrer Unterhaltung das Gespräch auch auf die finanzielle Lage von Benjamin Tarp kam. – Ein Glückstreffer, zugegeben, aber die Wahrscheinlichkeit, dass die Tarps ihre Konten bei der örtlichen Sparkasse hatten, war nicht so gering. Im Schützenverein war der alte Tarp auch gewesen – genau wie der damalige Leiter der Sparkasse.

Jetzt saß Habbe in seinem warmen Auto. Die Standheizung funktionierte, und außerdem hatte er sich eine Zeitung mitgebracht, um sich die Wartezeit zu vertreiben. Eine der Schlagzeilen lautete: *Heute schon gelacht? – Gegen den Novemberblues hilft am besten rabenschwarzer Humor.* Christian Habbe lachte nicht. Humor war nicht sein Ding.

Es war jetzt 8.15 Uhr. Ein grauer VW-Golf kam die Straße heruntergebraust. Jemand, der offenbar erst spät zur Arbeit musste oder der sich gewaltig verspätet hatte.

Habbe vertiefte sich wieder in die Zeitung. Vom HSV war die Rede, und irgendein Fachmann empfahl dem Verein eine Runderneuerung. *Junge und willige Fußballer müssen her*, behauptete der Experte. Das war sicher richtig. Wenn der Verein bisher nur alte und unwillige Fußballer verpflichtet hatte, dann konnte das ja nichts werden. Das Spiel in Augsburg am nächsten Sonntag war wieder so ein Schicksalsspiel, das unbedingt gewonnen werden musste.

In diesem Augenblick verließ Benjamin Tarp sein Grundstück. Er war mit einem dunkelblauen Parka bekleidet, trug außerdem eine schwarz-weiß-blau gemusterte Pudelmütze, sodass er aussah wie ein HSV-Fan. Aber Habbe war sich sicher, dass der Mann nicht auf dem Weg nach Augsburg war. Er ging nicht in Richtung Bahnhof, sondern wandte sich genau wie gestern talaufwärts. Und genau wie gestern hatte er einen kleinen Rucksack dabei. Christian Habbe ließ ihm einen Vorsprung, dann stieg er aus dem Wagen und machte sich an die Verfolgung.

* * *

»Tut mir leid, dass ich heute ein bisschen zu spät gekommen bin.«

»Heute?« Der Schrebergärtner kam fast immer zu spät.

»War deine Wache nicht um acht Uhr zu Ende?«, fragte Bernd

»Ja, der Habbe hat mich pünktlich abgelöst. Aber dann hab ich einen Anruf gekriegt, von einem Nachbarn, dass da in meinem Schrebergarten jemand zugange gewesen ist, dass da Licht gebrannt hat gestern Nacht.«

»Und? Hast du das Licht ausgemacht?«, fragte Alexander desinteressiert.

»Das Licht? – Ja, das Licht war natürlich aus, jetzt am Tag, wo ich hingekommen bin. Aber ich kann dir sagen, da ist jemand in meinem Häuschen gewesen. Das ist ganz sicher.«

»War die Tür aufgebrochen, oder was?«

»Nee, aufgebrochen war da nichts.«

»Und ist etwas gestohlen worden?«

Oliver Rühl schüttelte den Kopf. »Nein, gestohlen ist auch nichts. Da ist auch nicht viel zu stehlen. Was soll denn da jemand stehlen? Den Rasenmäher vielleicht?«

»Oliver, das nervt jetzt ein bisschen«, sagte Vincent ganz sanft. »Sieh mal, wir sind alle dabei, einen Serienmörder zu jagen, und du bist den ganzen Vormittag damit beschäftigt, herauszufinden, warum in deinem Gartenhäuschen das Licht brennt. Findest du nicht auch, dass das ein kleines bisschen unangebracht ist?«

»Nein. – Ach, egal, ihr begreift das sowieso nicht, wie das ist, wenn man solch einen Garten hat und wenn man seine ganze Freizeit da hineinsteckt, dass alles hübsch und ordentlich ist, und dann kommen irgendwelche Vandalen und machen alles kaputt ...«

»Aber wenn ich dich richtig verstanden habe, dann ist doch gar nichts kaputtgegangen, oder?«

»Noch nicht, Vincent, aber man weiß ja, wie schnell das geht. Einen Moment lang passt man nicht auf, und schon geht alles drunter und drüber. Aber das lasse ich mir nicht gefallen. Ich nicht! Nächste Nacht lege ich mich auf die Lauer, und wenn der Kerl dann wiederkommt, dann kann der was erleben ...«

»Soweit ich mich entsinne«, sagte Alexander, »bist du in der nächsten Nacht wieder dran, das Haus von diesem Juwelierssohn zu überwachen.«

»Ach ja, das hatte ich ganz vergessen. Gut, dann eben in der übernächsten Nacht. Oder – vielleicht, wenn du mich etwas früher ablösen könntest morgen, Alexander, dann könnte ich noch nachsehen, was da los ist ...«

»Mal sehen«, sagte Alexander unbestimmt.

* * *

»Bist du denn wahnsinnig geworden?« Bernd Kastrups Stimmung hatte sich dadurch nicht verbessert, dass er eine halbe Stunde auf Antje Breckwoldt hatte warten müssen, von der anscheinend niemand wusste, wo sie sich zurzeit aufhielt.

»Nicht dass ich wüsste«, erwiderte Antje. Auch sie war verärgert. Schon wieder war Bernd hier im Botanischen Institut aufgetaucht, und obendrein hatte er noch einen Riesenwirbel veranstaltet. Sie schloss die Tür zu ihrem Zimmer auf.

»Wie kommst du dazu, ohne mich zu fragen Informationen an die Presse weiterzugeben?« Bernd wedelte mit der Zeitung.

»Ach, das meinst du. – Jetzt komm erst mal mit ins Zimmer! Es ist schließlich nicht nötig, dass jeder dieses Gespräch mithört.«

»Ich habe die ganze Zeit geglaubt, dass irgendeiner von unseren Leuten diese Dinge ausplaudert, aber dass du das sein könntest, das wäre mir nicht im Traum eingefallen! Wie kommst du dazu? Hast du das Geld gebraucht?«

Antje schüttelte den Kopf. »Du weißt sehr gut, dass es mir auf ein paar Euros mehr oder weniger nicht ankommt. Klaus und ich, wir verdienen beide sehr gut.«

»Warum denn sonst?«

»Der Grund ist ganz einfach, dass ich will, dass alle erfahren, dass dies ein äußerst komplizierter Fall ist und dass du derjenige bist, der ihn löst ...«

Bernd Kastrup schüttelte den Kopf. Das fehlte ja gerade noch, dass am Ende auch noch sein Name in den Zeitungsberichten genannt wurde. Die Polizei gab nie die Namen ihrer Ermittler an die Presse weiter.

»Ich habe das nur gemacht, um dir zu helfen, Bernd. Ich weiß ja, wie schlecht du bezahlt wirst. Ich weiß ja, dass du eigentlich längst hättest befördert werden müssen und dass du immer wieder übergangen worden bist ...«

»Unsinn! Ich bin nicht übergangen worden! Es gibt ganz einfach einen Beförderungsstau bei uns. Niemand kann befördert werden, weil es keine entsprechenden Planstellen gibt. Das kann man gut finden oder schlecht finden, aber das kann man nicht ändern. Und durch irgendwelche Aktionen in der Presse schon gar nicht!«

Antje seufzte. Schließlich sagte sie: »Gut, dann sage ich es dir jetzt ganz direkt: Ich habe mir vorgestellt, dass ich mich irgendwann von meinem Mann trenne. Ich habe mir vorgestellt, dass wir zusammenziehen und dass wir heiraten. Aber das geht nur, wenn wir beide anständig verdienen, sodass wir den Lebensstandard aufrechterhalten können, den ich jetzt erreicht habe. Ich möchte, dass du die Position erreichst, die dir nach deinen Fähigkeiten zusteht!«

Bernd Kastrup schluckte. Die nächsthöhere Position wäre die von von Thomas Brüggmann. Sie waren gleich alt. Er würde immer Hauptkommissar bleiben. »Warum können wir nicht alles so lassen, wie es ist?«, fragte er. Er hatte nie ernsthaft geglaubt, dass die Professorin ihn heiraten würde.

Antje antwortete nicht.

* * *

»Gut, dass du gleich Zeit für mich gefunden hast.« Bernd bemühte sich, den Ärger aus seiner Stimme herauszuhalten.

»Schön, dass du gekommen bist, Bernd. Es ist so viel angenehmer, sich hier bei einer Tasse Kaffee und bei gepflegter Musik zu unterhalten als an irgendeinem scheußlichen Tatort oder im Labor oder am Telefon, wo man dauernd gestört wird.«

Ja, das *Caffè Dallucci* im Universitätsklinikum Eppendorf war ein gepflegter Ort, der Kaffee war gut, und Bernd hatte auch gar nichts dagegen, dass eine Pianistin im Hintergrund dem Flügel klassische Musik entlockte. Er hatte es nur einfach eilig, und dieser Ausflug nach Eppendorf kostete unnötig viel Zeit.

»Die junge Dame ist Irene Herrezuelo Osorio aus Málaga.«

»Ja. – Worüber ich mit dir reden wollte …«

»Das ist Liszt, was sie da spielt. Ungarische Rhapsodie Nummer fünf. Sie macht zur Zeit ihr Masterstudium an der

Hochschule für Musik und Theater in Hamburg. Ist vorher in Weimar gewesen ...«

»Ja, das ist prima. Ich möchte dich aber noch einmal in einer ganz anderen Angelegenheit belästigen ...«

»Du belästigst mich nicht. Ich unterhalte mich gern mit dir, das weißt du doch. Und ich ahne schon, warum du hier bist. Deswegen hatte ich ja auch bei euch angerufen. Es geht noch einmal um unseren ›Wolf von Hamburg‹ ...«

Bernd nickte. »Ich nehme an, du hast die Zeitung von heute gesehen? Unser Wolf hat es wieder einmal auf die Titelseite geschafft. Dabei hatte ich gehofft, dass wir diesen Unsinn nun endlich mal überwunden hätten. Aber diese Journalisten sind einfach unbelehrbar. Kurt, kannst du nicht einmal mit den Leuten reden? Kannst du nicht einmal ganz klar machen, was die Unterschiede zwischen einem Wolf und einem Hund sind und warum wir es hier in Hamburg auf keinen Fall mit einem Wolf zu tun haben?«

Der Rechtsmediziner lächelte. »Ich kann mit den Leuten reden, Bernd, aber was ich ihnen sagen müsste, das würde dir nicht gefallen.«

»Was heißt das?«

»Das heißt ganz einfach, dass ich inzwischen Hinweise habe, dass es sich bei dem fraglichen Tier doch um einen Wolf handelt.«

»Was?«

Der Mediziner lehnte sich zurück und genoss die Überraschung seines Gesprächspartners. Er sagte: »Das sicherste Unterscheidungsmerkmal ist zunächst einmal der Gang. Ein Wolf geht anders als ein Hund. Ein Wolf setzt normalerweise die Hinterpfote genau an die Stelle, wo einen Moment vorher seine Vorderpfote gestanden hat. Er schnürt, sagt man dazu. Und du bekommst immer zwei ineinanderliegende Pfotenabdrücke.«

»Soweit ich weiß, haben wir aber bisher überhaupt keine Pfotenabdrücke.«

»Nein, leider nicht. So müssen wir uns mit dem zweitbesten Merkmal zufriedengeben: mit dem Gebiss. Wir müssen uns das Gebiss ansehen bzw. die Spuren, die der Biss des Tieres im Opfer hinterlassen hat. Auch hier gibt es Unterschiede zwischen Wolf und Hund. Die sind etwas schwierig festzustellen, wenn das Tier Brocken von Fleisch herausgerissen hat, aber erfreulicherweise haben wir inzwischen ja auch Opfer mit einer größeren Zahl von reinen Bissspuren, und das Ergebnis ist eindeutig.«

»Ist das so?«, fragte Bernd.

»Ja, das ist so. – Ich habe dir hier mal zwei Abbildungen mitgebracht. Die linke zeigt das Gebiss eines Wolfes, die rechte das Gebiss eines Hundes.«

Der Mediziner legte zwei Fotokopien auf den Tisch. Bernd Kastrup starrte auf die Bilder. Für ihn waren das zwei gleiche Abbildungen. Er schüttelte den Kopf.

»Siehst du die Unterschiede?«, fragte Kurt.

»Ich weiß nicht ...«

»Komm, tu nicht so, natürlich siehst du die Unterschiede! Am deutlichsten sind die Abweichungen hier, bei den Schneidezähnen. Beim Wolf ist das Gebiss an dieser Stelle deutlich schmaler als beim Hund. Das siehst du vor allem am Unterkiefer. Und die Zähne stehen weiter auseinander. Die Beißkraft des Wolfes ist übrigens deutlich höher als beim Schäferhund, sie kann bis zu doppelt so stark sein.«

»Ich sehe nicht, wie du die Beißkraft aus dem Zahnbild ...«

»Nicht aus dem Zahnbild, natürlich nicht, aber aus der Art der Verletzungen lässt sie sich ableiten. Es gibt Hunderte von Fotografien, auf denen die Verletzungen zu sehen sind, die durch Bisse von Hunden und durch Bisse von Wölfen hervorgerufen worden sind. Und ein wesentlicher Unterschied besteht darin, dass der Hund in der Regel beißt, um zu beißen. Er will seinen Gegner besiegen. Der Wolf beißt dagegen, um zu fressen. Er will das Fleisch haben, verstehst du?«

Daher also die extremen Verletzungen.

»Insofern ist die Geschichte vom Rotkäppchen und dem bösen Wolf im Prinzip richtig«, verkündete der Mediziner fröhlich. »Der Wolf will Rotkäppchen und die Großmutter nicht beißen, der Wolf will sie fressen.«

»Kurt, wenn ich es mir recht überlege, dann glaube ich, dass du vielleicht doch besser nicht mit der Presse sprechen solltest!«

»Ich werde den Mund halten. Aber du solltest dir darüber Gedanken machen, wie du mit einem solchen Gegner fertig wirst. Ein auf Angriff abgerichteter Wolf ist deutlich gefährlicher als ein Kampfhund. Und – das habe ich dir bisher noch nicht gesagt – der Wolf, mit dem wir es hier zu tun haben, das ist ein ziemlich großes Exemplar. Die Wölfe, die wir in Niedersachsen haben, die sind eigentlich kleiner.«

»Und was bedeutet das?«

»Nun – es kann natürlich ein Zufall sein. Genauso wie es große und kleine Menschen gibt, gibt es natürlich auch große und kleine Wölfe. Aber eigentlich ist es so, dass die Wölfe im Osten größer sind als hier.«

»Im Osten? Was meinst du damit? Thüringen?«

Der Mediziner schüttelte den Kopf. »Viel weiter im Osten«, sagte er. »Im Baltikum vielleicht. Oder in Russland.«

* * *

Kaum war Bernd zurück im Präsidium, da klingelte auch schon das Telefon.

Seine Ex-Frau war dran. »Entschuldige, wenn ich dich bei deinen dringenden Arbeiten störe, Bernd, aber ich glaube, dass es wichtig ist.«

»Was ist es denn, Gaby?«

»Als ich heute Mittag die Post aus dem Briefkasten genommen habe, da war dabei auch so ein Brief ohne Absender. Außerdem natürlich wieder deine üblichen Kontoauszüge. Die kannst du dir bei Gelegenheit bei mir abholen. Aber dieser Brief, der war schon ungewöhnlich.«

»An wen ist er gerichtet?«

»An dich, nehme ich an. Aber es war einfach nur ein billiger, weißer Umschlag ohne irgendwelche Angaben.«

»Mach ihn auf!«

»Das habe ich schon getan, Bernd! Ich wusste ja nicht, ob er vielleicht für mich ist. Aber das glaube ich nicht. In dem Brief steckte nur ein Zettel, und der sah so aus, als ob ihn jemand aus irgendeinem Notizblock herausgerissen hat.«

»Spann mich nicht auf die Folter! Was steht auf dem Zettel?«

»Nur ein einziges Wort: Antje!«

»Was?« Bernd erschrak zutiefst. Antje! Der »Wolf« hatte herausgefunden, dass er eine Beziehung zu Antje Breckwoldt hatte. Antje war in Gefahr. Er musste sofort handeln. Er sagte: »Gaby, hör zu! Gleich wird ein Mann bei dir vorbeikommen und den Brief abholen. Es ist wichtig, dass wir den Umschlag und das Schreiben sofort ins Labor bringen.«

»Ich wollte eigentlich gerade noch einkaufen gehen ...«

»Verschieb den Einkauf bitte! Wir beeilen uns!«

»Und – wer ist Antje?«

»Das erkläre ich dir später.«

»Nicht dass es mich etwas angeht, wir sind ja schließlich geschieden, aber ...«

»Später, Gaby, das erkläre ich dir alles später! Jetzt muss ich erst einmal dafür sorgen, dass kein Unglück geschieht.«

Wenn nicht längst ein Unglück geschehen war. Warum hatte er den Brief an seine Postadresse geschickt? Der »Wolf« wusste doch, dass Bernd nicht mehr bei seiner Frau wohnte. Nur die Post lief weiterhin über die alte Anschrift. Bernd traute sich nicht, die Briefe in sein illegales Quartier in der Speicherstadt kommen zu lassen. Hatte der »Wolf« den Brief an die alte Wohnung geschickt, damit er zu spät kommen sollte? Damit Bernd ihn erst bekam, wenn Antje schon tot war?

Noch bevor er dafür sorgte, dass der anonyme Brief abgeholt wurde, rief er bei Antje Breckwoldt im Institut an. Nervös wartete er, dass jemand abnahm. Aber das Telefon läutete und läutete, und schließlich schaltete sich der automatische Anrufbeantworter ein.

»Antje«, rief Bernd, »wenn du dieses Band abhörst, ruf mich bitte sofort an. Wenn du mich hier im Amt nicht erreichst, dann über meine Handynummer. Und wenn auch das nicht funktioniert, dann wende dich an meine Kollegen. Es geht um ...«

»Worum geht es?«, unterbrach Antje seinen Redefluss. »Ich komme gerade zur Tür herein. Wir hatten eben eine anstrengende Sitzung. Es geht wieder einmal darum, ob die Prüfungsordnung reformiert werden ...«

»Antje, das ist scheißegal! – Entschuldige, dass ich dich unterbreche, aber was ich dir sagen muss, das ist extrem wichtig. Es geht um Leben und Tod.«

»Hat mein Mann etwa ...«

»Nein, mit deinem Mann hat es überhaupt gar nichts zu tun. Ich habe einen anonymen Brief bekommen, und darin steht nur ein einziges Wort: Antje.«

»Und du glaubst, dass es möglicherweise irgendein Versuch ist, uns zu erpressen?«

»Erpressen? – Nein, Unsinn. Dieser Brief stammt von dem Serienmörder, den wir im Augenblick jagen. Und es geht nicht um Erpressung, sondern es geht um Mord.«

»Mord? Glaubst du etwa, der ›Wolf von Hamburg‹ ist hinter mir her?« Antje lachte.

»Das ist nicht zum Lachen, Antje. Das ist todernst. Wenn Leute solch eine Warnung bekommen haben, dann hat der Mörder bis jetzt jedes Mal zugeschlagen.«

»Das kann ich gar nicht glauben. Was habe ich mit diesem Kerl zu tun?«

»Das weiß ich auch nicht. Vielleicht genügt es schon, dass wir uns gelegentlich treffen. Vielleicht will er dich deshalb umbringen. Diese Morde lassen sich mit dem normalen Menschenverstand überhaupt gar nicht erklären. Der Mann ist irre. Und er ist äußerst gefährlich.«

»Was soll ich deiner Meinung nach tun?«

»Du bleibst in deinem Zimmer im Institut und wartest, bis ich dich abhole. Und du schließt die Tür zu und lässt niemanden herein, hörst du? – Und die Fenster …« Bernd dachte an die großen Fensterscheiben in Antjes Zimmer. »Du musst unbedingt die Vorhänge zuziehen!«

»Es gibt keine Vorhänge bei uns im Institut.«

»Dann mach das Licht aus und setz dich auf den Boden.«

»Glaubst du im Ernst, dass jemand versuchen könnte, mich von draußen durch die Scheibe zu erschießen? Das ist doch absurd, Bernd!«

»Leider nicht. Ich hole dich im Institut ab und bringe dich dann direkt nach Hause. – Ist dein Mann zu Hause?«

»Ja, natürlich, das habe ich dir doch gesagt. Klaus ist vorgestern aus Kiew zurückgekommen. Du kannst mich nicht nach Hause bringen. Ich nehme meinen eigenen Wagen.«

»Dann fahre ich direkt hinter dir her und bleibe in der

Nähe, bis du in euer Haus verschwunden bist. Und wir werden dein Haus bewachen, Tag und Nacht.«

»Bernd, wie stellst du dir das vor? Das kann doch gar nicht gut gehen! Wenn mein Mann das mitbekommt, dann gibt es einen riesigen Krach, und das wollen wir doch beide nicht ...«

»Ist das Licht inzwischen aus?«

»Nein, noch nicht.«

»Mach bitte sofort das Licht aus, Antje!«

Einen Augenblick lang war nichts zu hören. Offenbar hatte Antje den Hörer zur Seite gelegt und machte sich im Zimmer zu schaffen. Schließlich sagte sie: »So, jetzt habe ich abgeschlossen, und das Licht ist aus.«

»Sitzt du auf dem Fußboden?«

»Nein, noch nicht.«

»Setz dich bitte auf den Fußboden, Antje!«

»Ich sitze auf dem Fußboden. Bist du nun zufrieden?«

Nein, Bernd Kastrup war nicht zufrieden. Er hatte panische Angst, dass Antje irgendetwas passieren könnte.

»Hör zu, Bernd, ich finde das sehr rührend von dir, dass du dir Sorgen machst, aber ich kann mich nicht verstecken. Nicht auf die Dauer jedenfalls, verstehst du? Wenn ich jetzt ledig wäre, dann könnte ich vielleicht für ein paar Wochen verreisen und warten, bis der Trubel vorüber ist. Aber das kann ich nicht. Was soll ich denn meinem Mann erzählen? Und dem Institut? Wir sind mitten im Semester, Bernd. Ich kann nicht einfach abhauen.«

»Das wird sich alles regeln lassen. Darüber müssen wir noch einmal in Ruhe nachdenken. Die Hauptsache ist zunächst einmal, dass ich dich sicher nach Hause bringe. Nachtweyh und Ladiges werden dich heute Nacht bewachen. Sie werden sehr diskret sein. Du wirst gar nicht merken, dass sie da sind, und dein Mann merkt auch nichts. Und morgen früh sehen wir dann weiter.«

»Na schön. Und du kommst jetzt ... halt, warte einen Augenblick!«

»Was ist?«

»Es hat geklopft!«

»Antje, du kannst doch jetzt nicht ...«

Aber Antje Breckwoldt hatte den Hörer zur Seite gelegt, und Bernd entnahm den Geräuschen, die im Hintergrund zu hören waren, dass sie die Tür aufschloss. Sicher hatte sie auch wieder Licht gemacht.

Bernd lauschte einen Augenblick der Unterhaltung, die er nur bruchstückweise verstehen konnte. Ganz offensichtlich ging es um irgendwelche Institutsangelegenheiten. Kurz entschlossen legte er den Hörer auf und machte sich auf den Weg zum Botanischen Institut.

* * *

Den ganzen Nachmittag hatte Sylvia mit ihrer Freundin *World of Warcraft* gespielt. Es war schön, für einige Stunden in eine Fantasiewelt einzutauchen und gemeinsam mit Leonie und anderen Kämpfern großartige Abenteuer zu bestehen. Aber die Zeit der Spiele war begrenzt. Kurz vor fünf verabschiedete sich Sylvia. Frau Mertens sollte nicht sehen, dass sie wieder dieses Spiel gespielt hatten. Außerdem hatte Sylvia Angst, dass Leonies Mutter wusste, dass sie aus dem Krankenhaus abgehauen war, und sie befürchtete, dass sie vielleicht die Polizei rufen könnte.

»Ach ja«, sagte Leonie, »das hätte ich jetzt fast vergessen: Das ist heute mit der Post gekommen. Der Postbote hat es einfach auf die Briefkästen gelegt.«

»Danke.«

Das war das Päckchen, auf das Sylvia gewartet hatte. Es war kleiner, als sie gedacht hatte. Sie riss die Verpackung auf. Zum Vorschein kam eine kleine, weiße Plastikdose mit der Aufschrift *Bärlapp Lycopodium 100 Gr*. Das Ganze sah enttäuschend aus. Ein einziger Schwindel, dachte Sylvia. Was jetzt? Die Dose war unpraktisch, die konnte sie nicht gebrauchen.

»Hast du vielleicht eine Tüte oder so was?«

Leonie kam mit einem kleinen Frischhaltebeutel, wie sie ihn für ihr Schulbrot verwendete. Der war besser. Sylvia schüttelte das weiße Pulver in den Beutel, steckte ihn in die Tasche und warf die Dose in den Papierkorb.

»Das kannst du hier nicht einfach so offen liegen lassen!« Leonie fischte die Dose aus dem Müll.

Sylvia zuckte mit den Achseln. Dann würde sie das Ding eben unterwegs in irgendeiner Mülltonne verschwinden lassen. »Mach's gut, Leonie«, sagte sie.

»Du auch! – Kommst du morgen wieder?«

»Ja, mach ich«, versprach sie. Dabei dachte sie: Wer weiß schon, was morgen ist? Wenn man auf der Flucht ist vor dem Vater und vor der Polizei, dann kann man nie wissen, wo man am nächsten Tag sein wird.

* * *

Sylvia blickte noch einmal zurück zu den grünen Häusern. Leonie stand am Fenster und winkte. Sylvia winkte zurück. Leonie war eine echte Freundin. Kaum zu glauben, dass sich ihr Verhältnis so entwickelt hatte, nachdem Sylvia sie damals auf dem Schulhof verprügelt hatte. Als der Lehrer sie auseinanderriss, blutete Leonie, und Sylvia entschuldigte sich nicht einmal. Das tat sie erst später, viel später, als sie begriff, dass Leonie sie wirklich gern hatte.

Sylvia machte sich auf den Weg in ihr Quartier. Das erste Stück ging leicht, aber die letzten paar Hundert Meter durch die Schrebergärten waren eine Herausforderung. Hier gab es nur wenig Licht, und Sylvia bemühte sich, so weit wie möglich im Schatten zu bleiben. Zwar war im November und zu dieser Tageszeit nicht wirklich damit zu rechnen, dass man Leute traf, aber auszuschließen war es auch nicht. Womöglich war inzwischen ihr Bild schon in den Zeitungen abgedruckt worden, und wenn jemand sie sah, würde er die Polizei alarmieren. Wahrscheinlich würde überhaupt jeder die Polizei alarmieren, der sie hier allein im Dunkeln durch die Gärten schleichen sah.

Da war das Haus, in dem sie schlief. Das Holzhaus hatte schon einige Jahrzehnte auf dem Buckel. Der Besitzer hatte auf der Südseite vor dem großen Fenster eine rot-weiße Markise angebracht, die jetzt im Winter natürlich zu nichts nutze war. Es gab einen kleinen Schuppen, der verschlossen war und in den Sylvia nicht hinein konnte. Sie nahm an, dass dort die Gartenmöbel standen. Der Besitzer hatte auf dem Grundstück drei große Lampen aufgestellt, die wie altertümliche Straßenlaternen aussahen und die hier völlig deplatziert wirkten. Es gab Strom, aber Sylvia traute sich nicht, das Licht einzuschalten, um nicht aufzufallen. Es gab auch eine Satellitenschüssel auf dem Dach, aber den Fernseher brachte der Schrebergärtner wohl nur im Sommer mit nach draußen, wenn er sich wirklich in dieser Hütte aufhielt.

Schlecht war, dass es in diesem Häuschen nur kaltes Wasser gab, auch keine Dusche, sodass Sylvia sich am Waschbecken waschen musste. Schlecht war auch, dass es nur eine stinkende Biotoilette gab.

Da sie nicht ganz im Dunkeln sein wollte, zündete Sylvia eine Kerze an. Anschließend breitete sie ihren Schlafsack auf dem Fußboden aus. Sie brachte den Sack tagsüber zu Leonie. Ihn in dem Häuschen zu lassen, erschien ihr zu riskant. Falls der Besitzer irgendwann vorbeikam, würde er sonst sofort sehen, dass hier jemand unerlaubterweise übernachtete.

Sylvia hatte am Nachmittag zusammen mit Leonie eine Pizza gegessen. Als Abendbrot hatte sie sich ein paar Scheiben Brot von Leonie geben lassen. Zu trinken hatte sie kaltes Wasser. Trotz ihres dicken Anoraks fröstelte sie. Das Häuschen besaß keine Heizung. Aber der Schlafsack, den Leonie ihr geliehen hatte, war wunderbar, und sie wusste, dass ihr gleich warm werden würde. Obwohl sie sich sicher war, dass niemand zum Fenster hereinschauen würde, zog sie die Vorhänge zu, bevor sie sich auskleidete. Dann löschte sie das Licht und krabbelte in ihren Schlafsack.

Eigentlich war es zu früh zum Schlafen. Zu Hause ging sie nie so früh ins Bett, aber hier in dieser Hütte gab es nichts, was man tun konnte, außer essen und schlafen. Sylvia lag lange wach. Sie dachte darüber nach, wie es weitergehen sollte mit ihrem Leben, aber weiter als bis zum nächsten Tag konnte sie nicht blicken. Sie dachte an ihren Vater, der grausam zu ihr gewesen war und der sie doch liebte. Zumindest glaubte sie, dass er sie trotzdem liebte. Zumindest hatte sie das damals geglaubt, hatte sie das damals glauben wollen. Sie dachte auch an ihre Mutter, ihre arme Mutter, die ihr nicht hatte helfen können und die sich nicht einmal selbst helfen konnte.

Pilze

Donnerstag, 27. November 2014

»*Antje*«, las Alexander.

»Das ist der Zettel«, sagte Bernd. Er hielt die Plastiktüte mit dem anonymen Schreiben hoch. »Natürlich haben sie im Labor nichts feststellen können. Keine Fingerabdrücke, gar nichts.«

»Antje«, wiederholte Alexander.

»Was ist damit?«

»Bernd, ich habe darüber nachgedacht. Das heißt, wir beide haben darüber nachgedacht. Und Jennifer und ich hatten ziemlich lange Zeit, darüber nachzudenken, das kann ich dir sagen. Eine feuchte, neblige Nacht, in der nichts weiter passiert ist, als dass wir uns abwechselnd kalte Füße geholt haben. Und da sind wir darauf gekommen, dass eigentlich gar nichts dafür spricht, dass mit dieser Antje deine Antje Breckwoldt gemeint ist. Woher soll der ›Wolf‹ wissen, dass du mit ihr liiert bist?«

»Er kann mich wochenlang beobachtet haben. Das ist nicht so schwer herauszufinden, dass wir uns treffen, wann immer wir die Möglichkeit haben.«

»Vielleicht ja, vielleicht nein. Es kann aber auch ganz etwas anderes heißen.«

»An was denkst du?«

»An diesen – diesen Seehund.«

»Seehund? Ach, du meinst Antje, das Walross, das Wahrzeichen vom NDR? Aber die ist doch schon seit einer Ewigkeit tot!«

»Was heißt das schon? Hat es nicht damals geheißen, dass das Fell aufbewahrt werden sollte und dass daraus irgendein – eine Art Denkmal hergestellt werden sollte?«

Jennifer hatte inzwischen ihren Rechner hochgefahren. Sie suchte bei *Google* nach Antje und Walross. »Hier«, sagte sie. »Hier steht alles, was du wissen musst. Antje war ein Pazifisches Walross. Sie ist 2003 gestorben. Und heute gibt es sie an drei Stellen in Hamburg: einmal die konservierte, echte Antje im Zoologischen Museum der Universität Hamburg, dann eine Bronze-Plastik beim Alster-Einkaufs-Zentrum in Hamburg-Poppenbüttel und schließlich eine Steinskulptur hinter dem Bergedorfer Rathaus.«

»Und?«

»Das letzte Mal, als uns der ›Wolf‹ solch eine Botschaft zugeschickt hatte, da ging es nicht darum, dass irgendjemand bedroht werden sollte, sondern da ging es darum, dass irgendwo eine Leiche herumlag. Ich meine, wir sollten jetzt zunächst einmal prüfen, ob an diesen drei Standorten möglicherweise …«

»Schaden kann es nichts«, brummte Bernd. Er war nur halb überzeugt, aber er griff selbst zum Telefon und rief im Zoologischen Museum an. Die Ausstellung war zu dieser Zeit zwar noch geschlossen, aber die Dame, die den Hörer abnahm, erklärte sich bereit, nachzusehen, ob alles in Ordnung war.

»Na, die bekommt jetzt gleich den Schreck ihres Lebens!«, unkte Alexander.

Aber die Überraschung blieb aus. Niemand hatte in der Ausstellung des Zoologischen Museums irgendetwas verändert, und schon gar niemand hatte dort irgendeine Leiche abgelegt.

»Herzlichen Dank«, sagte Bernd.

Jennifer versuchte inzwischen, im Alster-Einkaufs-Zentrum irgendjemand ans Telefon zu bekommen, der bereit war, nachzusehen, ob bei Antje alles in Ordnung war. Aber der Herr vom *Kaufhof*, den sie am Telefon hatte, wusste nicht einmal, wo sich die Statue befand.

»Keine Statue«, rief Alexander, der inzwischen auch im Internet herumsuchte. »Das ist ein Brunnen, und der steht in der Grünanlage zwischen *Kritenbarg* und *Heegbarg*.«

»Schönen Dank«, sagte Jennifer zu dem Mann vom *Kaufhof*, und zu Alexander: »Was ist denn da für ein Laden in der Nähe? Das ist doch sicher nicht direkt beim *Kaufhof*, oder?«

»*Wrobel's Apotheke*, die ist direkt bei dem Denkmal. Und die Telefonnummer ist ...«

»Und was soll ich dem Apotheker sagen? Der fühlt sich doch genauso verarscht wie der Mann vom *Kaufhof*, wenn ich ihn bitte, mal kurz nachzusehen, ob bei ihm vor dem Laden eine Leiche liegt.«

»Ich mach das«, sagte Bernd.

Es bereitete Bernd Kastrup keine Schwierigkeiten, die richtigen Worte zu finden, um den Apotheker nachsehen zu lassen, ob es bei dem Antje-Brunnen irgendetwas Ungewöhnliches gab. Aber es gab nichts Ungewöhnliches, auch in Poppenbüttel hatte der »Wolf« sich nicht blicken lassen.

* * *

Sylvia erwachte mit einem Schrei. Es war bereits heller Tag, und sie hätte längst weg sein müssen. Und jetzt – jetzt war es zu spät. Das Erste, was sie sah, als sie ihre Augen öffnete, waren große, schwarze Stiefel unmittelbar vor ihrem Gesicht. Und sie – sie konnte nicht weglaufen, sie konnte nicht einmal aufspringen, denn sie hatte den Schlafsack bis oben zugezogen.

»Das sind ja schöne Geschichten«, sagte der Mann, der neben ihr stand.

Sie blickte zu ihm hinauf. Es war jemand, den sie nicht kannte, den sie noch nie im Leben gesehen hatte.

»Wer sind Sie?«, fragte sie beherzt.

»Ich heiße Rühl«, sagte der Mann. »Mir gehört diese Laube. – Und wer bist du?«

»Ich heiße Meier«, erwiderte Sylvia, ohne zu zögern. »Theresa Meier.«

»Soso.«

Sylvia hatte das Gefühl, dass der Mann ihr nicht glaubte. Sie machte ganz große Augen, weil sie das Gefühl hatte, dass sie dann am ängstlichsten wirkte. Um zu zeigen, dass sie Angst hatte, brauchte sie sich nicht zu verstellen. Sylvia hatte wirklich Angst.

»Und warum bist du in mein Häuschen eingebrochen?«

»Die Tür war nicht abgeschlossen«, log Sylvia. »Und ich brauchte einen Platz zum Schlafen. Ich habe Ärger zu Hause, und ich habe mich gewaltig gestritten mit meinen Eltern, und am Ende habe ich meinen Schlafsack genommen und bin abgehauen.«

Das klang gut genug, dachte Sylvia. Aber es war nicht gut genug für Oliver Rühl. Der wollte wissen: »Und wann ist das gewesen?«

»Gestern«, behauptete Sylvia.

Der Mann schüttelte den Kopf. »Stimmt nicht«, sagte er. »Ich habe schon gestern bemerkt, dass jemand in mein Häuschen eingebrochen ist. Gestern habe ich dich nicht erwischt, aber heute bin ich etwas früher gekommen, und jetzt habe ich dich. Und jetzt nehme ich dich mit zur Polizei.«

Sylvia hatte nicht vor, mit dem Mann zu diskutieren. Sie hatte auch nicht vor, um irgendetwas zu betteln. Aber zunächst einmal musste sie aus diesem verdammten Schlafsack raus. »Ich möchte mich anziehen«, sagte sie.

»Bitte.«

»Könnten Sie – könnten Sie bitte draußen warten? Ich bin nämlich nackt.«

»Ich bleibe hier«, sagte der Mann.

Sylvia schälte sich aus ihrem Schlafsack. Sie hatte nicht nackt geschlafen, sondern in ihrer Unterwäsche.

»Du bist ja gar nicht ...«, sagte der Mann. Weiter kam er nicht; Sylvia trat ihm mit Macht in die Eier. Der Mann schrie auf und krümmte sich zusammen. Sylvia schlug mit der Bratpfanne zu. Der Kerl ging zu Boden.

»Nicht schlecht«, sagte jemand.

Sylvia blickte auf. In der Tür stand ein zweiter Mann. Sie hatte ihn nicht kommen hören. Der Mann war ihr Vater. Sylvia wollte noch einmal zuschlagen, aber ihr Vater bremste sie: »Das reicht. Er ist ohnmächtig, siehst du das nicht? Du brauchst ihn nicht gleich zu erschlagen.«

»Wie hast du mich gefunden?« Sylvia war erleichtert und bestürzt zugleich. Erleichtert, weil es jetzt jemand gab, der ihr die Verantwortung für alles Weitere abnehmen würde, und bestürzt, weil sie nun wieder in den Händen ihres Vaters war.

»Ich bin dir nachgegangen«, sagte er.

Er hatte sie also schon seit Längerem beobachtet. Sie hätte nicht nach Wilhelmsburg zurückgehen sollen. Sie hätte weglaufen sollen, weit, weit weg, wo sie niemand finden konnte. Dazu war es jetzt zu spät.

»Los, zieh dich an«, sagte ihr Vater. »Und beeil dich, dass wir hier wegkommen, bevor der Kerl aufwacht.«

Sylvia griff nach ihren Sachen. Dabei fiel die Pistole aus ihrer Tasche. Sylvia bückte sich danach, aber ihr Vater war schneller. »Die brauchst du jetzt nicht mehr«, sagte er.

Sylvia erwiderte nichts. Ihre Finger zitterten ganz leicht, als sie sich anzog.

»Gut siehst du aus«, sagte ihr Vater, als sie das Haus verließen.

Sylvia war es nicht recht, dass er sie in Unterwäsche gesehen hatte. Es war ihr auch nicht recht, dass er hier aufgetaucht war, auch wenn er sie vor einer großen Dummheit bewahrt hatte.

»Halt«, rief Sylvia plötzlich. »Wir müssen noch mal zurück.«

»Was?«

»Der Schlafsack! Ich muss doch Leonies Schlafsack wieder mitnehmen!«

»Dafür ist keine Zeit.«

Sylvia schwieg. Sie hätte weglaufen können, jederzeit, über den Graben springen, von dem sie annahm, dass ihr Vater ihn nicht überspringen könnte, aber sie versuchte es nicht. Einmal war sie ihm entkommen, ein zweites Mal würde es ihr nicht gelingen. Was immer sie auch versuchen mochte, er war der Stärkere. Sie lief neben ihm her wie seine Tochter. Sie war seine Tochter, aber sie fühlte sich wie seine Gefangene.

»Wohin gehen wir?«

»Zum Bahnhof.«

Wolfgang Dreyer ging rasch. Es war klar, dass er möglichst schnell möglichst weit von dem Schrebergarten wegkommen wollte. Mit Sylvia, seiner Beute. Plötzlich sah er seine Tochter an: »Hast du eigentlich einen Pass?«

Nein, Sylvia hatte keinen Pass, nur einen Personalausweis.

»Schade.« Einen Moment lang hatte er geglaubt, er könnte sie mitnehmen, wenn hier alles erledigt war. Aber wenn Sylvia keinen Pass hatte, dann konnte sie ihn am Ende nicht ins Ausland begleiten. Es war sowieso eine Schnapsidee gewesen. Wozu sollte er sie mitnehmen? Er brauchte sie nicht. Junge Frauen gab es überall! Sie würde sterben, wie all die anderen auch.

* * *

»Verdammte Sauerei«, sagte Bernd.

Sie standen auf dem Spielplatz hinter dem Bergedorfer Rathaus. Die Leiche hatte jemand etwa fünf Meter von der Skulptur des Walrosses entfernt über den Zaun hinweg in die *Schulenbrooksbek* geschmissen.

»Das ist der Richter«, sagte Vincent.

»Schutzkleidung!«, ordnete Bernd an.

Ja, das war der Richter. Ganz offensichtlich hatte der Mann es nicht für nötig befunden, sich in Sicherheit zu bringen, sondern war entweder aus Tschechien gleich wieder nach Hamburg zurückgekehrt oder überhaupt gar nicht erst weggefahren. Auch dieser Tote wies tiefe Bissverletzungen am Hals auf. Seine Hände waren regelrecht zerfetzt; offenbar hatte sich der Mann verzweifelt gegen den Angriff des Tieres gewehrt.

»Beelitz ist unterwegs«, wusste Jennifer.

»Tja, Antje, so schnell kann das gehen«, sagte Bernd.

Die steinerne Antje hatte der Leiche den Rücken zugewandt. Jemand hatte dem Walross offenbar in Unkenntnis biologischer Gegebenheiten in gelber Farbe einen gewaltigen Penis auf die Brust gemalt. Dabei war Antje ein Weibchen gewesen, und selbst wenn sie ein Bulle gewesen wäre, hätte sie ihr Geschlechtsteil nicht in dieser Form und an dieser Stelle mit sich herumgetragen.

»Was ist denn hier los?« Auch der Rechtsmediziner war inzwischen am Fundort der Leiche erschienen.

»Das Übliche«, erwiderte Bernd kurz.

»Das Übliche? – Na, dann wollen wir uns die Geschichte mal aus der Nähe angucken. Das habt ihr noch nicht gemacht, oder?«

»Wir überlassen dir gern den Vortritt.«

»Räuberleiter!«, verlangte Beelitz. Der Zaun war zwar nur gut einen Meter hoch, aber das stabile, enge Metallgitter ließ ein normales Übersteigen nicht zu. Bernd half dem Mann über die Barriere.

Beelitz bückte sich über den Leichnam. Im nächsten Moment fuhr er in die Höhe, drehte sich um und schrie in Richtung der Polizisten: »Seid ihr denn wahnsinnig? – Der Mann lebt! Schnell, fasst mit an, dass wir ihn aus dem Bach rauskriegen!«

»Das kann doch nicht wahr sein«, flüsterte Jennifer. Genau wie die anderen hatte sie geglaubt, dass der Mann tot sei. Er wies dieselbe Art von Bissverletzungen im Gesicht und am Hals auf wie all die Toten, die auf das Konto des »Wolfes« gingen. Gemeinsam schafften sie den schwergewichtigen Richter ans trockene Ufer. Joachim Müller war nicht bei Bewusstsein. Beelitz telefonierte mit dem Rettungsdienst.

Jennifer sah sich um. Dort, wo der Richter gelegen hatte, lag noch etwas. Ein blutiges Stück Fleisch, das früher einmal ein Dackel gewesen war. Ihr schauderte.

An der Stelle, an der der Täter sein Opfer über den Zaun gewuchtet hatte, war das Metall blutverschmiert. Genau an dieser Stelle steckte ein klein zusammengefaltetes Stück Papier zwischen den Gitterstäben. Jennifer zog es vorsichtig heraus. Es war ein weißes Blatt, Größe DIN A4, auf das jemand mit Kugelschreiber zwei Worte geschrieben hatte: *Hamburg* und *Triest*. Und darunter stand in kleinerer Schrift: *Freitag, 16 Uhr*.

* * *

»Das geht nicht«, sagte der Arzt.

»Wir müssen mit dem Mann reden«, beschwor ihn Bernd. »Wir suchen einen Serienmörder. Der Verletzte ist unser einziger Zeuge. Durch seine Aussage kann er verhindern, dass weitere Morde passieren.«

»Der Mann kann nur etwas aussagen, wenn er am Leben bleibt«, erwiderte der Mediziner. »Sie haben ihn ja selbst gesehen. Er ist schwer verletzt. Er hat nicht nur die Bissverletzungen im Gesicht und am Hals, sondern obendrein noch einen Messerstich abbekommen. Und er hat viel zu lange in der Kälte gelegen. Er ist unterkühlt. Ein Wunder, dass er überhaupt noch lebt!«

»Ist er bei Bewusstsein?«

»Ja. Aber das heißt nicht, dass er vernehmungsfähig ist.«

»Es geht hier nicht um eine Vernehmung, sondern wir wollen lediglich …«

»Wann?«, unterbrach ihn Jennifer.

»Bitte?«

»Wann können wir mit ihm sprechen?«

»Das kann ich überhaupt noch nicht sagen. Erst einmal braucht der Mann Ruhe, und dann müssen wir eine ganze Reihe von Untersuchungen durchführen, um ganz sicher zu sein, dass er nicht noch andere Verletzungen davongetragen hat, von denen wir noch gar nichts wissen. Und wenn er das alles …«

»Wenn er das alles überstanden hat, dann haben wir längst die nächste Leiche. Wollen Sie das verantworten?«

»Entschuldigen Sie, Herr Kommissar, aber das hier ist ein Krankenhaus, und hier bestimme ich die Spielregeln. Und eine der Spielregeln besagt, dass man in einem Krankenhaus nicht herumschreit, sondern dass man sich leise und gesittet unterhält. Kommen Sie mit in mein Zimmer, dann erkläre ich Ihnen, wie die Lage ist.«

»Na schön. Ich beuge mich Ihrer Anordnung. – Jennifer, geh schon mal zurück zum Wagen und sag denen in der Zentrale, dass wir später kommen.«

* * *

Als der Kommissar mit dem Arzt verschwunden war, drehte Jennifer sich um und ging in die Richtung, wo sich das Zimmer befand, in dem der verletzte Richter untergebracht war. Niemand hielt sie auf, aber als sie die Zimmertür öffnete, sah sie, dass Müller nicht allein war. Eine Schwester war gerade dabei, einen Tropf auszutauschen.

»Ich hoffe, ich störe nicht«, sagte Jennifer mit ihrer sanftesten Kleinmädchenstimme.

»Sind Sie eine Verwandte?«

»Die Tochter«, behauptete Jennifer.

»Oh. Warten Sie, ich bin gleich fertig. Dann lasse ich Sie einen Augenblick mit Ihrem Vater allein. Aber nicht länger als fünf Minuten, das kann ich nicht erlauben.«

Als die Schwester den Raum verließ, setzte sich Jennifer auf die Bettkante. Müllers Hals und Gesicht waren vollständig bandagiert; lediglich ein Auge war frei geblieben, und aus diesem sah der Richter die Polizistin fragend an. »So kommt man also zu einer Tochter«, sagte er. Er hatte Schwierigkeiten beim Sprechen, und Jennifer musste sich zu ihm hinunterbeugen, um zu verstehen, was er sagte.

»Entschuldigen Sie den Schwindel«, sagte Jennifer.

»Fassen Sie den Kerl«, verlangte der Richter.

»Wir tun unser Bestes. Aber dazu brauche ich Ihre Angaben. Sie sind unser einziger Zeuge.«

»Fassen Sie den Kerl ...«, wiederholte der Richter.

Jennifer hatte den Eindruck, dass der Mann ein starkes Schmerzmittel bekommen hatte. Sie sagte: »Ich fürchte, wir haben nicht viel Zeit.«

»Fassen Sie ...«

»Herr Müller, können Sie sich erinnern, was genau passiert ist?«

»Ich war mit dem Dackel draußen. Heute früh. Gleich vor dem Frühstück. Der Dackel muss immer raus morgens. – Was ist mit dem Dackel?«

»Der Hund ist tot, Herr Müller.«

»Tot. Ja, das habe ich mir schon gedacht. Der Hund ist tot. – Ganz plötzlich war er da, dieser Mann, und bevor ich irgendetwas ... irgendetwas tun oder sagen konnte, da hat er einfach zugestochen – mit dem Messer zugestochen, und dann bin ich hingefallen, und der Dackel hat gebellt. Und dann – ich muss wohl ohnmächtig geworden sein – das Nächste, was ich dann wusste, das war, dass ich im Bach lag, und dieses schreckliche Tier ist über mich hergefallen, und ich konnte mich – ich konnte mich nicht wehren, ich konnte nicht einmal schreien, und ich habe gedacht, das ist das Ende.«

»Wissen Sie, wer das gewesen ist, der Sie überfallen hat?«

»Nein.«

»Könnte es sein, dass das dieser Wolfgang Dreyer gewesen ist, der Juwelenräuber, der Mann, den Sie vor acht Jahren verurteilt haben?«

»Ich weiß es nicht. Es ging alles sehr, sehr schnell, und ich habe nicht ...«

»Herr Müller, ich habe hier eine Fotografie von diesem Dreyer. Wenn Sie da einmal einen Blick drauf werfen würden ...«

»Zwecklos. Es ging doch alles so schnell. Ich habe den Mann nicht gesehen. Nicht richtig gesehen. Und hier jetzt kann ich sowieso nichts sehen ohne meine Brille. Und die Brille kann ich nicht aufsetzen mit diesem Verband. Aber ich habe eine Bitte: Finden Sie den Kerl ...«

»Und der Hund?«

»Der Hund?«

»Wie sah der aus? Der Hund, der Sie gebissen hat?«

»Groß, dunkel.«

»Wie ein Wolf?«

»Ja, wie ein Wolf. Vielleicht war es ein Wolf. Wie die Wölfe aus dem Wildpark. Nur größer. – Weiß eigentlich meine Frau ...?«

»Ihre Frau weiß Bescheid. Sie wird nachher kommen und Sie besuchen«, versprach Jennifer. Sie ging davon aus, dass die Frau Bescheid wusste und dass sie kommen würde.

»Fassen Sie den Kerl ...«

* * *

»Herr Kastrup, hier ist ein Gespräch für Sie aus Osnabrück.«

»Aus Osnabrück?« Bernd erwartete kein Gespräch aus Osnabrück, aber bevor er nachfragen konnte, hatte die Zentrale schon umgeschaltet. »Was gibt es denn?«

»Herr Kastrup? Wir haben etwas, das Sie vielleicht interessieren könnte. Wir haben hier eine Leiche, von der wir annehmen, dass sie möglicherweise zu Ihnen nach Hamburg gehört.«

Wir haben selbst genug Leichen, dachte Bernd. Er sagte: »Wer ist es denn?«

»Das wissen wir nicht. Die Unbekannte hat leider keine Papiere bei sich. Sie ist wahrscheinlich knapp 40 Jahre alt. Das Einzige, was wir zu wissen glauben, das ist, dass sie Birte heißt. Jedenfalls trägt sie diesen Namen an einer Kette um den Hals. Eine von diesen Ketten, wo man den Namen aus einzelnen Buchstaben zusammensetzen kann.«

»Bei uns wird meines Wissens keine Birte vermisst«, sagte Bernd.

»Bei uns auch nicht. Bei uns wird im Augenblick überhaupt niemand vermisst, und deshalb haben wir uns an Sie gewandt.«

Bernd schüttelte den Kopf. »Aber warum sollte Ihre Birte ausgerechnet aus Hamburg stammen? Birte, das ist doch ein Allerweltsname!«

»Das glauben Sie vielleicht, dass Birte ein Allerweltsname ist, weil er in Hamburg häufig vorkommt. Aber in Wirklichkeit gibt es diesen Vornamen fast nur bei Ihnen und in Schleswig-Holstein. Mit den Kollegen in Kiel habe ich schon gesprochen; die können damit nichts anfangen.«

»Ich fürchte, ich kann Ihnen auch nicht weiterhelfen. – Wie ist diese Frau denn zu Tode gekommen? Und wann?«

»Sie ist erstochen worden. Hier im Bahnhof, gestern früh. Sie war möglicherweise gerade erst hier angekommen. – Jedenfalls habe ich Ihnen per E-Mail ein paar Fotos zugeschickt. Vielleicht helfen die Ihnen weiter.«

»Fotos? – Moment mal!« Bernd hatte seit einigen Stunden nicht mehr seine Mails überprüft. Ja, da war die Mail aus Osnabrück, und da waren die angehängten Bilddateien. Bernd öffnete sie der Reihe nach. Offenbar war die Frau direkt auf dem Bahnsteig erstochen worden. Er kannte sie nicht, aber dennoch wusste er sofort, wer das war. Die Frau hatte lange blonde Haare, zu Zöpfen geflochten.

* * *

»Du siehst angespannt aus«, sagte Bernd.

Vincent Weber nickte. »Ich bin ziemlich erledigt.« Nach dem Mittagessen war Weber in der Kantine sitzen geblieben; Bernd hatte sich nach kurzem Zögern zu ihm gesellt.

»Diese Geschichte setzt einem ganz schön zu«, sagte Bernd. »Die Frau mit den Zöpfen ist auch tot.«

»Ja. Wir sind wieder einmal zu spät gekommen.«

»Aber es gibt auch Fortschritte.« Bernd berichtete, dass Jennifer und Alexander inzwischen die rätselhafte Botschaft des Mörders entschlüsselt hatten – durch eine Suche im Internet. Vor drei Jahren hatte im Hamburger Speicherstadtmuseum eine Ausstellung mit dem Titel *Hamburg/Triest – Speicherstadt und Porto Vecchio* stattgefunden. Damit war klar: Der »Wolf von Hamburg« wollte am nächsten Tag um 16 Uhr im Speicherstadtmuseum zuschlagen.

Vincent schüttelte den Kopf. »Mitten in der Speicherstadt?«

»Bis jetzt hat er seine Ankündigungen stets wahr gemacht. Und diesmal haben wir genügend Vorlaufzeit. Diesmal schnappen wir ihn.«

»Ja.« Vincent war nicht überzeugt.

* * *

Alexander Nachtweyh blickte auf. »Schön, dass du endlich kommst«, sagte er ungnädig.

»Ihr könnt froh sein, dass ich überhaupt noch komme«, brummte Oliver Rühl. Er knallte die Tür zu.

Jennifer sah den Schrebergärtner an. »Du siehst schlecht aus«, stellte sie fest. »Hast du gesoffen letzte Nacht, oder was?«

»Ich saufe nicht. Ich bin der Einzige hier in der ganzen Truppe, der nie Alkohol angerührt hat! Aber ihr ahnt gar nicht, was mir heute früh passiert ist.«

»Was ist dir passiert, Oliver?«

»Der Einbrecher. In meinem Schrebergarten, in meinem Häuschen, ich hatte euch doch erzählt, dass da jemand drin gewesen war. Und heute bin ich ganz früh rausgefahren, es wurde gerade erst hell, und da habe ich nachgesehen, was los ist.«

Jennifer überlegte, dass Rühl nicht allzu früh hinausgefahren sein konnte. Richtig hell wurde es erst so gegen acht Uhr.

»Und was war da los?«, fragte Bernd.

»Ich hab ihn erwischt, den Einbrecher, in flagranti, wie man so schön sagt. Und es war gar kein Mann, wie ich gedacht habe, nicht irgend so ein Penner, sondern ein junges Mädchen. Die hat da in meiner Hütte auf dem Fußboden gelegen, in ihrem Schlafsack, und gepennt.«

»Na, die wird sich gefreut haben, als sie dich gesehen hat!«, scherzte Jennifer.

Aber Oliver war nicht zum Scherzen aufgelegt. »Niedergeschlagen hat sie mich, ganz brutal niedergeschlagen. Und als ich wieder zu mir gekommen bin ...«

»Was?«, fragte Bernd verblüfft. »Du lässt dich von einem Mädchen niederschlagen?«

»Die hätte dich auch geschafft, Bernd, das kann ich dir sagen!«

»Ja, vielleicht. – Und jetzt ist sie jedenfalls weg, oder?«

Oliver Rühl grinste. »Ja, sie ist weg, aber sie hat mir ein kleines Andenken hinterlassen.« Er entnahm dem Müllsack, den er mitgeschleppt hatte, einen Schlafsack.

»Oh«, sagte Jennifer, »das ist einer mit Daunen, da hat sie dir ein richtig gutes Stück überlassen!«

»Könnt ihr nicht mal einen Augenblick lang ernst bleiben? – Der Schlafsack ist schön, ja, aber noch viel besser ist das, was in dem Schlafsack steckt!«

Rühl krempelte die Kapuze nach außen. Ein kleines, eingenähtes Namensschild wurde sichtbar: *Leonie Martens* stand darauf.

»So was nennt man eine Selbstanzeige«, sagte Alexander.

Oliver nickte. »Ich habe die Polizei in Wilhelmsburg verständigt. Sie werden der Sache nachgehen.«

»Gut. Dann steht dieser Fall jedenfalls kurz vor der Aufklärung. Aber was gibt es denn nun Neues von unserem Wanderer?« Bernd Kastrup sah Oliver Rühl an.

»Benjamin Tarp meinst du? Ja, der hat gestern wieder eine von seinen Touren unternommen. Und was glaubst du, was er gemacht hat?«

»Wahrscheinlich ist er wieder den *Bredenbergsweg* runtergegangen, dann kurz vor den Häusern in Richtung Waldfrieden abgebogen, und dann ...«

»Falsch!«

»Hm. Dann ist er vielleicht auf den Friedhof gegangen und hat das Grab seines Vaters ...«

»Falsch!«

»Sag mal, Oliver, ist das hier ein Ratespiel, oder was?«, mischte sich Bernd ein. »Was hat Benjamin Tarp gestern Besonderes gemacht?«

»Pilze gesammelt.«

»Was? Im November? Willst du uns verarschen?«

»Nein, ganz ehrlich, er hat Pilze gesammelt. Ich habe das ja auch erst gar nicht glauben können, und als er da auf einmal in den Wald reingegangen ist, vom Weg ab also, da habe ich natürlich gedacht, dass er pinkeln will, aber als er dann gar nicht wiederkam, da bin ich hinterher, und da habe ich es gesehen. Der Mann war dabei, Pilze zu sammeln.«

»Und dann hat er dich natürlich gesehen ...«

»Nein, er hat mich nicht gesehen. Bei so was bin ich ganz vorsichtig, ihr kennt mich doch! – Jedenfalls hat er einen ganzen Leinenbeutel voll Pilze gesammelt, und dann ist er wieder nach Hause zurückgegangen. Viel früher als sonst.«

»Pilze im November, das kann doch gar nicht sein«, murmelte Jennifer.

»Ich hab mir schon gedacht, dass ihr das nicht glauben werdet. Und deshalb habe ich welche mitgebracht. Hier!« Oliver öffnete seine Aktentasche und entnahm ihr drei ziemlich kleine, kräftig violett gefärbte Pilze. Er legte sie auf den Tisch. Sie sahen gefährlich aus.

»Was ist denn das für ein Teufelszeugs?«, fragte Alexander angewidert.

»Giftpilze«, sagte Oliver. »Das sind Giftpilze, da möchte ich wetten.«

Einen Augenblick lang herrschte Stille. Dann sagte Bernd: »Was will er denn damit?«

»Jemand vergiften wahrscheinlich. Jemanden umbringen. Oder sich selbst umbringen.«

»Moment, Moment, das klären wir jetzt erst einmal. Bevor wir irgendwelche wilden Vermutungen anstellen, lassen wir diese Pilze bestimmen, dann wissen wir, was wir davon zu halten haben.«

»Also, ich würde die Dinger nicht essen«, sagte Oliver. »Steinpilze und Maronen, die sammle ich auch gerne, oder Champignons, wenn ich welche finde, aber so was, das rühre ich nicht an!«

»Schluss mit der Diskussion, ich will wissen, was los ist. Alexander, machst du mal bitte ein paar schöne Bilder von diesen wunderbaren Pilzen? Ich kenne jemanden im Botanischen Institut, die weiß sicher mehr darüber.«

Alexander machte die gewünschten Fotografien, Bernd

sandte sie per E-Mail an Antje Breckwoldt. Dann rief er in der Botanik an.

Er hatte Glück. Antje war gerade in ihrem Zimmer.

»Oh, was hast du denn da gefunden?«, sagte sie. »Gibt es heute Pilze bei dir zu Hause?«

Bernd erklärte ihr, was es mit den Pilzen auf sich hatte. »Wie giftig ist das Zeugs?«, fragte er.

»Gar nicht«, sagte Antje. »Was ihr da habt, das ist der Violette Rötelritterling, *Lepista nuda*, wie wir Wissenschaftler sagen. Ein ausgesprochen häufiger Pilz um diese Jahreszeit.«

»Im November?«

»Ja, auch noch im November, wenn es vorher keinen Frost gegeben hat. Er tritt gern zusammen mit dem Nebelgrauen Trichterling auf, *Clitocybe nebularis*. Der Rötelritterling ist ein guter Speisepilz. Er schmeckt etwas süßlich. Den Nebelgrauen Trichterling habe ich auch schon mit Genuss gegessen. Aber es gibt Leute, die ihn nicht vertragen. Also an eurer Stelle würde ich nur die violetten Dinger essen.«

»Tatsächlich?« Alexander beäugte die Pilze kritisch.

»Her mit den Pilzen«, sagte Bernd. »Wenn Antje sagt, dass man die essen kann, dann esse ich die.«

»Berühmte letzte Worte«, murmelte Alexander.

* * *

Benjamin Tarp wusste: Nun wurde es ernst. Er hatte in den Zeitungen mitverfolgt, wie sich der »Wolf von Hamburg« immer näher an ihn heranarbeitete. Er ging nicht mehr ohne Waffe aus dem Haus. Natürlich hatte er bemerkt, dass sich inzwischen auch die Polizei für ihn interessierte. Es war ihm gleichgültig. Er hatte sich nichts zuschulden kommen lassen – jedenfalls nichts, was man ihm nachweisen konnte. Er hatte damals im Freundeskreis das Gespräch auf den Laden seines Alten gebracht und darauf hingewiesen, welche Reichtümer dort leicht zu erbeuten seien. Wolfgang Dreyer war sofort darauf angesprungen. Er hatte den Überfall organisiert.

Viele Abende hatten sie zusammengesessen und den genauen Zeitplan ausgearbeitet. Es durfte absolut nichts schiefgehen. Lüdtke hatte direkt vor der Rathauswache eine Schlägerei angefangen. Das hatte die Polizisten beschäftigt. Wolfgang Dreyer und seine damalige Freundin waren in das Juweliergeschäft eingedrungen, hatten den Alten mit vorgehaltener Waffe gezwungen, ihnen den ganzen Schmuck einzupacken. Eigentlich hatten sie auch den Inhalt des Tresors mitnehmen sollen, aber dazu waren sie zu aufgeregt gewesen. Und zu guter Letzt hatte der Juwelier noch hinter ihnen hergeschossen und die Meister am Bein erwischt.

Während draußen alle Passanten in Deckung gingen und die beiden Juwelenräuber sich ins Fluchtauto retteten, hatte Benjamin Tarp schon auf der Treppe gestanden. Er war es gewesen, der seinen Vater erschossen hatte, und er war es auch gewesen, der den Tresor ausgeräumt hatte. Er kannte die Kombination. Alles war blitzschnell gegangen. Niemand hatte ihn gesehen, niemand hatte ihn je verdächtigt.

Der größte Coup war nicht der Juwelenraub gewesen. Der Überfall sollte nur zur Tarnung dienen. In Wirklichkeit ging es darum, den Alten aus dem Weg zu schaffen, das Haus am *Neuen Wall* zu erben und zu verkaufen. Zwei Millionen Euro hatte er dafür bekommen. Er hatte das Geld gut angelegt. Gut genug jedenfalls, um die nächsten 40 Jahre davon leben zu können. Er hatte nie gearbeitet, und er würde auch nie arbeiten müssen.

Die anderen aus der Gruppe hatten das Ganze nie durchschaut. Außer Wolfgang natürlich. Wolfgang Dreyer wusste ja, dass er den Juwelier nicht erschossen hatte, auch wenn es durch die Aussagen der anderen so aussah, als käme nur er als Täter infrage. Die anderen waren mit dem Geld zufrieden, das sich im Tresor befunden hatte und das Benjamin Tarp großzügigerweise an seine »Freunde« verteilte. Er hatte gehofft, dass Wolfgang Dreyer für immer von der Bildfläche verschwinden würde. Aber er war mit einer viel zu milden Strafe davongekommen, und jetzt war er wieder draußen.

Eine Weile war gar nichts passiert, aber dann hatte Benjamin Tarp mitverfolgt, wie die alten Kumpane und Strafverfolger einer nach dem anderen ausgeschaltet wurden. Die Meister, der Lüdtke, der Staatsanwalt – alle tot. Tarp hatte sich gewundert, warum Dreyer seine Ex-Frau noch nicht erledigt hatte. Er hatte versucht, bei ihr anzurufen, aber niemand ging ans Telefon. Wahrscheinlich hatte sie sich rechtzeitig abgesetzt. So viel Verstand hätte Benjamin Tarp ihr gar nicht zugetraut.

Vorgestern hatte es dann plötzlich frühmorgens an seiner Haustür geklingelt. Tarp war im Bademantel an die Tür gegangen, die Pistole im Anschlag, aber draußen war niemand. Den Zettel im Briefkasten hatte er erst später entdeckt. Ein kariertes Blatt Papier, auf das jemand eine Art Rune gemalt hatte. Tarp kannte dieses Symbol. Es war eine Wolfsangel. Das sollte wohl heißen, dass der Wolf ihn an der Angel hatte.

Die zweite Nachricht kam am Vortag mit der Post. Der Umschlag – natürlich ohne Absender – enthielt einen kurzen Text, mit dem Tarp nichts anfangen konnte. Da stand:

No. LXV
GR II
ANNO
MDCCL

Darunter hatte der unbekannte Absender wieder eine Wolfsangel gezeichnet. Einen Augenblick lang hatte er überlegt, dann hatte Benjamin Tarp die Begriffe No. LXV und MDCCL in *Google* eingegeben, und die Suchmaschine hatte ihm sofort die richtige Antwort präsentiert. Der Text stand auf einem alten Grenzstein, dem sogenannten »Moisburger Stein«, der sich mitten im Wald südlich von Neugraben befand.

Heute früh hatte Wolfgang Dreyer dann angerufen. Er hatte nur einen einzigen Satz gesagt: »16.00 Uhr. Kommst du oder muss ich dich holen?« Dann hatte er aufgelegt.

Benjamin Tarp hatte kurz überlegt, ob er den Wagen nehmen sollte, aber das war unsinnig. Er müsste einen riesigen Umweg fahren, und das letzte Stück Weges war sowieso für Kraftfahrzeuge gesperrt. Zu Fuß würde er von seinem Haus im *Schanzengrund* nicht mehr als zwanzig Minuten brauchen.

So spät am Nachmittag hatte er sich noch nie auf eine seiner Wanderungen begeben. Tarp war gespannt, ob sein Bewacher ihm auch diesmal folgen würde. Aber entweder hatten die Polizisten inzwischen etwas dazugelernt oder die Bewachung hatte tatsächlich aufgehört. Benjamin Tarp war es recht. Er würde sich auf keine Diskussion mit dem ehemaligen Kumpel einlassen. Er würde sofort schießen – erst auf Dreyer, dann auf das Tier oder umgekehrt, das würde sich aus der Lage ergeben. Tarp war ein sicherer Schütze, und er hatte in den letzten Tagen geübt; ihm konnte nichts passieren. Für den unwahrscheinlichen Fall, dass dieser »Wolf« doch an ihn herankommen sollte, hatte er sich den linken Arm mit einem Jutesack dick umwickelt. Damit konnte er das Tier abwehren, falls erforderlich.

Benjamin Tarp war an und für sich kein Freund von Gewalt. Sicher, er hatte getötet, aber nur in einem Fall, und auch das nur, weil er endlich an das Geld wollte. Eine solche Orgie der Gewalt, wie sie Wolfgang Dreyer jetzt entfesselt hatte, war für ihn völlig unvorstellbar. Sie war nicht nur widerlich, sondern außerdem vollkommen sinnlos. Dreyer konnte nichts dadurch gewinnen, dass er all diejenigen umbrachte, die er dafür verantwortlich machte, dass er im Gefängnis gelandet war. Er hätte Tarp aufsuchen und um einen Nachschlag bitten können. Wenn er diese Bitte in anständiger Form vorgetragen hätte, wäre Tarp sogar darauf eingegangen. Vielleicht. Aber so gab es keine andere Möglichkeit, als den Mann zu töten.

Die Gelegenheit war günstig. Ein Treffen mitten im Wald, ohne Zeugen. Wer wollte bezweifeln, dass Benjamin Tarp in Notwehr gehandelt hatte? Vor allem dann, wenn Dreyer seinen Wolf mitbrachte, konnte es daran ja wohl keinen Zweifel geben.

Benjamin Tarp hatte den größten Teil seines Weges bereits hinter sich. Er kam jetzt aus dem Wald heraus und ging am Rande des Heidefriedhofs entlang. Um diese Zeit war dort kein Mensch mehr. Tarp widerstand der Versuchung, einen Schuss auf einen der Grabsteine abzugeben, um sich selbst noch einmal seine Treffsicherheit zu demonstrieren. Er wusste auch so, dass er auf 30 Meter Entfernung einen Menschen genau ins Herz treffen konnte. Aber das würde gar nicht nötig sein; Wolfgang Dreyer wurde viel näher herankommen müssen, wenn er mit ihm reden wollte.

Oder wollte er gar nicht mit ihm reden? – Egal. Selbst wenn er in größerer Entfernung seinen Hund losließ, würde Tarp ihn erwischen. Er würde sie beide erwischen, erst den Hund und dann den Mann. Dreyer würde versuchen, wegzulaufen, aber das würde ihm nichts nützen. Benjamin Tarp war bestens trainiert; er würde ihn auf jeden Fall einholen.

Tarp ging jetzt das kleine Stück auf der Straße entlang, an der Endhaltestelle der Linie 240 vorbei. Da stand der leere Bus. Als Tarp vorbeiging, schloss der Fahrer die Türen, und der Bus fuhr zurück in Richtung Bahnhof. Benjamin Tarp ging auf dem unbefestigten Weg weiter in Richtung Süden. Links von ihm lag immer noch der Friedhof, rechts eine breite Wiese, auf der im Sommer gelegentlich Schafe weideten. Jetzt war dort nur ein einsamer Spaziergänger zu sehen, der seinen Schäferhund ausführte. Noch ein knapper Kilometer bis zum vereinbarten Treffpunkt.

Am Rande des Weges stand ein Mann neben einem dunkelgrauen Auto und rauchte. Es war eindeutig nicht Wolfgang Dreyer. Dieser Mann war kleiner und dicker.

»Guten Abend«, sagte Benjamin Tarp, als er den Mann passierte.

»n'Abend«, erwiderte der.

Im Vorbeigehen sah Tarp dem anderen ins Gesicht. Nein, dies war wirklich nicht Dreyer. Aber der Mann kam ihm dennoch irgendwie bekannt vor. Tarp blieb stehen und wollte sich umdrehen, aber es war zu spät. In dem Moment bekam er einen gewaltigen Schlag auf den Schädel und verlor sofort das Bewusstsein.

* * *

Der Tag nahm kein Ende. Die Frau des Richters musste befragt werden; sie war kaum ansprechbar, der Arzt hatte ihr ein Beruhigungsmittel gegeben. Bernd fragte, ob sie morgen wiederkommen sollten. Nein, sie wollte sofort mit ihnen sprechen. Wenn sie etwas zur Verhaftung des Täters beitragen konnte, dann wollte sie es tun. Aber Frau Müller konnte so gut wie gar nichts in dieser Richtung beitragen. Der Überfall war nicht angekündigt worden. Der Richter war früh am Morgen mit dem Dackel rausgegangen. Wann genau das gewesen war, wusste seine Frau nicht. Es war jedenfalls noch dunkel gewesen. Nein, sie hatte sich keine Sorgen gemacht; er machte manchmal längere Spaziergänge.

Die Spurensicherung leistete einen Beitrag zur allgemeinen Verwirrung, indem sie behauptete, dass Müller möglicherweise von zwei Männern überfallen worden sei. Auf Nachfragen mussten die Kollegen dann allerdings zugeben, dass man die Spuren auch anders deuten könnte.

Osnabrück schickte ein brandneues Foto von Birte Brodersen, der Frau mit den Zöpfen, was jetzt allerdings nicht viel nützte.

Es war nach 19 Uhr, als Bernd schließlich seine Sachen packte.

Da klopfte es. Vincent Weber stand in der Tür. Er sagte: »Bernd, ich muss mit dir reden.«

»Hat das nicht Zeit bis morgen?«

Vincent schüttelte den Kopf.

»Nimm Platz. Worum geht es denn überhaupt?«

»Um den Fall, an dem wir gerade sitzen, und auch um dich.«

»Um mich?«

»Ja, um dich.« Vincent sah Bernd scharf an. »Drei Leute sind bisher spurlos verschwunden. Der eine ist Wolfgang Dreyer; von dem kann ich mir leicht vorstellen, warum er verschwunden ist, weil er wahrscheinlich der Mörder ist. Außerdem ist seine Tochter Sylvia verschwunden, und die ist offenbar in Panik irgendwohin gelaufen, wo wir sie zurzeit nicht finden können.«

»Wir suchen mit aller Kraft sowohl nach dem Vater als auch nach der Tochter.«

»Ja, das tun wir. Aber dann gibt es auch noch die Mutter, Gesine Schröder, die ebenfalls verschwunden ist. Sie ist in Lebensgefahr. Aber wenn man dich so hört, dann könnte man fast den Eindruck gewinnen, dass dir das Verschwinden von Gesine Schröder keine großen Sorgen bereitet. Dabei – dabei hattet ihr doch einmal ein relativ enges Verhältnis.«

»Was willst du damit sagen?«

»Bernd, könnte es vielleicht sein, dass du dir keine Sorgen machst, weil du ganz genau weißt, wo die Frau Schröder sich aufhält? Weil du weißt, dass sie irgendwo sicher untergebracht ist?«

Bernd hatte nicht vor, auf diese Frage zu antworten. Aber ein Blick in das Gesicht seines Mitarbeiters verriet ihm, dass dieser die Geschichte nicht auf sich beruhen lassen würde. Und Vincent war ein Freund, kein Konkurrent oder gar Gegner. »Und wenn das so wäre?«

Vincent schüttelte den Kopf. »Was machst du für Geschichten?«, sagte er.

»Wovon redest du? Ich habe nicht gesagt, dass ich weiß, wo die Frau Schröder steckt.«

»Bernd, was soll das? Nach allem, was hier in den letzten Tagen abgelaufen ist, und nach dem, was du mir gerade erzählt hast, würde ich behaupten, du hältst Gesine Schröder in deiner Wohnung versteckt.«

»Und wenn das so wäre?«, wiederholte Bernd verärgert.

»Dann wäre das eine ziemlich dumme Geschichte. Wenn diese Frau bedroht ist, und ich glaube ja auch, dass sie bedroht ist, dann ist es Sache der Polizei, sie irgendwo sicher unterzubringen. Aber diese sichere Unterbringung erfolgt nicht im Haus des ermittelnden Beamten, sondern irgendwo anders. Das hat seinen guten Grund. Ganz besonders dann, wenn es zwischen der bedrohten Frau und dem Kommissar ... persönliche Beziehungen gibt.«

»Persönliche Beziehungen? Was heißt persönliche Beziehungen?«

»Das heißt, dass du sie damals nach der Verhaftung ihres Mannes wiederholt besucht hast, und zwar allein. Das heißt, dass du mit ihr geschlafen hast. Monatelang ist das so gegangen. Wir alle haben davon gewusst, und wir alle haben den Mund gehalten und gehofft, dass du irgendwann einmal zur Vernunft kommst, und zwar möglichst rasch. Aber es hat ein paar Monate gedauert, bis diese Geschichte zu Ende war. Und wir alle waren heilfroh darüber. – Und jetzt fängt der ganze Kram von vorne an?«

»Die Gesine Schröder ist bei mir aufgetaucht und hat mich gefragt, ob sie sich in meiner Wohnung verstecken kann. Sie hat Angst vor ihrem Mann.«

»Das verstehe ich, dass sie Angst hat. Aber hast du ihr nicht gesagt, dass sie bei dir überhaupt gar nicht sicher ist? Wo du wohnst, das ist ein Lagerhaus, weiter nichts. Es liegt in einer Gegend, in der sich nachts kein Mensch aufhält. Du bist allein mit dieser Frau, wenn du denn überhaupt da bist. Wenn du nicht gerade im Einsatz bist.«

»Ich war bis jetzt nachts immer da«, sagte Bernd.

»Aber am Tag nicht!«

»Am Tag ist der Teppichhändler da, mit seinen Leuten, und der passt auf, dass niemand Unbefugtes in dem Haus herumschleicht.«

»Das ist nicht dein Ernst, Bernd! Wie stellst du dir das vor? Wie soll dieser Teppichhändler einen entschlossenen Mörder aufhalten? Mit dem Teppichklopfer womöglich? Du hast selbst erlebt, wie brutal der Kerl zuschlägt.«

»Niemand weiß, dass die Schröder bei mir untergekrochen ist. Und solange sie nicht aus dem Haus geht, kann das auch niemand mitbekommen. Die Wohnung ist sicher.« Bernd sagte das so überzeugend, wie er konnte. Aber er war sich sehr wohl bewusst, dass Vincent recht hatte. Auch mit dem neuen Sicherheitsschloss – seine Wohnung war kein sicheres Versteck. Wolfgang Dreyer war auf dem Speicherboden gewesen. Er hätte sie beide ermorden können. Er hatte es nicht getan.

Vincent schwieg. Er sah seinen Freund an. »Schlaft ihr miteinander?«

»Was soll die Frage?«

»Bernd, ich weiß ja, dass du dich für Katastrophen interessierst. Aber ist es dafür wirklich nötig, dass du in deinem eigenen Leben die Katastrophen geradezu heraufbeschwörst? Reicht es nicht aus, dass du eine geschiedene Frau hast, die einen großen Teil deines Einkommens verschlingt? Reicht es nicht aus, dass du zusätzlich ein Verhältnis zu einer verheirateten Frau hast, das jeden Moment auffliegen kann? Musst du obendrein noch mitten in einem Mordfall, bei der Jagd auf einen Serientäter, eine alte, längst gestorbene Beziehung wiederaufleben lassen? Eine Beziehung zur Frau des Hauptverdächtigen?«

»Sie ist nicht verheiratet«, murmelte Bernd. Er war rot geworden.

»Das macht es nicht besser, Bernd! Das ist ja nicht nur der Ex-Ehemann, den du ins Gefängnis gebracht hast und der dir schon allein deswegen den Hals umdrehen könnte, da ist obendrein auch noch eine 14-jährige ...« Vincent hielt inne, und Bernd wusste, welcher Gedanke seinem Freund gerade gekommen war. »Hast du die Tochter etwa auch bei dir versteckt?«

»Nein, habe ich nicht.«

Vincent sah ihn zweifelnd an.

»Wirklich nicht. Das ist absurd, Vincent!«

»Ich weiß inzwischen nicht mehr, was hier absurd ist und was nicht.« Er rang mit sich. Schließlich sagte er: »Du musst es sowieso erfahren. Es wird dir nicht gefallen, Bernd, aber du musst es einfach wissen.«

»Was muss ich wissen?«

»Die Verletzungen von Sylvia Schröder. Was weißt du darüber?«

»Sie hat einen verbrannten Arm«, sagte Bernd.

»Ja, das ist offensichtlich. Und mehr weißt du nicht? Hast du gar nicht mit dem Arzt gesprochen?«

»Natürlich habe ich mit dem Arzt gesprochen. – Nein, mehr weiß ich nicht. Der Mann hat mir nur das Nötigste mitgeteilt und sich ansonsten auf seine ärztliche Schweigepflicht berufen.«

»Scheißschweigepflicht! – Mir hat er auch nichts gesagt, aber ich hatte gedacht, dass er wenigstens dir gegenüber … Eigentlich sind doch die Bedingungen inzwischen gelockert worden, wenn es um das Wohl des Kindes geht. Aber wahrscheinlich … ach, egal! Ich habe nachgefragt, Bernd. Ich habe nachgefragt, weil ich das so ungewöhnlich fand, dass dieses Kind da schwer verletzt im Bett gelegen hat und einfach nicht geredet hat. Ich habe die Krankenschwester gefragt, und die hat mir gesagt, was los ist. Sie musste die Sylvia doch waschen. Sie hat sie nackt gesehen. Und sie hat die Narben gesehen.«

»Was für Narben?«

»Sylvia ist als Kind missbraucht worden. Ganz brutal. Das liegt Jahre zurück, aber die Spuren davon, die kannst du deutlich sehen. Das ist inzwischen verheilt, die äußeren Verletzungen jedenfalls, aber im Inneren, in der Seele, da bleiben Verletzungen zurück, und die verheilen nie.«

»Scheiße«, sagte Bernd.

»Ja. Dass das äußerlich alles so wunderbar verheilt ist, das liegt natürlich daran, dass derjenige, der das damals gemacht hat, auf längere Zeit daran gehindert war, seine Tochter zu missbrauchen.«

»Du meinst, das ist der Wolfgang Dreyer gewesen?«

»Wer denn sonst? Ich gehe jedenfalls davon aus. Du kannst dir vorstellen, was sie gefühlt haben muss, als sie plötzlich feststellen musste, dass ihr Vater wieder draußen ist. Und dann haben wir es nicht einmal geschafft, sie vor ihrem Vater zu schützen. Er ist ganz dreist in die Klinik marschiert und hat seine Tochter mitgenommen. Und wie es ihr jetzt geht und ob sie überhaupt noch lebt, das weiß ich nicht.«

»Wenigstens in dem Punkt habe ich eine gute Nachricht«, sagte Bernd. »Diese Geschichte mit dem Schlafsack …«

»Was für ein Schlafsack?«

»Na, der, den unser Schrebergärtner gefunden hat. Ich habe herumtelefoniert. Diese Leonie, der das Ding gehört, das ist die Freundin von Sylvia Schröder. Sylvia ist gestern Nachmittag bei Leonie gewesen, und sie haben zusammen *World of Warcraft* gespielt.«

»Das ist in der Tat eine gute Nachricht. Aber wo Sylvia jetzt ist, das weißt du nicht?«

»Jedenfalls lebt sie noch.« Bernd Kastrup erhob sich. »Entschuldige, Vincent, aber ich glaube, ich sollte mich jetzt besser wieder auf den Weg machen. Es ist gleich 20.00 Uhr, und es wird Zeit, dass ich den Teppichhändler ablöse.«

»Einen Moment noch, Bernd!«

»Was ist denn?«

»Setz dich. Ich bin noch nicht am Ende mit dem, was ich dir sagen muss!«

Bernd setzte sich. »Was gibt es denn noch?«

»Sie hat es gewusst, Bernd!«

»Wer?«

»Gesine Schröder, ihre Mutter. Sie hat gewusst, was damals passiert ist. Selbst wenn Sylvia nicht darüber gesprochen haben sollte, kann sie das nicht übersehen haben. Sie hat es die ganze Zeit gewusst, und sie hat den Mund gehalten.«

»Scheiße.«

»Vielleicht hat sie Angst gehabt vor ihrem Mann, das kann ja alles sein, aber dann ist ihr Mann verhaftet worden, und sie hat noch immer den Mund gehalten. Und dann war sie monatelang mit einem Polizisten liiert, und sie hat weiter geschwiegen. Und jetzt ist ihr Ex-Mann wieder draußen und hat zumindest versucht, sich ihre Tochter zu schnappen, und Gesine Schröder sagt noch immer nichts.«

Bernd schwieg betroffen. Diesen Aspekt des Falles hatte er bisher nicht bedacht.

»Überlege dir gut, was du tust, Bernd! Überlege dir gut, mit wem du das Bett teilst.«

* * *

Sein Kopf tat wahnsinnig weh. Allmählich kam Benjamin Tarp zu sich. Vorsichtig tastete er nach der schmerzenden Stelle. Er fühlte Blut. Wer immer es war, der ihn niedergeschlagen hatte, der hatte kräftig zugelangt. Aber das Schlimmste war nicht der Schmerz; das Schlimmste war, dass er nichts sehen konnte. Einen Augenblick lang befürchtete er, er sei blind geworden. Aber nein, das stimmte nicht. Es war nur die Dunkelheit. Der Raum, in dem er sich befand, war vollkommen dunkel.

»Tu was, Benjamin Tarp!« Hatte er das wirklich laut gerufen? Der Schlag auf den Kopf; er konnte noch nicht wieder klar denken. Aber es war natürlich richtig: Er konnte hier nicht einfach liegen bleiben und abwarten, was weiter geschah. Es würde niemand kommen, der ihn hier herausholte. Nicht lebend jedenfalls.

Tarp richtete sich vorsichtig auf. Er stieß mit dem Kopf an die Decke. Er biss die Zähne zusammen, um nicht laut aufzuschreien. Er befand sich in einem niedrigen Raum, keine 1,80 m hoch, dessen Decke aus rauem Beton bestand. Auch der Fußboden war aus Beton, aus glatt gestrichenem Beton. Vorsichtig bewegte Benjamin Tarp sich vorwärts. Da war schon die Wand. Der Raum war winzig, zwei Meter breit, drei Meter lang vielleicht. Ein Raum ohne Türen.

Ohne Türen? Das konnte nicht sein. Irgendwie war er ja schließlich hier hereingekommen! Es musste einen Eingang geben. Tarp schwitzte, obwohl es eigentlich kalt war in dem finsteren Loch, in das man ihn geworfen hatte. – Geworfen! Irgendwie erinnerte er sich, dass er hier hereingestürzt war. Deshalb taten seine Knie weh, und deshalb blutete seine Nase.

Benjamin Tarp tastete die Decke ab. Schließlich fand er den Ausgang. Eine eiserne Luke, natürlich versperrt. Was war das für ein Raum? Ein alter Eiskeller? Ein Luftschutzkeller? Egal, er musste hier raus. In dem Augenblick, als er versuchte, die Luke mit Gewalt aufzustemmen, wurde sie von außen geöffnet, und Licht drang nach unten.

»Er ist wach!«, sagte jemand. »Das Schwein ist aufgewacht.«
Sie waren zu zweit. Mindestens zu zweit.

»So sieht man sich wieder!«

Das war Wolfgang Dreyers Stimme. Und der andere? Das musste Ülo sein. Den hatte er nicht auf der Rechnung gehabt. Er hatte zwar mit zur Gruppe gehört damals, aber er war bei der Planung des Überfalls nicht beteiligt gewesen.

»Hat es dir die Sprache verschlagen? – Nun gut, du brauchst nichts zu sagen. Es ist sowieso alles klar. Du bist es gewesen, der deinen Vater umgebracht hat! Du hast ihn erschossen, und mich hast du dafür fast acht lange Jahre lang in den Knast gehen lassen!«

Benjamin Tarp fragte sich, ob es ihm gelingen könnte, mit einem kräftigen Schwung aus der Luke herauszukommen, aber es war aussichtslos. Sie würden ihm auf die Hände treten und ins Gesicht; er würde es nicht schaffen. Und die Pistole hatten sie ihm natürlich abgenommen. – Nein, hatten sie nicht! Die Pistole war noch immer da! Und die beiden da oben, die hielten jedenfalls keine Waffen in der Hand.

»Jetzt ist die Zeit der Abrechnung gekommen«, rief Dreyer.

Ja, jetzt war die Zeit der Abrechnung gekommen. Die Pistole steckte im Gürtel. Eine 44er Magnum Desert Eagle, acht Schuss. Vorsichtig öffnete Benjamin Tarp den Anorak. Seine Hand fuhr unter den Pullover. Er riss die Waffe heraus, zielte auf Wolfgang Dreyer und drückte ab. Nichts geschah. Die Waffe war nicht geladen. Nein, das war überhaupt keine Waffe!

Wolfgang Dreyer lachte. »So sieht es aus, Benjamin, wenn man glaubt, dass man eine Pistole in der Hand hält, aber wenn es dann ernst wird, dann ist es nur eine Dekowaffe. Ein originalgetreues Modell, fast so teuer wie eine richtige Pistole, aber eben keine Schusswaffe. Mit so einem Ding habt ihr mich in das Juweliergeschäft geschickt. Dein Alter hat geglaubt, dass die Waffe echt ist, und er hat die Klunker rausgerückt, aber als wir dann geflüchtet sind, da hat er seine eigene Pistole aus der Schublade gezogen, und die war echt. Ich habe es wohl gesehen, aber ich konnte nichts machen, ich konnte nur davonrennen!«

»Tut mir leid«, behauptete Tarp. Er wusste, dass er damit niemanden überzeugen konnte.

»Du hast deinen Vater erschossen, Benjamin!«

Es gab nichts, was Tarp darauf erwidern konnte.

»Du hast deinen Alten erschossen, und du bist heute zu unserem Treffen gegangen, in der Absicht, mich auch zu erschießen. Mit dieser Pistole hier!« Wolfgang Dreyer hielt die echte Magnum in der Hand. »Und jetzt wollen wir einmal sehen, was dieses Schießeisen taugt!«

»Ich bitte dich, Wolfgang ...«

Der Schuss krachte. Tarp warf sich zur Seite. Der Schuss hatte ihn verfehlt! Wolfgang hatte keine Ahnung von Schusswaffen, und vielleicht gelang es ihm ...

Der zweite Schuss erwischte Benjamin Tarp am Bein. Er schrie auf, wälzte sich zur Seite, und der dritte Schuss ging fehl.

Noch fünf Schuss, dachte Benjamin Tarp, er hat nur noch fünf Schuss!

Er robbte weg von der Luke, so weit er konnte. Im hinteren Ende seines Kerkers war es dunkel, hier konnte Dreyer ihn von außen nicht sehen. Er würde blind schießen müssen.

Der vierte und fünfte Schuss. Beide Kugeln gingen fehl. Sie pfiffen als Querschläger durch den Raum, aber Benjamin Tarp hatte Glück; er wurde nicht getroffen.

Noch drei Schuss. Vielleicht hatte er Glück. Die Kugel im Bein war schmerzhaft, aber die Verletzung war nicht gefährlich. Tarp biss die Zähne zusammen und richtete sich an der Rückwand seines Gefängnisses auf. Dreyer glaubte wahrscheinlich, dass er dort hinten irgendwo am Boden lag. Er würde zu tief zielen. Warum schoss er nicht?

Ja, warum schoss Dreyer nicht? Jetzt war schon fast eine Minute seit dem letzten Schuss vergangen. Hatte Dreyer aufgegeben? Glaubte er womöglich, er habe gut genug getroffen und sein Opfer sei tot? Tarp bemühte sich, kein Geräusch zu machen. Er presste seinen Rücken gegen die Rückwand des Raumes, stützte sich mit den Händen an der Decke ab und atmete so leise wie möglich.

»Leuchte mir!«

Das war Dreyers Stimme. Nein, die beiden hatten nicht aufgegeben, sie hatten eine Lampe geholt. Im nächsten Moment drang der Strahl einer starken Taschenlampe durch das Dunkel und erfasste Tarp.

»Nein!«, schrie Tarp.

Der nächste Schuss riss ihn von den Beinen. Die Kugel hatte den anderen Oberschenkel getroffen, und jetzt hatte Tarp keine Möglichkeit mehr, sich aufzurichten.

»Das reicht«, sagte Ülo.

»Das reicht noch lange nicht!«, brüllte Dreyer. Er feuerte die letzten beiden Kugeln in Richtung seines Opfers. Beide Schüsse gingen fehl. Dreyer drückte noch einmal ab; Tarp hörte das Klicken der Waffe, aber jetzt war das Magazin leergeschossen. Und er, Benjamin Tarp, war immer noch am Leben.

»Du hast Glück, Benjamin«, rief Dreyer von oben. »Jedenfalls sieht es im Augenblick für dich so aus. Aber du täuschst dich. In Wirklichkeit hast du Pech. Erschossen zu werden, ist ein ziemlich schneller Tod. Aber den hast du nicht verdient. – Die Presse nennt mich den ›Wolf von Hamburg‹. Aber ich bin ein Mensch. Der Wolf kommt jetzt!«

Tarp biss die Zähne zusammen. Er wusste, dass es keinen Sinn hatte, um sein Leben zu betteln. Aber bis jetzt war er durchgekommen, und mit etwas Glück würde er auch den Angriff dieses Wolfes überstehen. Der Anorak, der Pullover und der Sack, den er sich um den linken Arm gewickelt hatte, die sollten ausreichen, um den Biss selbst des größten Hundes abzufangen. Und wenn er seinerseits den Hund packte – vielleicht hatte er eine Chance!

Nein, er hatte keine Chance. Zu seinem Entsetzen sah Benjamin Tarp, wie ein riesiges Tier zu ihm in den Kerker sprang.

Das war kein Hund, das war ein echter Wolf! Er stürzte sich auf ihn, während oben Wolfgang Dreyer die Luke schloss.

* * *

Bernd Kastrup war die Treppe hinaufgeeilt. Er war völlig außer Puste, als er die Tür zu seinem Boden öffnete. Gesche rannte auf ihn zu, fiel ihm um den Hals und gab ihm einen Kuss. Sie hatte den Tisch gedeckt, eine Flasche Wein geöffnet und eine Kerze angezündet.

Bernd machte sich von ihr los.

»Ist etwas nicht in Ordnung?«, rief sie erschrocken.

Bernd nickte. »Um mit dem Einfachsten anzufangen«, sagte er, »Rauchen und offenes Feuer sind hier im Haus verboten. Könntest du bitte die Kerze ausmachen?«

Gesche pustete die Kerze aus. »Entschuldige bitte, das habe ich nicht gewusst. Ich habe extra die Kerze besorgt. Im Hauptbahnhof, da gibt es diese Drogerie …«

»Gesche, das darfst du auch nicht machen. Du darfst nicht draußen herumlaufen. Die Gefahr ist einfach zu groß, dass du Wolfgang in die Arme läufst.«

»Nein.« Gesche sah ihn angstvoll an. Sie wusste, dass etwas Schlimmeres kommen würde als eine Nörgelei über einen verfrühten Adventskranz und einen verbotenen Einkauf.

Bernd Kastrup schluckte. Es half nichts, es musste jetzt heraus: »Gesche, du hast mich angelogen.«

»Nein.« Es klang hoffnungslos. Natürlich wusste sie, was jetzt kam.

»Man kann auch lügen, indem man gar nichts sagt. Und du hast mir nichts gesagt über all das, was mit Sylvia passiert ist.«

»Sylvia?«

»Ich hatte mich damals schon gewundert, als wir so lange zusammen waren und ich Sylvia nie zu Gesicht bekommen habe.«

»Aber – das weißt du doch, Bernd, das habe ich dir doch gesagt. Ich habe Sylvia damals ins Heim gegeben für die Zeit, in der der Prozess war. Ich wollte nicht, dass sie davon irgendetwas mitbekommt. Jedenfalls nicht mehr als nötig. Sie war doch – sie war doch noch ein kleines Kind.«

»Sie war kein kleines Kind mehr. Sie hat Dinge erleben müssen, die ganz unvorstellbar schrecklich gewesen sind.«

»Du meinst – du meinst das, was Wolfgang damals mit ihr gemacht hat?« Gesche war ganz blass geworden.

Bernd Kastrup packte sie beim Kragen und schrie sie an: »Warum hast du mir nichts gesagt?«

Gesche weinte.

Das machte Bernd noch wütender. »Du hättest es mir sagen müssen, Gesche, es ist doch deine Tochter, an der er sich vergangen hat, dein Kind!«

»Sie hat nicht gewollt, dass ich was sage«, schluchzte Gesche.

»Sie hat es nicht gewollt? Was soll das heißen? Das kannst du mir doch nicht erzählen, dass sie das nicht gewollt hat! Dieser Kerl quält dein Kind fast zu Tode, und du gehst nicht zur Polizei! Du erstattest keine Anzeige, sondern lässt das alles so weiterlaufen, weil Sylvia das angeblich nicht anders will? – Was bist du für eine Mutter?«

Gesche antwortete nicht. Sie konnte nicht antworten, weil sie heulte, und sie konnte nicht antworten, weil Bernd Kastrup recht hatte. Aus seiner Sicht jedenfalls hatte er recht. Aber aus seiner Position war es leicht, recht zu haben, weil er außen vor stand und weil – ganz gleich, was Gesche getan hätte – es ihn sowieso niemals betroffen hätte. Sie dagegen – sie hatte Angst gehabt vor Wolfgang Dreyer, tödliche Angst.

Und Sylvia hatte gesehen, wie ihr Vater sie geschlagen hatte, und Sylvia hatte gesehen, dass Gesche Angst hatte, und sie hatte gesagt: Geh nicht zur Polizei, Mama. Du brauchst nicht zur Polizei zu gehen, es ist nicht so schlimm. Das war eine Lüge gewesen, eine Lüge aus Angst und Verzweiflung, und sie hatte diese Lüge akzeptiert.

Bernd wusste nicht, was er tun sollte. Ja, Vincent hatte recht, er war ein Meister der Katastrophen. Er hatte auch jetzt wieder alles falsch gemacht. Er hatte hier herumgetobt, und das Einzige, was er erreicht hatte, das war, dass Gesche jetzt weinte. Was geschehen war, würde dadurch nicht ungeschehen werden. Er konnte Gesche schütteln und anschreien, so viel er wollte, es machte doch keinen Unterschied, diese Frau würde immer Gesche bleiben, und das Mädchen, das sie zur Mutter hatte, das würde keine andere Mutter bekommen. Sie mussten miteinander auskommen.

»Entschuldige«, murmelte er. »Das hätte ich nicht sagen sollen.«

Gesche schüttelte den Kopf. Sie schluchzte.

»Was geschehen ist, ist geschehen. Das kannst du nicht ändern. Du kannst nur versuchen, es in der Zukunft besser zu machen.«

»Ja.« Das klang so trostlos, wie Gesche sich fühlte. Sie hatte keine Ahnung, wie es weitergehen sollte. Sie konnte nur hoffen, dass die Polizisten Sylvia bald fanden. Die arme Sylvia.

»Und du hast dir solche Mühe gegeben, mit der Kerze und dem Wein.«

Ja, sie hatte sich Mühe gegeben. Sie hatte sich immer Mühe gegeben, aber das reichte nicht aus im Leben, etwas Glück gehörte auch dazu.

Bernd drückte Gesche an sich. Er sagte: »Komm, jetzt essen wir schön zusammen Abendbrot und trinken den Wein, und morgen sehen wir dann, wie es weitergeht. Es wird sich für alle Probleme eine Lösung finden.«

»Ja«, sagte Gesche leise. Das klang gut, aber sie glaubte nicht daran.

Bernd zündete die Kerze wieder an.

»Ich denke, das ist verboten«, wunderte sich Gesche.

»Manchmal muss man sich über Vorschriften einfach hinwegsetzen«, sagte Bernd.

Gesche lächelte.

Plötzlich fiel Bernd etwas ein. »Ich habe uns auch noch Pilze mitgebracht«, sagte er. Er griff in seine Aktentasche.

»Oh, was ist denn das?«

Die Pilze waren dadurch nicht ansehnlicher geworden, dass Bernd sie den ganzen Tag mit sich herumgetragen hatte. »Das sind wunderbare Speisepilze«, behauptete er. »Sie heißen Ritterlicher Rötling – nein, halt, Violetter Ritterling, oder – ach, egal. Es sind jedenfalls ganz tolle Pilze. Sie sind ganz selten und werden von den Pilzsammlern sehr geschätzt. Deswegen ist es so schwierig, welche zu finden. Aber ich habe es geschafft und uns drei von diesen Dingern mitgebracht …«

Friedhof

Freitag, 28. November 2014

Kaum war Bernd Kastrup in seinem Büro eingetroffen, als es auch schon an der Tür klopfte.

Im nächsten Moment stand Brüggmann im Zimmer: »Bernd, ich muss mit dir reden.«

»Vor dem Frühstück?«, knurrte Bernd.

»Ja, jetzt sofort.«

»Wenn das eine Vernehmung wäre, dann würde ich jedenfalls dafür sorgen, dass jeder erst einmal einen Becher Kaffee bekommt.«

»Dies ist keine Vernehmung, Bernd, und du bekommst auch keinen Kaffee. Dies ist eine ernste Mahnung, die ich dir jetzt und in dieser Form und ohne Zeugen zukommen lassen will.«

»Du machst es spannend«, sagte Bernd. In Wirklichkeit wusste er bereits, was kommen würde.

»Ich hatte gestern eine Unterredung mit dem Staatsanwalt, und der hat mich darauf aufmerksam gemacht, dass du zurzeit in einem Fall ermittelst, in den du selbst verwickelt bist.«

»Was heißt ›selbst verwickelt‹?«

»Bernd, versuch bitte nicht, mich an der Nase herumzuführen! Es ist ganz offensichtlich, dass in diesem Fall der Hauptverdächtige, nämlich Wolfgang Dreyer, dabei ist, alte Rechnungen zu begleichen. Du hast damals die Ermittlungen geführt. Du hast diesen Mann festgenommen. Du stehst mit Sicherheit auf seiner Todesliste. Das bedeutet, dass du aus den Untersuchungen ausscheidest.«

»Wie ›ausscheidest‹?«

»Du übergibst den ganzen Kram an Vincent. Er ist der Erfahrenste von deinen Leuten, er führt die Ermittlungen weiter, und du arbeitest irgendwelche alten Fälle auf ...«

»Thomas, hältst du das wirklich für eine gute Idee? Hältst du das wirklich für richtig, jetzt mitten im Rennen die Pferde zu wechseln?«

»Was ich davon halte, steht überhaupt nicht zur Diskussion. Du kannst diese Ermittlungen nicht führen, und du wirst sie auch nicht weiterführen. Als du gesehen hast, worauf das alles hinausläuft, hättest du von dir aus diesen Schritt einleiten sollen.«

»Mein Ziel ist es, diese Mordserie so rasch wie möglich aufzuklären. Ich will nicht sagen, dass meine Kollegen dazu nicht in der Lage sind, aber keiner von denen steckt so tief in der Materie drin wie ich.«

»Das ist es ja, Bernd! Du steckst zu tief drin in diesem Fall, und deswegen gibst du ihn jetzt ab.«

»Damals bei der Bundeswehr, in dem Manöver, da haben wir auch nicht genau nach den Regeln gespielt!«

»Wir sind hier nicht bei der Bundeswehr, Bernd.«

»Denk noch einmal darüber nach!«, beschwor Bernd seinen Vorgesetzten. »Es steht einfach zu viel auf dem Spiel!«

»Ich schicke dich ja nicht gleich nach Hause, Bernd. Aber das ist das äußerste Zugeständnis, das ich dir machen kann. Du kannst weiter hier im Präsidium bleiben, und du kannst weiter mit deinen Kollegen reden, aber was gemacht wird, das bestimmt jetzt ein anderer.«

»Du musst es ja wissen«, brummte Bernd.

»Ja, ich weiß, was ich tue. – Schönen Tag noch!«

In dem Augenblick, als Brüggmann das Zimmer verließ, kamen Alexander und Jennifer herein. Sie starrten dem Chef nach, der grußlos an ihnen vorbeiging.

»Was ist denn hier los?«, fragte Jennifer.

»Der Teufel«, sagte Bernd. Aber im Grunde war er natürlich glimpflich davongekommen. Brüggmann wusste nichts von Antje, und Brüggmann wusste auch nichts von Gesche. Wenn er das je erfahren würde, dann würde Bernd richtig Ärger bekommen.

Das Telefon klingelte. Bernd zögerte keine Sekunde. Er nahm den Hörer ab. »Kastrup?«

»Hier ist das Kommissariat 47. Wir haben hier ein Problem ...«

Kommissariat 47? Das war Neugraben. »Worum geht es?«

»Wir haben hier einen Toten. Die Nachbarn haben uns informiert ...«

Bernd reichte den Hörer weiter: »Alexander, machst du das?«

* * *

»Ich muss mit Mama reden«, behauptete Wolfgang Dreyer. »Verstehst du?«

Sylvia Schröder nickte, aber sie glaubte ihm nicht.

»Gut, dass ich dich gefunden habe! Wenn ich sie anrufe, dann kommt Mama nicht. Aber wenn du das machst, wenn du sagst, dass wir beide sie unbedingt sehen möchten, dann bin ich mir ganz sicher, dass sie kommt.«

»Ja.« Was konnte sie nur tun, damit Mama nicht kam?

»Hier, nimm noch ein Brötchen.« Ihr Vater schob Sylvia den Korb zu.

Sylvia nahm ein Roggenbrötchen. Das Frühstück im Hotel gefiel ihr. Das war nicht so langweilig wie das, was ihre Mutter ihr Tag für Tag vorsetzte. Und obwohl sie eigentlich schon satt war, machte sie sich daran, das Brötchen aufzuschneiden und die beiden Hälften dick mit Butter zu bestreichen.

»Du hast mir gefehlt, Sylvia. Du glaubst ja gar nicht, wie du mir gefehlt hast all die Jahre!«

»Du hast mir auch gefehlt«, log Sylvia. Sie hatte sich verzweifelt bemüht, ihre Furcht nicht zu zeigen, als ihr Vater für sie beide das Hotelzimmer gemietet hatte und als sie schließlich zu ihm in das Doppelbett musste. Vielleicht hatte er ihre Furcht gespürt. Vielleicht hatte er Angst gehabt, alles zu verderben. Jedenfalls hatte er sie nicht angerührt.

Und als sie aufgewacht war, war er weg gewesen. Sie hatte fest geschlafen, sie wusste nicht, wann er gegangen war, aber jetzt war er jedenfalls weg. Sie war ganz still liegen geblieben, hatte an die Decke gestarrt und darüber nachgedacht, was sie tun würde, wenn er gar nicht wiederkäme. Aber er war wiedergekommen, und dann war es auch schon Zeit zum Frühstücken gewesen.

»Wenn du aufgegessen hast, dann rufen wir sie an, ja?«

Sylvia nickte. Sie nahm für jedes der halben Brötchen ein Töpfchen Nutella. Nussnougatcreme gab es zu Hause nie, und wenn es sie doch einmal irgendwo gab, wo sie zu Besuch waren, dann würde ihre Mutter sicher verbieten, so viel davon zu nehmen. Sylvia biss in das Brötchen. Es schmeckte herrlich süß. Eigentlich zu süß.

»Hast du die Telefonnummer?«

Sylvia murmelte die Nummer ihres alten Festanschlusses.

Ihr Vater schüttelte den Kopf. »Nein, zu Hause ist sie nicht. Wir müssen sie über das Handy anrufen. Hast du die Nummer?«

Sylvia schüttelte den Kopf.

»Ich glaube, ich weiß noch, wie die Nummer geht«, sagte ihr Vater. »Wenn sie noch immer dieselbe Nummer hat, dann müsste das klappen.« Er nannte die Zahlenfolge, zögerte einen Moment, dann korrigierte er die vorletzte Zahl.

Es war die richtige Nummer. Hoffentlich hat sie das Handy zu Hause vergessen, dachte Sylvia, oder nicht eingeschaltet. Es kam oft vor, dass ihre Mutter das Handy nicht einschaltete.

Ihr Vater sah zu, wie Sylvia ihr süßes Roggenbrötchen aß. Sylvia genoss jeden Bissen und bemühte sich, nicht zu bemerken, dass ihr Vater allmählich ungeduldig wurde.

»Bist du jetzt endlich fertig?«, fragte er, kaum dass sie den letzten Bissen heruntergeschluckt hatte.

Sylvia schüttelte den Kopf. »Einen Erdbeerjoghurt nehme ich mir noch«, sagte sie.

* * *

»Wir haben ihn«, sagte Alexander. »Wir haben den ›Wolf von Hamburg‹ gefunden! – Aber es ist weder Tarp noch Dreyer.«

»Was hast du gesagt?« Bernd war als Erster am Telefon.

»Wir haben den ›Wolf von Hamburg‹ gefunden. Er ist tot.«

Bernd fragte sich, ob sein Kollege ihn verarschen wollte. »Von wo rufst du an?«

»Ich bin hier in Neugraben. *Bei den Heidehütten* heißt das hier, und so sieht es auch aus. Unregelmäßige Bebauung. Einzelhäuser oder eben Hütten, wahrscheinlich ursprünglich als Behelfsheime im Krieg entstanden, oder kurz danach. Und einer der Leute, die hier draußen wohnen, der hat bei der Polizei angerufen, hier sei geschossen worden. Die Kollegen von der Wache in Neugraben, die haben das überprüft, und dann haben sie bei uns angerufen.«

»Alexander, könntest du bitte so knapp wie möglich zusammenfassen, worum es überhaupt geht?«

»Ich stehe hier in einem Wolfszwinger. Und neben mir liegt der Besitzer, ein gewisser Ülo Saks. Er ist tot.«

»Ich komme!«

* * *

Sylvia und ihr Vater standen am Rande des Rathausmarktes. Eigentlich hatte Wolfgang Dreyer vorgehabt, sich mitten unter die Besucher zu mischen, aber er hatte nicht bedacht, dass der Weihnachtsmarkt erst um elf Uhr öffnete.

Dreyer war todmüde. Der abendliche Ausflug nach Neugraben war anstrengend gewesen – zu anstrengend. Ülo hatte Ben Tarp für ihn herbeigeschafft, und es war ein Triumph gewesen, das Schwein zu erledigen. Aber dann, als es vorbei war, hatte der Balte nur noch genervt. Bis zu diesem Zeitpunkt hatte er alles getan, was Dreyer wollte. Er hatte den Wolf besorgt. Er hatte mitgeholfen, Karolin Meister zu fangen. Das war lustig gewesen; sie hatten mit der betrunkenen Frau Fangen gespielt, hatten ihr immer mehr zu trinken gegeben und schließlich den Wolf auf sie gehetzt. Ülo hatte mitgeholfen, den Staatsanwalt zu töten und den Richter fertigzumachen. Das war weniger lustig gewesen, nur noch anstrengend. Aber jetzt, jetzt machte der Kerl Sperenzchen. Er hatte den Wolf zurückgepfiffen. Er wollte unbedingt, dass Tarp am Leben blieb. Er stellte sich vor, dass der Mann seine Millionen herausrücken würde, wenn man ihn unter Druck setzte. Das ging nicht. Das würde auf keinen Fall funktionieren. Und außerdem war Tarp sowieso schon tot. Als Ülo handgreiflich werden wollte, hatte Dreyer ihn kurzerhand erschossen. Dem Wolf hatte er ein Schlafmittel gegeben, um ihn ins Auto zu kriegen und um ihn ruhigzustellen. Es ging nicht an, dass das Tier in der Garage des Hotels herumjaulte. Alles hatte geklappt. Nun kam das krönende Finale.

»Kunst statt Kommerz«, las Sylvia. Das war das Motto des diesjährigen historischen Weihnachtsmarktes.

Dreyer war sich sicher, dass es nicht viel Kunst zu sehen gab, dafür aber umso mehr Kommerz. Er zückte das Handy und wählte Gesas Nummer.

Kein Anschluss unter dieser Nummer!

Sylvia frohlockte.

Dreyer starrte verblüfft auf das Gerät. Dann tippte er noch einmal alle Zahlen ein. Ja, natürlich, er hatte sich wieder vertan bei der vorletzten Ziffer. Und diesmal brauchte er nicht lange zu warten. Seine Frau war nach dem zweiten Läuten am Apparat.

»Gesine Schröder. Wer spricht dort bitte?«

Dreyer gab Sylvia das Telefon.

»Hallo Mama, hier ist Sylvia!«

»Sylvia, wo bist du?«

»Ich bin hier ...« Weiter kam sie nicht. Ihr Vater hielt ihr den Mund zu. Richtig, das durfte sie ja nicht verraten. »Ich bin hier mit Papa zusammen«, sagte sie, als ihr Vater sie wieder losließ.

»Mit Papa?«

Sylvia konnte förmlich spüren, wie schrecklich ihre Mutter das fand. Rasch sagte sie: »Du brauchst dir keine Sorgen zu machen, Mama, es geht mir gut. Und – und Papa geht es auch gut. Es ist alles in Ordnung.«

»Das ist schön, dass alles in Ordnung ist.«

Es war nicht alles in Ordnung, aber wie sollte sie Mama das mitteilen, wenn jemand neben ihr stand, der ihr sofort den Mund zuhielt, wenn sie eine falsche Bemerkung machte? Sylvia zögerte.

»Los!«, zischte ihr Vater.

»Papa möchte, dass wir uns treffen.«

Einen Augenblick herrschte Stille, dann sagte Gesine Schröder: »Das möchte ich nicht.«

»Es ist wichtig, sagt er. Und – und wenn du mich liebhast, dann sollst du kommen.«

»Ich habe dich lieb, Sylvia. Aber wenn wir etwas besprechen wollen, dann können wir das doch auch am Telefon machen. Das ist doch viel einfacher!«

Dreyer schüttelte den Kopf.

»Ja«, sagte Sylvia trotzdem. »Au!« Ihr Vater hatte sie gekniffen. Wütend rieb sie ihren Arm. Als Wolfgang Dreyer zum zweiten Mal zukneifen wollte, sagte sie rasch: »Nein, Mama, das können wir nicht am Telefon besprechen. Du musst kommen.«

Ihre Mutter schwieg.

»Es ist ganz einfach«, redete Sylvia drauflos. »Wir treffen uns, und wir besprechen alles, was wir besprechen müssen, und dort gibt es auch ein Café, wo wir hinterher ...«

»Nein«, sagte Gesine Schröder.

»Doch, Mama! Also, wenn du am Hauptbahnhof bist, dann nimmst du am besten die U-Bahn ...«

Dreyer hatte ihr genau beschrieben, bis zu welcher Station ihre Mutter fahren sollte, welchen Ausgang sie benutzen sollte und wo dann der Bus abfuhr.

»Da fahren mehrere Busse ab«, sagte sie. »Du nimmst auf jeden Fall den 270er. Die fahren alle zehn Minuten, glaube ich. Und – und du brauchst auch gar nicht lange mit dem Fahrer zu diskutieren ...«

»Aber Sylvia, warum sollte ich denn mit dem Fahrer diskutieren?«

»Jedenfalls gilt deine Karte für die ganze Strecke. Das heißt, die Karte, die du für die U-Bahn gelöst hast, die gilt auch im Bus. Und dann – dann fährst du bis zu einer Station, die heißt Nordteich. Das wird angezeigt im Bus, du brauchst also nicht erst nachzufragen ...«

»Ich glaube, da nehme ich lieber ein Taxi.«

»Ja«, sagte Sylvia. Weiter kann sie nicht. Ihr Vater hielt ihr den Mund zu. Er gab ihr unmissverständlich zu verstehen, dass das mit dem Taxi keine gute Idee sei.

»Also, ich komme mit dem Taxi«, wiederholte Gesine.

»Nein, Mama, das ist nicht so gut. Du brauchst einfach nur den Bus Linie 270 zu nehmen, und dann ist es schon die dritte Station. Da steigst du aus, und dann wartest du, bis der Bus verschwunden ist.«

»Warum soll ich warten, bis der Bus verschwunden ist?«

»Papa sagt, dass das am besten ist.« Hatte Mama das verstanden? Hatte sie begriffen, was Sylvia ihr mitteilen wollte: Dass es nicht am besten war, mit dem Bus zu kommen, und dass es ganz bestimmt nicht am besten war, erst einmal zu warten, bis der Bus weitergefahren war?

»Und was mache ich dann?«

Sie hatte es nicht verstanden! »Dann – dann gehst du halb um den Kreisverkehr herum. Der Bus, der hat die erste Ausfahrt nach links genommen. Und du, du gehst nach rechts. Und dann geht gleich, nachdem du den Kreisverkehr verlassen hast, so ein Weg schräg nach links ab. Und den gehst du längs. Und der Weg, der macht so eine kleine Kurve, nein, so einen kleinen Bogen nach links. Und du bleibst auf diesem Weg und gehst geradeaus über eine Brücke, so eine kleine Brücke, hinweg, und dann weiter geradeaus. Und dann macht der Weg eine Kurve nach links, und dann siehst du rechts so eine kleine Treppe ...«

Sylvia wusste, dass ihre Mutter nicht besonders gut darin war, sich irgendwelche Wegbeschreibungen zu merken. Und dies war eine komplizierte Wegbeschreibung. Sie hoffte, dass sie ganz einfach aufgeben würde, aber sicher war sie sich nicht.

Sylvias Vater tippte auf die Uhr.

»Richtig, das hätte ich fast vergessen«, sagte Sylvia. »Du sollst es so einrichten, dass du genau um 16.00 Uhr dort bist.«

»16.00 Uhr? Aber da ist es doch schon dunkel!«

»Nein, so richtig dunkel ist es dann noch nicht. Das geht schon. Wir sehen dich ja kommen, und dann gehen wir dir entgegen. Du brauchst keine Angst zu haben, hörst du?«

Gesine Schröder schwieg. Es war klar, dass ihr diese seltsame Verabredung nicht gefiel.

»Du brauchst keine Angst zu haben«, wiederholte Sylvia, aber da riss ihr Vater ihr das Handy aus der Hand und beendete das Gespräch.

»So, und jetzt komm!«

Sylvia schlug das Herz bis zum Hals. Sie wusste, dass vor dem Eingang des Rathauses normalerweise ein Polizist stand, vielleicht sogar zwei. Wenn sie jetzt losrannte … Aber sie konnte nicht losrennen, denn ihr Vater hatte sie am Arm gepackt und bugsierte sie in Richtung der U-Bahn-Station.

»Wo willst du hin mit mir?«

»Zurück zum Hotel. Jetzt halten wir Mittagsschlaf.«

Sylvia sah ihren Vater an. Sie schlief nie zu Mittag, und auch ihr Vater hatte das früher nie getan. Außerdem war es noch gar nicht Mittag. Wenn er wirklich schlafen würde, würde sie davonlaufen. Aber wahrscheinlich würde er nicht schlafen. Wenn er mittags ins Bett ging, war es immer um etwas anderes gegangen.

* * *

Vincent saß in seinem Zimmer und starrte trübsinnig auf den Bildschirm. Er hatte es kommen sehen, dass sein Freund irgendwann Ärger bekommen würde. Bernd war es nicht gewohnt, sich an irgendwelche Anweisungen zu halten, und so war er jetzt zusammen mit den anderen nach Neugraben gefahren. Der Staatsanwalt würde davon erfahren, der Chef würde davon erfahren, und am Ende wäre der Ärger nur noch größer. Vincents größte Sorge war aber, dass Bernd schließlich auf eigene Faust handeln würde, ohne einen von ihnen zu informieren.

Auf dem Bildschirm war die Hamburg-Karte von *Open Streetmap* zu sehen. Die war genauer als *Google Maps*. Jeder noch so kleine Fußweg war darauf verzeichnet. Im Augenblick zeigte die Karte den südlichen Bereich des Stadtteils Neugraben, und an der Straße *Bei den Heidehütten*, die eigentlich nichts weiter als ein breiter Sandweg war, blinkte ein heller Lichtpunkt.

Vincent hatte Alexander gebeten, Bernds Handy so einzustellen, dass er seine Position jederzeit auf den Bildschirm holen konnte.

»Das funktioniert aber nur, solange das Handy eingeschaltet ist«, hatte Alexander gesagt.

Das spielte keine Rolle; Bernd Kastrup schaltete sein Handy niemals aus. Im Augenblick befand sich Bernd eindeutig am Einsatzort.

* * *

Es war so, wie Alexander gesagt hatte. Ein leerer Wolfszwinger und ein toter Mann. Bernd Kastrup raufte sich die Haare.

Dr. Beelitz stieg aus seinem Auto. »Sind wir hier überhaupt noch in Hamburg?«, war seine erste Frage, bevor er sich die Schutzkleidung anlegte.

»Ja, wir sind noch in Hamburg.« Das hatte Bernd gleich geklärt, als die Meldung bei ihm eingegangen war.

»Weißt du, wie lange ich gebraucht habe, um von Eppendorf hierherzukommen? Über eine Stunde!« Er ging in die Hocke und beugte sich über den Toten.

Bernd unterbrach den Rechtsmediziner: »Kurt, ich will nicht von dir wissen, wie lange du gebraucht hast, um hierherzufahren. Ich will von dir wissen, was zum Teufel hier passiert ist!«

»Das siehst du doch!«, erwiderte der Mediziner ungnädig. Er hatte ja noch nicht einmal angefangen, die Leiche zu untersuchen.

»Das sehe ich eben nicht. Und ich will es jetzt nicht raten, sondern ich will es direkt von dir hören: Was ist hier passiert?«

Dr. Beelitz erhob sich umständlich und putzte seine Brille. »Manchmal ist es etwas anstrengend, mit dir zusammenzuarbeiten, Bernd. – Was hier passiert ist, das weiß ich nicht. Hier liegt ein toter Mensch, und den gucke ich mir jetzt an.«

Bernd seufzte. Er musste sich wohl oder übel gedulden. Das fiel ihm schwer. Wer zum Teufel war dieser Tote? Von Ülo Saks hatte er noch nie etwas gehört, und er hatte den Mann auch noch nie gesehen. Von diesem Burschen war weder damals beim Juwelenraub noch jetzt im Zusammenhang mit dem »Wolf von Hamburg« jemals die Rede gewesen. Und nun sah es so aus, als wäre dieser völlig unbekannte Mensch der »Wolf von Hamburg«!

Bernd Kastrup zückte sein Handy. »Jennifer, was hast du herausgefunden?«

»Nicht viel. Saks, Ülo, genannt ›der Balte‹, Jahrgang 1952, angeblich in Tallinn geboren, ist so um 1992 herum nach Deutschland gekommen, hat sich das Haus da draußen gekauft und – nach allem, was wir wissen – sich in das Privatleben zurückgezogen. Es hat mal einen anonymen Hinweis gegeben, dass Ülo Saks sich als Schmuggler betätige und dass seine Verbindungen über Estland hinaus bis weit nach Russland hineinreichten, aber das konnte nie bewiesen werden.«

»Danke, Jennifer.« Das passte nicht. Das passte alles nicht zusammen. Der Tote war viel älter als alle diejenigen, die damals an dem Juwelenraub beteiligt gewesen waren. Oder hatte er am Ende die Beute nach Russland geschmuggelt? – Nein, das war absurd. Aber warum zum Teufel hatte dieser Kerl sich einen Wolf zugelegt, und warum lag er jetzt hier tot im Zwinger und der Wolf war weg?

Und plötzlich sah Bernd Kastrup den Zusammenhang. Hatte Gesche nicht davon gesprochen, dass in ihrer Gruppe ein Ole oder Olaf mit dabei gewesen sei? Dieser Ole war Ülo! Konnte das sein?

Bernd zückte das Handy und wählte Gesches Nummer. Ungefähr eine Minute lang lauschte er auf das Freizeichen, dann gab er auf. Gesche ging nicht ran.

Wenn Ülo dieser besagte Ole war, dann war zumindest der Zusammenhang zu der Gruppe hergestellt, die damals den Überfall geplant hatte.

»Einen Abschiedsbrief haben wir nicht gefunden«, sagte Alexander. »Christian Habbe ist jetzt drin und geht die Unterlagen durch, die dieser bemerkenswerte Mensch hinterlassen hat. Aber ich bezweifle, dass uns das weiterbringt.«

»Wo kommt der Wolf her?«

»Der Nachbar glaubt, dass Saks ihn auf dem Seeweg importiert hat. Schwarz natürlich.« Er wandte sich an den Nachbarn: »Das stimmt doch, oder?«

Der Mann nickte.

»Und wo der Wolf jetzt steckt, das wissen Sie nicht?«

»Nein. Als ich hier ankam, da stand die Tür zum Zwinger offen und der Wolf war weg.«

»Wissen die Kollegen von der Schutzpolizei Bescheid?«, fragte Bernd.

»Ja, natürlich. Die suchen jetzt die Gegend ab und versuchen, den Wolf zu finden.«

»Was fährt der Herr Saks für einen Wagen?«

»So einen großen, dunklen Transporter.«

»Den Typ wissen Sie nicht zufällig?«

Der Mann zuckte mit den Achseln. »So eine alte Karre ist das. Aber der Typ – nee, das weiß ich nicht.«

»Und der Wagen ist weg?«

»Ja, der ist weg. Der parkt sonst immer hier neben dem Haus. Hier, wo Sie jetzt stehen. Da sind ja auch noch die Reifenspuren.«

Alexander Nachtweyh rief im Präsidium an und bat Jennifer, festzustellen, was für ein Wagen auf Saks zugelassen war. »Und wenn du Typ und Kennzeichen hast, dann gib das weiter. Das muss an alle Streifenwagen und Fußstreifen rausgehen. Die sollen das Fahrzeug finden, und zwar so schnell wie möglich.«

»Vielleicht wohnt der Täter ja gar nicht weit von hier«, sagte Alexander.

»Du denkst an unseren Freund Tarp, den Juwelierssohn?«

»Das wäre jedenfalls der erste Verdächtige, der mir einfällt. Außer Wolfgang Dreyer natürlich.«

»Tarp wohnt im *Schanzengrund*«, sagte Alexander.

»Wie weit ist das von hier?«

»Knappe drei Kilometer, würde ich sagen. Zu Fuß. Mit dem Auto ist es wesentlich weiter.«

Alexanders Handy läutete. Jennifer war dran. Sie sagte: »Auf den Namen Ülo Saks ist ein dunkelgrauer Vaneo zugelassen, Baujahr 2005. Und das Kennzeichen ist …«

»Hast du das an die Schutzpolizei weitergegeben?«, unterbrach sie Alexander.

»Ja, natürlich. Die Fahndung läuft.«

Bernd wandte sich an den Mediziner: »Und jetzt zu dir. Was hast du herausgefunden?«

»Nichts«, sagte Dr. Beelitz. »Nichts, was du nicht sowieso schon siehst.«

»Kurt, ich bitte dich! Wir ermitteln in einer Serie von Morden, in denen aller Wahrscheinlichkeit nach ein Wolf eine Rolle spielt. Und wir sind bis vor zwei Stunden davon ausgegangen, dass wir genau wissen, wer der Täter ist, wo wir ihn fassen und wann wir ihn fassen werden, nämlich heute Nachmittag um 16.00 Uhr im Speicherstadtmuseum. Und jetzt finden wir hier diesen Tatort, der anscheinend alles über den Haufen schmeißt, was wir bisher für gesichert angesehen haben. Sag uns alles, was du weißt!«

Der Mediziner schüttelte den Kopf. »Ich weiß nichts.«

»Was ist mit dem Mann? Hat der Wolf ihn getötet? Hat er sich selbst erschossen?«

»Dass der Wolf ihn getötet hat, das glaube ich nicht. Warum hätte er dann eine Kugel in der Brust?«

»Selbstmord?«, fragte Bernd.

Der Mediziner lachte. »Selbstmord? Es ist ziemlich schwierig, sich selbst in die Brust zu schießen, Bernd. Natürlich ist es nicht unmöglich, aber dazu muss man sich ganz schön verrenken. Ich habe das noch nicht erlebt. – Und wenn er das wirklich gemacht haben sollte, was ich für ausgeschlossen halte, was hat er dann anschließend mit der Waffe angestellt, als er tot war? Mit in den Himmel genommen?«

Nein, eine Waffe war nicht gefunden worden. Das hieß also, dass ein anderer den Besitzer des Wolfes erschossen hatte.

Bernd sah auf die Uhr. Es war 10.27 Uhr. Noch fünfeinhalb Stunden bis zu dem Zeitpunkt, an dem der »Wolf von Hamburg« erneut zuschlagen wollte. Es wurde Zeit, dass wenigstens ein Vorauskommando in die Speicherstadt fuhr. Bernd seufzte leise.

»Alexander, sollen wir im *Schanzengrund* vorbeifahren und nachsehen, ob dort irgendwo dieser Vaneo steht?«

Alexander zog die Augenbrauen hoch. »Unsere amerikanischen Kollegen würden sagen: *That is a far shot ...*«

»Ich weiß auch, dass das ziemlich unwahrscheinlich ist, aber irgendetwas ...«

In dem Augenblick klingelte Alexanders Handy erneut. »Das ist Jennifer. Bestimmt hat die Polizei inzwischen ... Nachtweyh?«

Es war nicht Jennifer. Es war Brüggmann. Der Chef. Was er sagte, war klar und deutlich zu verstehen: »Steht Bernd da irgendwo bei Ihnen herum?«

»Im Augenblick nicht«, log Alexander.

»Teilen Sie ihm bitte mit, dass ich zwar selten in seinen Tätigkeitsbereich eingreife, aber wenn ich das tue, und wenn ich eine Anweisung gebe, dann erwarte ich, dass er sie auch befolgt!«

Bernd nahm Alexander das Handy aus der Hand. »Was gibt es?«

»Bernd, ich habe ganz klar angeordnet, dass du dich aus diesem Fall heraushältst. Du bist persönlich in die Geschichte verwickelt, du bist daher nicht in der Lage, objektive Ermittlungen anzustellen.«

»Niemand ist in der Lage, objektive Ermittlungen anzustellen«, warf Bernd ein.

»Es ist nicht der Moment für Spitzfindigkeiten, Bernd!«

»Es geht hier nicht um Spitzfindigkeiten. Tatsache ist, dass wir zu einem Tatort gerufen worden sind, an dem ein toter Mann in einem Wolfszwinger liegt. Und ich kann dir versichern, dass ich weder mit dem Mann noch mit seinem Wolf irgendwie verwandt bin. Und verschwägert auch nicht!«

»Bernd, so geht das nicht. Ich habe gesagt, dass du an diesem Fall nicht weiter mitarbeiten kannst, und jetzt muss ich feststellen, dass du diese Anweisung einfach ignorierst. Deshalb muss ich meine Anweisung verschärfen. Du kommst jetzt nicht ins Präsidium zurück, sondern Alexander setzt dich an der nächsten S-Bahn-Station ab, und du fährst von dort aus auf direktem Wege nach Hause. Und dort bleibst du, bis dieser Fall gelöst ist.«

»Willst du mich vom Dienst suspendieren?«

»Zwing mich nicht zu drastischen Maßnahmen, Bernd! Du bist nicht suspendiert, sondern du bist jetzt im Urlaub. Und im Urlaub hältst du dich von den Kollegen fern, und du rufst sie auch nicht an. Du wartest ganz einfach ab, bis ich mich bei dir melde. Ich persönlich. – Hast du das verstanden?«

»Jawohl«, sagte Bernd. Er war blass geworden.

Als Bernd das Gespräch beendet hatte, sagte Alexander: »Tut mir leid, Bernd, aber ich glaube, du musst jetzt wirklich genau das tun, was der Chef verlangt.«

Bernd nickte.

»Ich fahre dich jetzt zur S-Bahn.«

Bernd nickte noch einmal. An Brüggmanns Anweisung gab es nichts zu deuten. Es gab nichts, was er jetzt noch tun konnte.

»Komm, steig ein!«, sagte Alexander. Er öffnete die Beifahrertür.

Bernd stieg ein.

Alexander startete den Wagen. »Du wirst uns fehlen«, sagte er.

»Ihr kommt schon zurecht«, murmelte Bernd. Er räusperte sich. Dann sagte er: »Weißt du, Alexander, irgendwann kommt sowieso der Zeitpunkt, wo ich zu alt bin und wo ihr ohne mich klarkommen müsst. Und das schafft ihr auch. Ihr seid gute Polizisten. Ihr habt mein volles Vertrauen.«

»Danke.«

Sie fuhren den *Fischbeker Heideweg* hinunter, dann die *Neugrabener Bahnhofstraße*.

»Du kannst mich bei der Ampel raussetzen«, schlug Bernd vor.

Alexander schüttelte den Kopf. Die Ampel wurde grün. Alexander bog nach rechts ab.

»Was machst du?«, wunderte sich Bernd.

»Vielleicht habe ich mich verfahren«, behauptete Alexander. »Ich will jetzt nicht erst das Navi herausholen, aber meiner Meinung nach müssen wir durch den *Schanzengrund*, wenn wir zur S-Bahn wollen.«

Das war glatt gelogen. Bernd grinste. »Danke«, sagte er.

Sie fuhren zweimal den ganzen *Schanzengrund* hinauf und hinunter, und bei jeder Abzweigung hielt Alexander an, sodass sie sehen konnten, ob dort irgendwo der gesuchte dunkelgraue Vaneo stand. Aber der Wagen war nirgendwo zu sehen.

* * *

»Gibt es hier was Neues?« Alexander hatte Bernd beim Bahnhof abgesetzt und war dann zu den *Heidehütten* zurückgefahren.

»Nicht viel.« Der Leichnam war inzwischen abtransportiert worden, und Dr. Beelitz war auf dem Weg zurück in die Rechtsmedizin. Christian Habbe hatte das kleine Haus des Balten gründlich durchsucht. Es sah so aus, als hätten hier zwei Personen übernachtet. Die eine war natürlich Ülo Saks.

Die andere mochte Wolfgang Dreyer gewesen sein, aber außer einem ungemachten Bett hatte er keine mit bloßem Auge sichtbaren Spuren hinterlassen. Das Labor würde nachweisen können, ob der Mann hier gewesen war oder nicht.

Es gab in diesem Haus keinen Computer. Saks hatte einen altmodischen Terminkalender geführt. Die Eintragungen waren allerdings schwer zu entziffern. Jennifer zeigte Alexander das Buch. »Du bist doch unser Schriftexperte!«

»Ist das überhaupt Schrift?«, fragte Alexander.

Doch, ja, es war Schrift, aber sie ergab keinen Sinn.

»Das ist ausländisch«, sagte Jennifer schließlich. »Heißt es nicht, dass der Mann irgendwo aus dem Baltikum kommt? Aus Estland? War das nicht so?«

»Ja, das könnte Estnisch sein. Oder Finnisch. Das müssen wir uns nachher mal in Ruhe vornehmen.«

Nachher. Wahrscheinlich würde dafür heute überhaupt keine Gelegenheit sein. Jennifer sah auf die Uhr. »Ich glaube, es wird allmählich Zeit, dass wir hier verschwinden.«

»Ja, wenn wir rechtzeitig im Speicherstadtmuseum ...«

»Sei mal still!«

»Was?«

»Sei mal still, da ist irgendetwas. Irgendein Geräusch.«

»Ich hör nichts.«

»Da stöhnt jemand!« Das Geräusch kam aus dem hinteren Teil des Gartens. Jennifer rannte los. Allerlei Gerümpel lag hier. Jennifer stolperte über einen Autoreifen. Alles war von Unkraut überwuchert.

»Das muss hier irgendwo ...«

»Da vorn!«, rief Alexander.

Aber da hatte Jennifer auch schon den niedrigen, völlig bewachsenen Erdhaufen entdeckt. Es sah aus wie ein zu groß geratenes Grab, aber dieses Grab hatte einen Ausgang.

»Ein alter Luftschutzbunker.«

Jennifer riss die eiserne Einstiegsklappe auf. Am Boden des Schutzraumes lag ein Mensch.

»Sind Sie verletzt?«

Der Mann antwortete nicht. Er stöhnte nur. Alexander tippte die Nummer des Rettungsdienstes in sein Handy.

* * *

Ausgebootet. Bernd hatte es von Anfang an geahnt. Früher oder später hatte das kommen müssen. Trübsinnig betrachtete er seinen Wohnraum, das ungemachte Bett, das Geschirr, das er heute früh nicht abgewaschen hatte. Erst jetzt wurde ihm bewusst, dass die Wohnung leer war.

»Gesche?«, sagte er, und dann lauter: »Gesche!«

Keine Antwort. Mein Gott, dachte er, Gesche ist etwas passiert! Er rannte durch den Boden des Lagerhauses, suchte zwischen den Stellwänden, aber dort war niemand. An der Stelle, wo Gesche heute früh die Bettdecke zurückgeschlagen hatte, um aufzustehen, da lag jetzt Dr. Watson und sah Bernd Kastrup verwundert an. Den Zettel auf dem Esstisch bemerkte er erst, als er sich auf seinen Sessel fallen ließ. Gesche hatte geschrieben:

Lieber Bernd, tut mir leid, aber ich muss mal kurz weg. Ich treffe mich mit meiner Familie. Mach dir keine Sorgen, ich bin gleich wieder da. Alles Liebe, Gesche.

Was sollte das heißen? Ich treffe mich mit meiner Familie – das konnte doch nur bedeuten, dass sie sich auf irgendeine Weise mit Sylvia und Wolfgang Dreyer verabredet hatte. Per Telefon wahrscheinlich. War die Frau denn wahnsinnig? Nach allem, was bisher geschehen war, war doch vollkommen klar, dass sie das nächste Opfer auf Dreyers Liste sein musste. Höhepunkt und Abschluss der Strafaktion. Von langer Hand vorbereitet! Er würde Frau und Kind erschießen, und am Ende sich selbst. Und den Ort des Geschehens hatte er klar bekanntgegeben: das Speicherstadtmuseum. Gleich hier um die Ecke.

Wenn es denn stimmte! Kastrup bezweifelte plötzlich, dass sie auf der richtigen Spur waren. Es war alles zu einfach. Der Täter hatte noch nie zweimal an derselben Stelle zugeschlagen. Und das Speicherstadtmuseum war nur einen Steinwurf von der Stelle entfernt, an der sie die Leiche Karolin Meisters gefunden hatten. Wenn er wirklich hier zuschlagen wollte und das obendrein noch ankündigte, dann konnte er doch voraussehen, dass die Polizei dort auf ihn lauerte. Zwar hatte er auch sonst deutliche Hinweise darauf gegeben, was er als Nächstes vorhatte, aber die Hinweise waren immer so gut verschlüsselt gewesen, dass sie keine Chance gehabt hatten, rechtzeitig einschreiten zu können.

Und jetzt? Jetzt waren alle auf dem Weg zum Speicherstadtmuseum, und der Chef hatte ihm unmissverständlich klargemacht, dass er ihn dort nicht sehen wollte. Auf keinen Fall.

Bernd hatte alles über sich ergehen lassen, keine Einwände erhoben, sich nicht beschwert, aber er hatte keineswegs vor, still in der Ecke zu sitzen und zu warten, bis die anderen den Täter verhaftet hatten. Nein, er würde weitermachen, und wenn er die Kollegen nicht zur Unterstützung heranziehen konnte, dann eben allein.

Dr. Watson sprang auf seinen Schoß.

»Mit dir darf ich jedenfalls noch reden«, sagte Bernd.

Der Kater antwortete nicht. Er rollte sich zusammen und wartete darauf, dass er gekrault wurde.

»Was hältst du davon, Watson? Ein Mörder, der uns Nachrichten schickt. Hättest du so was für möglich gehalten?«

Der Kater schwieg. Wahrscheinlich hielt er es für möglich. Alles war möglich auf dieser Welt, wenn man ein Kater war.

»Seit dem Mord an der jungen Frau Meister hat der Täter seine Überfälle angekündigt – und zwar bevor er sie ausgeführt hat. Und bei der letzten Leiche, da hat der ›Wolf von Hamburg‹ wieder einen Zettel hinterlassen: *Triest* und *Hamburg* stand da drauf. Triest ist genauso eine Hafenstadt wie Hamburg – ein bisschen kleiner vielleicht. Dort gibt es auch eine Speicherstadt. Die würde dir gefallen. Viel mehr Ratten und Mäuse als hier bei uns, Watson!«

Dr. Watson sprang vom Schoß, sah den Kommissar fragend an.

»Hast du gehört, dass ich von Mäusen spreche? Willst du etwas zu fressen haben?«

Was für eine dumme Frage! Watson wollte immer etwas zu fressen.

»Du bist der gefräßigste Detektiv, den ich kenne«, sagte Bernd. Er würde neue Dosen kaufen müssen.

»Was der Wolf geschrieben hat, das hat bisher immer gestimmt. Also ist es richtig, alle Kräfte rund um das Speicherstadtmuseum zu konzentrieren. Aber die Hinweise des ›Wolfes‹ sind niemals besonders geradlinig gewesen. Das sollten wir auch bedenken.«

Dr. Watson reagierte nicht. Wenn er beim Fressen war, dann ließ er sich durch nichts ablenken. Es war sinnlos, ihm jetzt zu erzählen, auf welche Weise sie wieder und wieder gelinkt worden waren. Manche Hinweise waren zu gut versteckt. Seite 59 zum Beispiel. Die hatte der »Wolf« markiert in dem Buch *Das Leben ist keine Waldorfschule*. Von *Löwenmutter* und *Löwin* war da die Rede, und von *Zähnen*. Und dann hatte er ihnen noch das Horoskop für das Sternzeichen Löwe zugeschickt. Was das alles bedeuten sollte, hatten sie erst erkannt, als sie den toten Lüdtke im Winterquartier der Löwen gefunden hatten.

Watson hatte seinen Napf leergefressen.

»Er spielt mit uns Katz und Maus«, sagte Bernd. »Das ist etwas, wovon du auch eine Menge verstehst, Watson! Aber anders als bei dir sind bei uns die Rollen nicht von vornherein festgelegt. Kannst du mir sagen, was ich machen muss, damit ich am Ende bei diesem Spiel die Katze bin und nicht die Maus?«

Dr. Watson reagierte nicht. Wahrscheinlich hielt er dies für eine besonders dumme Frage.

»Im Grunde genommen läuft das Spiel immer nach dem gleichen Schema ab. Wir bekommen einen Hinweis, und wir können ihn nicht deuten. Warum ist das so? Das liegt daran, dass wir uns auf die wahrscheinlichste Antwort konzentrieren. Aber die wahrscheinlichste Antwort ist falsch. Unser Täter gibt sich die größte Mühe, uns zu Orten zu schicken, die es gar nicht mehr gibt. Denk an das Wort ›Wolf‹ auf der Eintrittskarte – in Hagenbecks Tierpark gibt es keine Wölfe mehr. Denk an den Bücherwürfel – das Kunstwerk ist längst demontiert worden. Die Löwen – die Löwen waren nicht in ihrem Gehege, sondern im Winterquartier. Antje, das Walross, ist seit Jahren tot. Und jetzt *Triest* und *Hamburg*. Das bezieht sich auf eine Ausstellung, die vor drei Jahren stattgefunden hat. Aber heißt das wirklich, dass der Kerl ins Speicherstadtmuseum will?«

Triest und *Hamburg*. Wenn das nun ganz etwas anderes bedeutete? Bernd Kastrup erweckte den schlafenden Computer zum Leben und tippte in seiner Suchmaschine die Begriffe *Triest* und *Hamburg* ein. Dr. Watson hielt nichts von Computern. Als er sah, wie der Bildschirm aufleuchtete, machte er sich davon. Zum Speicherstadtmuseum? Nein, wahrscheinlich nicht.

Sie hatten die Sache falsch angepackt. Sie hatten nur bis zur ersten sinnvollen Verbindung von *Hamburg* und *Triest* im Internet gesucht. Aber das musste nicht stimmen. Wahrscheinlich gab es andere, noch bessere Kombinationen. Um die Suche zu begrenzen, schloss Bernd Kastrup nicht nur *Flug* und *Flight* und *Bahn* und *Zug* aus, sondern auch *Ausstellung* und *Speicherstadtmuseum*. Und da kam es: Auf dem Grab Carl Hagenbecks auf dem Ohlsdorfer Friedhof war vor über 100 Jahren eine lebensgroße Bronze-Skulptur des Löwen Triest angebracht worden, des Lieblingstieres von Carl Hagenbeck. Und diese Skulptur des Künstlers Joseph Franz Pallenberg war vor allem deshalb im Internet vertreten, weil sie irgendwann zwischen dem 3. und 7. Januar 2014 von unbekannten Tätern gestohlen worden war.

Das war es! – Oder? Doch, das musste es sein. Da stimmte alles. Je länger Bernd Kastrup darüber nachdachte, desto sicherer war er sich, dass der Hinweis des Täters sich nicht auf das Speicherstadtmuseum bezog, sondern auf die verschwundene Skulptur. Kastrup sah auf die Uhr. Viel Zeit blieb ihm nicht. Aber wenn er die U-Bahn nahm, müsste es klappen. Niemand hatte ihm verboten, auf den Ohlsdorfer Friedhof zu gehen. Aber sollte er nicht besser die anderen informieren? Er wählte Jennifers Nummer. – Vergeblich. Jennifer ging nicht ran.

Auch gut. Bernd Kastrup machte sich auf den Weg. Er war kein Freund von Schusswaffen, aber diesmal nahm er seine Walther mit.

* * *

Vincent Weber starrte auf den Lichtpunkt auf seinem Bildschirm. Bernd Kastrup hatte seine Wohnung verlassen. Vincent hatte jetzt einen größeren Kartenausschnitt ins Bild geholt, und nun sah er wieder, wo Bernd sich befand. Jedenfalls hielt er sich fern vom Speicherstadtmuseum. Er bewegte sich weg von der Speicherstadt, nach Südosten, in Richtung Überseequartier. War er womöglich auf dem Weg zum Kreuzfahrtterminal, um dort eine Tasse Kaffee zu trinken? Nein, er bog jetzt ab in Richtung Grasbrookpark, steuerte auf die Treppe zum U-Bahnhof zu und war im nächsten Moment vom Bildschirm verschwunden. Die U4 verlief unterirdisch; Weber würde eine Weile warten müssen, bis sein Chef wieder zum Vorschein kam.

Zu spät fiel es Vincent ein, Bernd per Handy anzurufen. Bernd hatte in der U-Bahn keinen Empfang.

Das Telefon klingelte. Einen Moment lang hoffte Vincent, es sei Bernd, der seinerseits versuchte, mit ihm Kontakt aufzunehmen.

Aber es war Alexander: »Ich bin auf dem Weg zur Speicherstadt«, sagte er. »Ich wollte dir nur rasch mitteilen: Es gibt eine neue Entwicklung. Wir haben auf dem hinteren Teil des Grundstücks *Bei den Heidehütten* einen unterirdischen Keller entdeckt, der wohl im Zweiten Weltkrieg als Luftschutzraum angelegt worden ist. In diesem Schutzraum befand sich eine schwer verletzte Person ...«

»Was?«

»... ein Mann, der durch zwei Schüsse und durch Wolfsbisse erheblich verletzt worden ist. Es ist Benjamin Tarp. Er ist jetzt auf dem Weg ins Krankenhaus.«

»Hat er geredet?«

»Ja, er ist inzwischen zu sich gekommen. Er sagt, Ülo Saks hat ihn niedergeschlagen und in diesen Bunker gesperrt. Später hat dieser Ülo dann gemeinsam mit Wolfgang Dreyer auf ihn geschossen und den Wolf auf ihn gehetzt.«

»Brutale Bande! – Wie hat er das überlebt?«

»Mit viel Glück. Er hat Gesicht und Hals durch seine dicke Kleidung geschützt. Die beiden Täter haben schließlich den Wolf zurückgepfiffen und den Mann im Bunker zurückgelassen. Sie haben offenbar geglaubt, er sei tot.«

»Danke für die Mitteilung.«

Benjamin Tarp! Wolfgang Dreyer war also doch der »Wolf von Hamburg«. Er hatte Tarp ausgeschaltet, und auch diesen Ülo Saks. Und Wolfgang Dreyer war jetzt wahrscheinlich auf dem Weg zum Speicherstadtmuseum. Und Bernd – im Augenblick gab es keine Spur von Bernd.

15.18 Uhr. Der Lichtpunkt zeigte sich nicht. 15.19 Uhr. Nichts. Vincent rieb sich über die Augen. Zu wenig Schlaf, dachte er. In den letzten Tagen hatte er eindeutig zu wenig Schlaf bekommen. 15.20 Uhr. Kein Lichtpunkt.

Vincent veränderte den Zoom-Faktor, und da war der Lichtpunkt, an ganz anderer Stelle, als er ihn erwartet hatte. Der Punkt war weit östlich der Alster, etwa in Dulsberg, und er bewegte sich in Richtung Norden. Kein Zweifel, Bernd saß in einem Zug der Linie S1 in Richtung Barmbek. Was hatte der Mann vor? Wollte er entgegen den ausdrücklichen Anweisungen ins Präsidium kommen?

Gebannt beobachtete Vincent die weitere Entwicklung. Tatsächlich, Bernd wollte ins Präsidium! Der Lichtpunkt verharrte einen Moment lang beim Bahnhof Barmbek, dann bewegte er sich weiter in Richtung Ohlsdorf. Und dort würde Bernd umsteigen, und dann war er in wenigen Minuten mit der U-Bahn hier. Vincent beschloss, seinen Chef beim Bahnhof abzufangen. Er stand schon im Begriff, den Computer auszuschalten, als etwas geschah, mit dem er nicht gerechnet hatte. Sein Chef stieg in Ohlsdorf nicht um, sondern verließ den Bahnhof und wandte sich nach Osten. Kein Zweifel, Bernd wollte auf den Ohlsdorfer Friedhof.

Was jetzt? Was wollte er auf dem Friedhof? Vincent wählte Bernds Nummer, aber sein Chef nahm das Gespräch nicht an. Hinterher, beschloss Vincent. Aber er wusste nicht, wohin Bernd wollte. Der Ohlsdorfer Friedhof war riesig. Der größte Parkfriedhof der Welt. Fast 400 Hektar! Bernd bewegte sich im Augenblick geradewegs nach Osten. Die Karte zeigte, dass dies einer der Nebenwege war, keine der großen Straßen, die den Friedhof querten. Was hatte Bernd vor? Plötzlich wusste er es. Triest – hieß nicht Hagenbecks Löwe so? Der gestohlene Löwe?

Vincent sah auf die Uhr. 15.25 Uhr. Die Mannschaft vom Speicherstadtmuseum konnte unmöglich noch rechtzeitig zum Friedhof kommen. Er würde sie von unterwegs anrufen. Jetzt wählte er die Nummer vom Kriminaloberrat.

»Brüggmann?«

»Vincent Weber. – Herr Brüggmann, wir brauchen Hilfe. Der Treffpunkt ist falsch. Wolfgang Dreyer kommt nicht ins Speicherstadtmuseum. Er ist auf dem Ohlsdorfer Friedhof. Kastrup ist auf dem Weg dorthin.«

»Ich habe doch ausdrücklich …«

»Entschuldigen Sie, wenn ich Sie unterbreche, aber es eilt. Das Treffen findet um 16 Uhr statt. Bei Hagenbecks Grab.«

»Welches Treffen? Wer ist auf dem Friedhof?«

»Dreyer und Kastrup. Und möglicherweise Dreyers Ex-Frau und Tochter.«

»Und dieses Grab – Sie wissen, wo das ist?«

»Nein. Wir fragen im Friedhofsbüro nach. Das können wir von unterwegs machen. Wenn Sie mir ein paar Leute …«

»Wie viel Zeit haben wir? Eine halbe Stunde? – Das wird knapp!«

* * *

Er hatte es geschafft! Er hatte sie alle ausgeschaltet! – Nun gut, der Richter war nicht tot, aber das spielte keine große Rolle. Er hatte seine Strafe bekommen. Er würde den Rest seines Lebens nicht vergessen, dass er einen unschuldigen Menschen als Mörder eingesperrt hatte. Nun fehlten nur noch Kastrup, Gesa und Sylvia. Sylvia hatte er schon, sie gehörte ihm. Sie saß neben ihm im Auto und zitterte jedes Mal vor Angst, wenn der Wolf im Transportkäfig sich rührte. Sylvia war der Köder für Gesa. Und Gesa war der Köder für Kastrup.

Der Polizist hatte eine Pistole. Aber die würde ihm nichts nützen. Er würde nicht schießen. Er konnte ja nicht ahnen, dass der Wolf bereitlag und nur darauf wartete, ihn anzugreifen. Und wenn er den Wolf sah, dann war es schon zu spät. Im nächsten Moment hätte er den Wolf an der Kehle. Und er, Wolfgang Dreyer, würde die anderen in Schach halten und seinen Todeskampf mit ansehen. Und wenn der vorbei war, dann kam Gesa an die Reihe.

Es musste schnell gehen. Leider. Auf einem Friedhof bestand immer die Gefahr, dass irgendjemand auftauchte. Zwar würde niemand ihn stoppen können, aber jemand konnte die Polizei alarmieren, die könnte die Ausgänge sperren, und dann säße er in der Falle. Aber dazu würde es nicht kommen. Er hatte alles im Griff. Alles.

Sein Blick streifte Sylvia. Warum hatte sie versucht, ihn reinzulegen? Dumme Göre! Einmal war sie ihm entkommen, aber das schaffte sie kein zweites Mal. Es gefiel ihm, wie sie neben ihm angeschnallt auf dem Beifahrersitz saß. Gerade so, als hätte er sie gefesselt. Er brauchte sie nicht zu fesseln. Er hatte sie auch so in seiner Gewalt. Er hatte sie immer in seiner Gewalt gehabt. Er konnte mit ihr machen, was er wollte. Sie würde als Letzte übrig bleiben. Er würde mit ihr in ein einsames Waldstück fahren, schon auf dem Weg zur Grenze, und am Ende würde er sie zu dem Wolf in den Transportkäfig stecken. Vielleicht war der Wolf dann gar nicht hungrig. Wenn er sich den Bauch vollgeschlagen hatte mit Teilen von Kastrup und Gesa, würde er vielleicht nur knurren und Sylvia nicht anrühren. Aber Wolfgang Dreyer hatte Zeit. Und irgendwann würde der Wolf hungrig werden.

* * *

Im Speicherstadtmuseum lief alles nach Plan. Gleich nach dem Mittagessen hatten sie das Personal des Museums gegen ihre eigenen Leute ausgetauscht. Alexander, der in Neugraben ausgeharrt hatte, bis Tarp abtransportiert war, war als Letzter gekommen. Jetzt stand er hinter dem Tresen der Kaffeeklappe und verkaufte Kaffee, Tee und Muckefuck. Jennifer, die den Verdacht hatte, dass jedes Getränk, das Alexander zubereitete, irgendeine Art von Muckefuck war, nahm lieber einen Orangensaft.

Oliver Rühl, der Schrebergärtner, spielte einen Besucher. Er hatte einen der Stühle mit in den hinteren Teil des Museums genommen, studierte anscheinend hingebungsvoll ein Poster mit dem Titel *Kaffeehandel: Aufschwung im Kaiserreich*. Gleichzeitig behielt er die Wasserseite des Museums im Auge. Er sollte sicherstellen, dass niemand vom Fleet her in das Gebäude eindrang.

Christian Habbe saß auf den Steinstufen draußen vor dem Museum. Er war der Sportlichste von ihnen, und wenn Wolfgang Dreyer am Ende zu Fuß verfolgt werden musste, dann war er dafür der richtige Mann. Hinzu kam, dass er auch ein sehr guter Schütze war. Zwei weitere Polizisten saßen in einem zivilen Fahrzeug, das auf der anderen Straßenseite geparkt war. Sie hatten das digital aufgearbeitete Foto von

Wolfgang Dreyer dabei. Wenn sie ihn erkannten, würden sie sofort die Truppe im Museum alarmieren. Um keine Passanten zu gefährden, sollte die Festnahme möglichst im Museum erfolgen.

Jennifer war nicht wohl bei der Geschichte. Sie konnte sich nicht vorstellen, dass alles so glatt ablaufen würde. Dazu war Wolfgang Dreyer zu gerissen. Er würde nicht blindlings in eine Falle marschieren.

»Wenn er nun schon im Haus ist?«, sagte Jennifer.

»Das haben wir überprüft. Er ist nicht im Haus, weder im Keller noch in einem der oberen Stockwerke. Und wenn er nach uns gekommen wäre, dann hätten unsere Jungs draußen ihn bemerkt.«

Das war sicher richtig. Trotzdem blieb ein Rest von Unbehagen, weil sie diese Dinge nicht selbst überprüft hatte. Andererseits war Alexander natürlich sehr sorgfältig – nicht nur am Computer.

»Mich stört etwas anderes«, sagte plötzlich Oliver Rühl. »Mich stört, dass dieser Mann hier angeblich auftauchen will, ohne dass er ein konkretes Ziel hat. Ich meine, an den anderen Orten ist er doch auch nur gewesen, weil er dort jeweils jemand umbringen wollte. Und zwar nicht irgendjemand, sondern jedes Mal eine ganz bestimmte Person. Und eine solche Person fehlt hier. Der Einzige von uns, der für diese Rolle infrage käme, das wäre Bernd, und der ist nicht da.«

»Wir wissen nicht, was dieser Mann vorhat«, erwiderte Alexander. »Es ist nicht sicher, dass er wirklich Bernd töten will. Er hat ja noch mindestens zwei andere Leute auf seiner Liste: seine Frau und seine Tochter.«

»Das glaubst du«, erwiderte Oliver. »Ich wäre mir da nicht so sicher. Diese beiden Personen sind sehr früh abgetaucht. Sie sind nicht die Einzigen, die versucht haben, vor Bernd zu flüchten, aber sie sind die Einzigen, die wir bisher nicht tot oder schwer verletzt gefunden haben.«

»Und was schließt du daraus?«

»Daraus schließe ich, dass Dreyer diese Leute gar nicht sucht. Wir haben bisher angenommen, dass er sie töten will, aber dafür gibt es nicht das geringste Anzeichen. Meiner Meinung nach ist es genauso gut möglich, dass die drei unter einer Decke stecken. Immerhin sind sie eine Familie!«

»Sie waren eine Familie, Dreyer ist geschieden.«

»Was heißt das schon? – Ich meine, wir müssen uns darauf gefasst machen, dass diese drei Personen hier auftauchen, entweder einzeln oder alle gleichzeitig. Und wir sollten sie alle festnehmen.«

Alexander fragte sich, ob das sinnvoll sei.

Jennifer sagte: »Ich habe immer noch Angst, dass alles Entscheidende bereits passiert ist. Ich habe immer noch Angst, dass dieser Dreyer längst hier gewesen ist und dass wir hier irgendwann einen Toten finden.«

»Wo denn?«, fragte Alexander. »Wir haben alles abgesucht, und so unübersichtlich ist das Museum ja nicht, dass wir irgendetwas übersehen haben könnten.«

»Was ist mit den Toiletten?«

»Überprüft«, sagte Alexander.

Jennifer öffnete trotzdem noch einmal alle Kabinen. Alle waren leer.

»Mir fällt gerade etwas anderes ein«, sagte Alexander. »Wir glauben doch, dass Bernd einer derjenigen ist, die dieser Dreyer umbringen will. Bernd ist nicht im Dienst, aber wenn ich richtig informiert bin, dann wohnt er doch hier gleich um die Ecke.«

»Ja, genau da, wo wir die erste Leiche gefunden haben.«

»Wie spät ist es?«

»Gleich 15.30 Uhr. Wieso?«

»Ich meine, wir sollten noch einmal rasch nachsehen, ob bei ihm dort oben alles in Ordnung ist. Das wäre ja verrückt, wenn dieser Dreyer unseren Sachgebietsleiter seelenruhig abmurkst, während wir drei Häuser weiter auf ihn warten. – Ich glaube, ich sehe mal nach!«

»Nicht allein!«, sagte Jennifer.

»Also gut: Jennifer und ich gehen auf den Speicherboden und gucken nach, ob alles in Ordnung ist. Solange wir weg sind, sollen die beiden Kollegen aus dem Auto hier im Museum mit aufpassen.«

»Ich schaffe das auch allein«, sagte Oliver. Aber davon wollten Alexander und Jennifer nichts wissen.

* * *

»Hier oben ist es!« Alexander war mit Jennifer die Treppen zum Speicherboden hinaufgestiegen. Er lauschte an der Tür. »Nichts zu hören!«

»Jetzt Vorsicht«, sagte Jennifer. Sie hielt ihre Pistole in der Hand.

Auch Alexander zog seine Waffe. Er prüfte die Klinke. »Die Tür ist nicht verschlossen«, sagte er. Im nächsten Moment stieß er die Tür auf, und die beiden Polizisten stürmten ins Zimmer. Aber hier war niemand. Verblüfft starrte Jennifer auf die zahlreichen Stellwände.

»Das ist seine Ausstellung«, erläuterte Alexander. »Aber wo ist der Künstler?«

Bernd Kastrup war nicht da. Sie durchsuchten das Zimmer, blieben schließlich vor dem gemachten Bett und dem leeren Fressnapf stehen. »Er hat eine Katze«, folgerte Jennifer.

»Er hat einen Kater«, korrigierte Alexander.

Jennifer entdeckte es zuerst: »Hier ist eine Frau gewesen«, sagte sie. In dem Wäschekorb lagen männliche und weibliche Bekleidungsstücke durcheinander. »Ob das seine Antje gewesen ist?«

Alexander schüttelte den Kopf. »Unwahrscheinlich«, sagte er. »Soweit ich weiß, hat er ihr dieses bescheidene Quartier noch nie gezeigt.«

»Aber wer dann?«

»Gesine Schröder«, vermutete Alexander Nachtweyh. »Oder ihre Tochter. Oder beide.«

Das konnte Jennifer sich nicht vorstellen.

»Oder alle drei«, sagte Alexander. »Vater, Mutter, Tochter!«

»Spinnst du?«

Alexander schüttelte den Kopf. Er wies auf die Stellwand, neben der sie standen. Sie war der gescheiterten Südpolexpedition von Robert Falcon Scott gewidmet. Das Foto zeigte die fünf Mitglieder der englischen Expedition nach ihrer Ankunft am Südpol am 18. Januar 1912. Da wussten sie noch nicht, dass keiner von ihnen lebend zurückkehren würde. Aber es war nicht die Tragödie der jungen englischen Wissenschaftler, die ihn erschüttert hatte. Es war der Schriftzug, mit dem jemand die Fotografie verunziert hatte. Da stand mit blauem Kugelschreiber: *Wolf, 22./23.11.2014.*

»Um Gottes willen«, sagte Jennifer. »Er hat sie alle versteckt!«

Alexander war ganz blass geworden. »Jetzt stecken wir wirklich in der Scheiße«, sagte er.

* * *

Wolfgang Dreyer fuhr mit dem Auto in den Friedhof hinein. Er wählte einen anderen Weg als den, den er für Sylvias Mutter beschrieben hatte, und Sylvia verlor rasch die Orientierung. Sie sah schließlich auf der linken Seite einige große, dunkle Gebäude.

»Das sind die Mausoleen«, sagte ihr Vater.

Die Gebäude sahen alt und verwahrlost aus. Dreyer parkte den Wagen bei einer Art Kirche. Ein kleines, grünes Schild mit weißer Schrift verriet, dass es sich um die Kapelle 7 handelte.

»Warte!«, sagte Sylvias Vater. Er stieg zuerst aus. Er ging um den Wagen herum. Als er die Heckklappe öffnete, wusste Sylvia, dass er den Wolf herausholte. Sie hatte panische Angst. Und dann hörte sie ihren Vater fluchen. Irgendetwas stimmte nicht. Er kriegte den Wolf nicht wach.

Jetzt oder nie! Sylvia sprang aus dem Wagen heraus und rannte los. Vorbei an der Kapelle. Kein Mensch zu sehen. Sie musste raus aus diesem verdammten Friedhof. Irgendwo hier musste doch ein Ausgang sein! Es gab keinen Ausgang. Wolfgang warf die Heckklappe zu und rannte hinter ihr her; sie hörte seine Schritte, er kam näher, und schließlich packte er sie.

Sylvia schrie.

Er schlug ihr ins Gesicht. »Halt den Mund, du dumme Göre!« Ihr Vater war bärenstark. Es hatte keinen Sinn, gegen ihn anzukämpfen. Sie gab ihren Widerstand auf.

»Komm!«

Wolfgang Dreyer packte seine Tochter bei der Hand und schritt mit ihr einen langen, geraden Weg entlang. Nur wenige Gräber waren zu sehen; fast hätte man glauben können, man befinde sich in einem riesigen Park. Ganz offensichtlich hatten Angestellte der Friedhofsverwaltung damit begonnen, das Laub zusammenzuharken, das sich im Laufe des Herbstes angesammelt hatte. Mitten auf dem Weg, den sie entlanggingen, verlief eine Art Deich aus zusammengeharkten Blättern. Und dort, wo ihr Weg einen anderen breiten Weg kreuzte, war ein Laubhaufen aufgetürmt worden, in dem sich bequem ein Mensch verstecken könnte.

Ihr Vater hielt Sylvia fest an der Hand, und sie wusste, dass sie nicht weglaufen konnte. Sylvia hatte Angst. Warum nur hatte sie geglaubt, sie müsse eine Pistole haben? Es hatte ihr nichts genutzt. Ihr Vater hatte jetzt die Pistole. Wenn er eine Pistole mitnahm, um sich mit einem so harmlosen Menschen wie ihrer Mutter zu treffen, dann bedeutete das nichts Gutes. Er würde sie beide umbringen, und sie konnte nichts dagegen tun.

»Hier ist es«, sagte ihr Vater.

Vor ihnen lag eine quadratische Senke, zu der breite, uralte Steintreppen hinunterführten. Sicher waren dort unten früher viele Gräber gewesen. Auch heute mochte es dort noch Grabstätten geben, aber die waren durch breite Hecken voneinander getrennt und von hier aus nicht sichtbar.

»Warum stehen wir hier?«, fragte Sylvia.

»Sieh dich um!«, sagte ihr Vater.

Hinter ihnen lag ein Grab, das durch eine niedrige Pforte vom Weg abgetrennt war. Der Grabstein war ein riesiger Granitbrocken, ein Findling wahrscheinlich, auf dem in schwarzer Schrift stand: *Carl Hagenbeck* und daneben: *Heinrich u. Lorenz Hagenbeck.*

»Hagenbeck«, sagte Sylvias Vater.

»Der vom Tierpark?«

Wolfgang Dreyer nickte. »Der Stein sieht jetzt kahl aus«, sagte er. »Bis vor einem Jahr lag vor dem Stein noch ein gewaltiger Löwe aus Bronze. Ein lebensgroßer Löwe, aber der ist gestohlen worden.« Eigentlich hatte er gewollt, dass anstelle des Löwen der Wolf jetzt dort liegen sollte, der nur noch auf seinen Befehl zum Zupacken wartete. Schade, dass das nicht geklappt hatte.

* * *

Es hatte länger gedauert, als Thomas Brüggmann gedacht hatte, aber jetzt waren sie unterwegs zum Ohlsdorfer Friedhof. Vincent saß am Steuer.

»Ich habe vorsichtshalber die Ausgänge sperren lassen«, sagte Brüggmann.

»Das ist gut.«

»Wir beide gehen rein.«

Vincent war überrascht, dass Brüggmann sich auf ein solches Abenteuer einließ.

»Je weniger Leute, desto besser«, sagte der. »Damals in Haselünne, da war das auch so. Hat Bernd das nie erzählt?«

Nein, über die Abenteuer bei der Bundeswehr hatte Bernd nie gesprochen.

»Im Manöver war das. Wir waren *Rot*, und wir sollten natürlich verlieren. Aber das haben wir überhaupt nicht eingesehen. Wir haben den Spieß umgedreht. Mitten in der Nacht haben wir das Hauptquartier von *Blau* überfallen. Hat 'ne Menge Ärger gegeben hinterher, aber Krieg ist Krieg, und wer sich an die Regeln hält, der kann leicht verlieren. Bernd hat sich nie an die Regeln gehalten.«

»Was wir jetzt tun, das ist auch nicht nach den Regeln.«

»Was wir jetzt tun, das ist schlichte Notwendigkeit. Bernd ist in Gefahr, und wir hauen ihn da raus. So, da vorn ist dieses Friedhofsbüro. Halten Sie an. Ich frage nach dem Weg, und Sie ziehen sich die Schutzweste an. Liegt im Kofferraum.«

* * *

Dreyer sah auf die Uhr. »Jetzt muss sie gleich kommen.«

Sylvia hoffte, dass ihre Mutter nicht kommen würde. Und wenn sie doch kam, dann würde Sylvia laut losschreien: Lauf weg, Mama, lauf weg! Und Mama würde weglaufen. Und sie, Sylvia, sie würde ihren Vater angreifen. Und was Wolf dann mit ihr anstellen würde, das wäre ganz gleich, wenn nur ihrer Mama nichts passierte.

Es war leichter Wind aufgekommen, und Blätter stoben den Weg entlang. Westwind. Sylvia blickte den Blättern nach. Zu spät sah sie, dass ihre Mama inzwischen von der anderen Seite gekommen war. Sie war schon viel zu nah, als dass sie noch weglaufen konnte. Sylvia war sich ganz sicher, dass jetzt etwas Schreckliches passieren würde.

Aber es geschah nichts.

Ihr Vater sagte: »Hallo Gesa!«

»Hallo Wolfgang.« Gesine Schröders Stimme zitterte, und Sylvia spürte, dass ihre Mama Angst hatte. Sie biss sich auf die Lippen.

»Es ist eine lange Zeit, dass wir uns nicht gesehen haben.«

»Ja, eine lange Zeit.«

»Ich habe Sylvia mitgebracht«, sagte Wolfgang Dreyer.

»Wozu?«

»Weil ich sie brauche!«

»Lass das Kind laufen«, sagte ihre Mutter.

»Warum? Sylvia ist ganz freiwillig hier. Sie ist ganz freiwillig mit mir mitgekommen, sie hat mit mir im Hotel übernachtet. Es war eine sehr schöne Nacht. Wir haben uns gut vertragen, und ich habe ihr nichts getan. – Stimmt das, Sylvia?«

Sylvia nickte.

»Ich bitte dich, lass das Kind laufen«, sagte Gesine.

»Sylvia bleibt hier«, sagte Dreyer mit sanfter Stimme. »Es gibt ein paar Dinge, die wir miteinander besprechen müssen. Und das sind Dinge, die Sylvia auch hören soll. Es sind Dinge, die etwas mit Liebe zu tun haben ...«

»Liebe? Was verstehst du unter Liebe, Wolfgang? Du hast mich geschlagen, du hast unser Kind missbraucht, du hast einen Juwelier ermordet, und jetzt, wo du aus dem Gefängnis heraus bist, da mordest du einfach weiter ... Du, du bist ein Ungeheuer, Wolfgang!«

Dreyer lachte. »Du warst schon immer sehr temperamentvoll, Gesa! Das liebe ich an dir. Liebe – ja, ich habe dich geliebt. Und ich liebe dich noch heute. Ja, in gewisser Weise liebe ich dich noch heute. Aber zur Liebe, da gehört auch Treue. Und die vermisse ich bei dir, Gesa.«

Gesine Schröder schüttelte unwillig den Kopf.

»Du brauchst gar nicht den Kopf zu schütteln, Gesa! Ich weiß sehr wohl, dass du gleich nach meiner Verhaftung mit einem anderen Mann ins Bett gestiegen bist ...«

Sylvia starrte ihren Vater an.

»Ja, Mädchen, das hast du nicht gewusst, was? Das hat sie dir nicht erzählt, deine großartige Mutter! Dich hat sie ins Heim gesteckt, und währenddessen hat sie frech und fröhlich herumgevögelt, und zwar ausgerechnet mit dem Polizisten, der mich verhaftet hat. Sie hat mich nie besucht im Gefängnis. Ihr beide habt mich nie besucht, aber so undurchlässig sind die Gefängnismauern nicht, dass man drinnen nicht erfährt, was draußen vorgeht!«

War das wahr? Sylvia wusste nicht, was sie denken sollte.

»Und jetzt, wo ich wieder draußen bin, jetzt hast du auch die Beziehung zu deinem smarten Bullen wiederaufleben lassen. Ja, Sylvia, deine Mutter hat dich im Stich gelassen, sie hat dich nicht besucht im Krankenhaus, als du schwer verletzt warst, sondern sie ist stattdessen zu ihrem Bullen in die Speicherstadt gezogen.«

Gesine Schröder sagte nichts. Aber durch die letzten Worte ihres Vaters war Sylvia plötzlich wieder bewusst geworden, was dieser Mann angerichtet hatte. Er hatte sie geschlagen, vergewaltigt und seinen Wolf auf sie gehetzt. Und ganz gleich, was ihre Mutter sich vielleicht hatte zuschulden kommen lassen, im Vergleich zu diesem Monstrum war sie ein reiner Engel. Aber was half das jetzt?

Dreyer sagte: »Jetzt ist die Stunde der Abrechnung gekommen. Jetzt werden alle diejenigen bezahlen müssen, die mir Unrecht getan haben ...«

»Hör auf, Wolfgang! Du hast schon genug Schaden angerichtet. – Ich gehe jetzt, und du wirst mich nicht daran hindern. Und Sylvia kommt mit.« Sie schickte sich an zu gehen.

Sylvias Vater hielt jetzt die Pistole in der Hand. Er richtete den Lauf der Waffe auf Gesine Schröder, zielte kurz und schoss.

Gesine schrie auf, sie war aber nicht getroffen.

»Warnschuss«, sagte Dreyer. »Dies war nur ein Warnschuss. Die nächste Kugel trifft.«

Sylvia griff in die Tasche. Das Pulver schmeckte nicht so unangenehm, wie sie gedacht hatte.

»Du bleibst hier, Gesa!«

Sylvias Mutter blieb nicht stehen. Das Feuerzeug steckte in der anderen Tasche. Sylvia zog es mit der Linken heraus, nahm es in die rechte Hand.

»Bleib stehen!«

Ihre Mutter ging weiter. Sylvia bewunderte ihren Mut. Ihre Hand zitterte.

Wolfgang Dreyer sah zur Seite. »Lass das Feuerzeug fallen«, sagte er.

Sylvia ließ das Feuerzeug nicht fallen. Sie drehte an dem Rad, und die größte Flamme zuckte empor, die das manipulierte Sturmfeuerzeug von sich geben konnte. Sylvia nahm alle Kraft zusammen und blies mit gespitzten Lippen den Bärlappsamen durch die Flamme in Richtung ihres Vaters. Der Feuerball schlug ihm ins Gesicht. Wolf Dreyer schrie auf. Er ließ die Pistole fallen und ging zu Boden. Im nächsten Moment war Sylvia bei ihm, griff nach der Waffe, aber Dreyer war schneller. Er nahm die Pistole auf, taumelte ein paar Schritte zurück, blinzelte, rieb sich mit der freien Hand über die Augen. Dann hob er die Waffe und zielte auf Sylvias Mutter.

»Lauf, Mama, lauf weg!«, schrie Sylvia.

Dreyer schoss. Gesine Schröder stürzte zu Boden. Sylvia schrie. Sie wollte zu ihrer Mutter rennen, aber Wolf hatte sie am Arm gepackt und hielt eisern fest.

In diesem Augenblick war Bernd Kastrup auf Sichtweite herangekommen. Fünfzig Meter, zu weit für einen sicheren Schuss, vor allem, wenn man gerannt war. Bernd schoss trotzdem. Dreyer fuhr herum. Er sah den Polizisten, schoss in seine Richtung, dann rannte er los, Sylvia fest im Griff. Sylvia schrie. Wolf schlug ihr mit der Pistole ins Gesicht. Ihr lief das Blut aus der Nase.

»Keinen Laut!«

* * *

Vincent Weber und Thomas Brüggmann hörten die Schüsse.

»Da vorn!«, rief Vincent. »Da liegt jemand.«

»Wir brauchen einen Notarzt!«, rief Bernd. Er kniete neben der Verwundeten. »Kannst du mich hören, Gesche?« Sie antwortete nicht. »Alles wird gut, hörst du? Alles wird gut.« Er streichelte sie.

Vincent telefonierte mit dem Notarzt.

»Sie sollen vorsichtig kommen«, rief Thomas. »Nicht ohne Polizeieskorte.«

Vincent sagte: »Bernd, wir machen das hier. Wo ist Dreyer hin?«

»Da drüben. Richtung Kapelle 7 wahrscheinlich.«

In dem Augenblick meldete sich Brüggmanns Handy. »Wir haben sein Auto entdeckt. Der Vaneo steht bei der Kapelle 7.«

»Passt auf, er kommt!«

Bernd rannte hinter Dreyer her. Aber der Vorsprung war zu groß; der Flüchtige war nicht mehr zu sehen. Bis zur Kapelle 7 waren es höchstens zwei Minuten zu Fuß. Dreyer müsste längst dort eingetroffen sein. Bernd verlangsamte sein Tempo, lauschte. Er hörte nichts außer seinem eigenen keuchenden Atem.

»Habt ihr ihn?«, fragte er über Handy.

»Hier ist niemand.«

»Und alle Ausgänge sind besetzt?«

Ja, alle Ausgänge waren besetzt. Bernd blieb stehen. Dreyer konnte nicht unhörbar durch das Gesträuch geflüchtet sein. Aber wo steckte er? Die Rhododendren waren zu dicht belaubt, als dass man von außen hindurchsehen könnte. Bernd wusste aus eigener Erfahrung, dass jemand, der dort drinsteckte, dagegen freie Sicht auf den angrenzenden Weg hatte. Nichts rührte sich. Was jetzt? Die riesigen Laubhaufen ...

Thomas meldete sich über Handy. »Er ist weg, Bernd.«

»Unsinn.«

»Er ist vielleicht nach Süden weg, Richtung *Cordesallee*.«

»Lass den Busverkehr einstellen. Nicht dass er uns am Ende mit dem 170er wegfährt.«

»Schon geschehen.«

»Ich glaube, er ist noch hier in der Gegend. Westlich von den Mausoleen gibt es einen Nebenausgang. Habt ihr daran gedacht?«

»Haben wir. Und draußen patrouillieren Streifenwagen. *Kleine Horst* und *Erna-Stahl-Ring*. Da kann er jedenfalls nicht durch. – Der Notarzt kommt.«

Ja, das flackernde Blaulicht war nicht zu übersehen.

»Die Sanitäter sind jetzt hier. Frau Schröder wird eingeladen.«

»Ist sie …?«
»Sie lebt.«
»Gut.«
»Vincent und ich gehen jetzt Richtung Kapelle 7. Wir versuchen, Dreyer auf die Kollegen zuzudrücken. Pass auf, dass er uns nicht nach Süden entwischt.«

* * *

Sylvia hörte jedes Wort, das gesprochen wurde. Wolfgang Dreyer hatte sie mit dem Gesicht ins Laub gedrückt, dass sie kaum atmen konnte. Solange sie sich nicht rührten, konnte niemand sie entdecken. Und jetzt machten die beiden Polizisten sich auf den Weg. Die Sanitäter waren bereit zur Abfahrt. Einen Moment lang erwog Dreyer, hinüberzusprinten, Sylvia als eine weitere Verletzte zu präsentieren und in Richtung Krankenhaus davonzufahren. Aber das Risiko war zu groß.

Jetzt fuhr der Krankenwagen davon, jetzt herrschte Ruhe. Dreyer erhob sich vorsichtig. Alles blieb ruhig. Die Polizisten waren weg. Er ließ Sylvia los. Die richtete sich auf, spuckte Laub und Dreck aus. »Schwein«, sagte sie.

Dreyer schlug zu. »Selber Schwein!«

Sylvia heulte.

»Halt die Schnauze, du Miststück!«

Sylvia schluchzte. Erst als er ihr mit der Faust weitere Prügel androhte, war sie endlich still. Was jetzt? Der Wagen war verloren. Das Gepäck auch. Aber das machte nicht viel; Pass und Kreditkarte trug er bei sich, und damit würde er schon ins Ausland kommen.

»Los, vorwärts!«

Ihr Vater hatte Sylvia am Arm gepackt. Ihre rechte Hand tat wahnsinnig weh. Sie hatte sie voll in die Flamme gehalten.

Alles umsonst. Ihr Vater hatte ihre Mutter niedergeschossen, und jetzt würde er sie töten.

Dreyer vermied die breiten Wege. Er hastete mit Sylvia schräg durch die alten, überwucherten Gräber. Sein Ziel war der Nebenausgang. Wenn der besetzt war, würde er über den Zaun steigen. Der Zaun war unproblematisch. Nicht viel mehr als eine symbolische Grenze, die die Welt der Toten von der der Lebenden trennte.

Jetzt hörten sie Rufe weiter östlich. Sie befanden sich im Rücken der Polizei. Der Weg war frei. Und da, direkt vor ihnen, da lag die Wiese mit den Mausoleen.

Sie waren zu weit rechts gelandet. Links war der Teich; hier gab es kein Durchkommen. Dreyer zerrte das Mädchen hinter sich her. Noch brauchte er Sylvia, aber nicht mehr lange.

Sylvia schrie. Sie war blindlings neben Dreyer hergestolpert und sah sich nun plötzlich einer riesigen, weißen Figur aus Marmor gegenüber, einer unerbittlich wirkenden Frau, die zwei tote Menschen an den Haaren hinter sich herschleifte.

»Willst du wohl still sein!«

Sie schwieg erschrocken, aber es war zu spät.

»Halt, stehen bleiben!«

Dreyer zerrte Sylvia hinter die Skulptur. Von Osten kamen die Polizisten gelaufen. Dreyer schoss. Sie blieben stehen. Dreyer schoss noch einmal. Die Männer gingen in Deckung. Gut. Hier, hinter der Plastik, waren sie vor direktem Beschuss geschützt. *Das Schicksal* hieß die Skulptur offiziell, *Die grausame Gräfin* hieß sie im Volk. Der richtige Ort, um das Mädchen abzuschlachten und sich dann durch das nahe Gebüsch davonzumachen. Zehn Meter offenes Gelände, das war zu schaffen, das würde er schaffen!

Einer der Polizisten schoss zurück. Marmorsplitter sausten durch die Luft.

»Nicht schießen«, rief Dreyer. »Ihr trefft nicht mich, sondern das Mädchen!«

Sylvia lag zwischen den beiden Körpern der marmornen Toten am Boden. Ihr Vater stand breitbeinig über ihr, um nach Bedarf nach links und rechts an der Skulptur vorbeischauen zu können. Sylvia sah, dass Vincent sich von der Seite her an sie heranarbeitete. Ihr Vater hatte ihn noch nicht gesehen. Er hatte das Messer aus der Tasche gezogen und klappte es auf. Vincent schoss. Ihr Vater zuckte zusammen, ließ das Messer fallen und fuhr herum. Bevor er abdrücken konnte, trat Sylvia ihm mit Macht zwischen die Beine.

Dreyer schrie auf, stürzte zu Boden, rollte zur Seite, richtete die Waffe auf Vincent und drückte ab. Sylvia schrie. Das war das Ende.

Nein, das war nicht das Ende; der tödliche Schuss blieb aus. Im nächsten Moment hatte Vincent geschossen und getroffen. Dreyers Pistole fiel zu Boden. Dreyer griff sich an die Seite, stürzte nach vorn, kopfüber auf den Rasen. Vincent hob die leergeschossene Waffe auf, steckte sie ein, zerrte Dreyer aus dem Gras und legte ihm Handschellen an.

»Ich blute«, sagte Wolfgang Dreyer. Wie schwer die Verletzung war, konnte Vincent nicht beurteilen. »Ich brauche einen Arzt!«

»Machst du das, Bernd?«

Bernd Kastrup rief per Handy den Notarzt.

Sylvia hatte Vincent am Arm gepackt. Ihr Gesicht war blutverschmiert. Schlimmer war, dass sie ihre Hand mit dem Feuerzeug mitten in die Flamme gehalten hatte. »Es tut weh«, flüsterte sie. »Es tut scheißweh!«

Vincent besah sich ihre Hand. »Keine Angst«, sagte er, »das ist nicht so schlimm. Da kommt ein Verband drauf, und dann heilt das wieder.«

»Was ist mit Mama?«

»Die kriegen wir durch.«

Sylvia lächelte.

Bernd sah Vincent an. Sie waren die ganze Zeit zusammen gewesen; Vincent konnte keine Nachricht aus dem Krankenhaus bekommen haben.

Vincent zuckte mit den Achseln. »Zauberer«, sagte er. »Wusstest du nicht, dass ich ein Zauberer bin?«

Gunter Gerlach
DER MENSCH DENKT

Taschenbuch, 208 Seiten
ISBN 978-3-95441-167-2
9,20 EURO

In Freds Kopf herrscht Chaos, denn sein Gehirn ist Projektionsfläche für die Gedanken anderer. Was Fred regelmäßig verzweifeln lässt und ihn in die Isolation treibt, könnte die Fähigkeit eines Supermannes sein.
Fred glaubt, niemandem von den Vorgängen in seinem Gehirn erzählen zu können. Wer möchte mit einem Menschen zusammen sein, der »Gedanken lesen« kann? Eine Partnerin kommt deshalb für ihn nicht in Frage. Lieber bleibt er allein und denkt sich Fantasiegestalten aus.
Nachdem Fred die Leiche eines Obdachlosen auf einem Parkplatz findet, steht eine ermittelnde Polizistin von der Hamburger Mordkommission vor seiner Tür und gleicht einer seiner Kopfgeburten bis ins Detail. Sie kann nicht Wirklichkeit sein.
Fred beginnt zu zweifeln: Ist es möglich, dass die Liebe zu der Polizistin und die Suche nach einem Mörder ohne Motiv nur noch in seinem Kopf stattfinden?
Doch dann empfängt er plötzlich Gedanken, die nur einem einzigen Menschen gehören können: Dem wirklichen Täter!

»Was und wie dieser Autor schreibt, das ist selten in der deutschsprachigen Literatur.« (Hamburger Abendblatt)

Jürgen Ehlers
**HAMBURG
KRIMI-REISEFÜHRER**

Klappenbroschur, 220 Seiten
ISBN 978-3-942446-99-0
16,50 EURO

Willkommen in der Mords-Metropole Hamburg!
Schießereien im Containerhafen, dubiose Machenschaften der Rüstungsmafia, korrupte Banker, die überall ihre Finger im Spiel haben, aber auch ganz gewöhnliche Morde einzeln oder in Serie, an der Alster, an der Elbe oder am einsamen Baggersee – überall drohen Gefahren. Selbst auf dem Michel steht angeblich ein Scharfschütze. Aber keine Angst! Im wirklichen Leben würde die Frau an der Kasse ihn nicht durchlassen. Jedenfalls nicht ohne Eintrittskarte.
Wirkliche und erfundene Verbrechen in Hamburg sind das Thema von ungefähr 300 Kriminalromanen. Der Krimi-Autor und Geograph Jürgen Ehlers hat sich durch diese Unmenge von literarischem Verbrechen durchgelesen. Dank seiner detektivischen Spurensuche sorgt dieser Reiseführer künftig dafür, dass der Krimifreund nicht mehr den Überblick verliert. Ehlers beschreibt, was sich wo abgespielt hat und zeigt die Schauplätze des Geschehens in Karten und Fotos.
Unter den Autoren, die Kriminelles über Hamburg geschrieben haben, finden sich so illustre Namen wie John le Carré, Hans Fallada, Patricia Highsmith, Siegfried Lenz, Doris Gercke, Nina George, Gunter Gerlach und –ky. Hier ermitteln Bella Block, Kommissar Trimmel und zahlreiche berühmte Kollegen. Von den 13 Preisen für den besten deutschsprachigen Kurzkrimi gingen allein fünf nach Hamburg!

Guido Kniesel
DER PROBAND

Taschenbuch, 272 Seiten
ISBN 978-3-942446-29-7
9,50 EURO

»Nehmen Sie Ihre Chance wahr, wir helfen Ihnen, Ihre Freiheit zurückzugewinnen!«

Per Zeitungsannonce wird ein Proband gesucht, der bereit ist, sich der wissenschaftlichen Forschung zur Verfügung zu stellen. Paul Amon weiß, dass dies seine letzte Chance ist, denn die Alkoholsucht hat ihn fest in ihrem erbarmungslosen Griff. Er ist bereit, das Wagnis einzugehen.

Einer Gruppe Berliner Hirnforscher, die an einer bahnbrechenden Suchttherapie arbeitet, stellt er sich für ein Experiment zur Verfügung. Die attraktive Psychiaterin Dr. Ramona Gallio ist dabei seine Kontaktperson. Die Folgen der Tests sind verblüffend ...

... und zugleich schrecklich. Denn die Schatten, die langsam auf ihn zukriechen, sind weitaus furchtbarer, als alles, was er jemals in seinen schlimmsten Albträumen gesehen hat.

Eva Brhel
ABTSMOOR

Taschenbuch, 360 Seiten
ISBN 978-3-95441-164-1
9,95 EURO

Die Leiche ist übel zugerichtet, mit Hämatomen übersät, das Genick ist gebrochen. Aber die tote Olivia Walter war einmal sehr schön, denkt Hannah Henker, als sie frühmorgens im Abtsmoor die Ermittlungen ihres ersten Falls im Raum Karlsruhe aufnimmt.
Es sieht nicht gut aus für Hannah, die 43-jährige Kommissarin. Nicht nur, weil sie sich wegen einer Affäre mit dem frisch getrennten Staatsanwalt zur Kripo Karlsruhe hat versetzen lassen. Nicht nur, weil das alle Kollegen längst wissen. Hannah ist einfach nicht in Form.
Erste Nachforschungen führen sie und ihr Team zu einer Organisation für die Bekämpfung der Schnakenplage (KABS), für welche die junge Biologin Olivia gearbeitet hat. Der Ehemann, Hans Walter, war eifersüchtig und zudem fest davon überzeugt, dass Olivia einen Liebhaber hatte.
Hannah und ihr Team ermitteln in alle Richtungen und stoßen dabei auf vielfältige Spuren: An der Leiche finden sich Hinweise auf eine Sekte. Auch wird ein Mann, der bereits wegen Stalkings vorbestraft ist, bei seinen Streifzügen durch das Abtsmoor beobachtet. Und ein Nebenjob der getöteten jungen Frau führt zu einem ominösen Strukturvertrieb mit fragwürdigen Geschäftspraktiken.
Als eine weitere junge Frau ermordet wird, steigt der Druck auf die Ermittler enorm...